集人文社科之思　刊专业学术之声

集 刊 名：中山大学法律评论
主　　编：中山大学法学院
襄助单位：中山大学法学院方圆学术基金
组编单位：中山大学法学理论与法律实践研究中心
　　　　　中山大学司法体制改革研究中心
　　　　　中山大学法学实验教学中心

SUN YAT-SEN UNIVERSITY LAW REVIEW Vol.21, No.2

邮　　箱：sysulawreview@126.com；lawrev@mail.sysu.edu.cn

地　　址：中国广州市新港西路 135 号

邮　　编：510275

第21卷第2辑 · 总第41辑

集刊序列号：PIJ-2021-441

中国集刊网：www.jikan.com.cn/ 中山大学法律评论

集刊投约稿平台：www.iedol.cn

中文社会科学引文索引（CSSCI）来源集刊
AMI（集刊）入库集刊
集刊全文数据库（www.jikan.com.cn）收录

中山大学法律评论

SUN YAT-SEN UNIVERSITY LAW REVIEW Vol.21, No.2

第21卷第2辑 · 总第41辑

"中山大学百年校庆"特刊

中山大学法学院　主编

社会科学文献出版社
SOCIAL SCIENCES ACADEMIC PRESS (CHINA)

卷首语

　　1924 年，伟大的民族英雄、伟大的爱国主义者、中国民主革命的伟大先驱孙中山先生深感人才培养对中国革命之重要，抱"为社会福，为邦家光"之信念，持"救亡图存、振兴中华"之精神，亲手创办国立广东大学，并手书"博学、审问、慎思、明辨、笃行"作为成立训词。翌年中山先生逝世后，经黄行、廖仲恺等提议，国立广东大学于 1926 年 8 月正式更名为国立中山大学，以资纪念。1951 年，许崇清校长、冯乃超副校长致电中央人民政府宋庆龄副主席，决定将中山大学校庆日由其成立日（11 月 11 日）改为孙中山先生诞辰（11 月 12 日），沿用至今。

　　从中山大学创办伊始，法科便是其重要学科设置之一。最初的国立广东大学，由国立广东高等师范学校、广东法科大学、广东农业专门学校三校合并而成。其中，广东法科大学的前身为创立于 1906 年的广东法政学堂，是清末新政时期广东地区创办最早的新式法政学堂，也是继直隶法政学堂之后全国第二所法政学堂，培养新式法政人才，传播近代法律知识，可谓开风气之先。其教员多为留日学生，如朱执信、叶夏声等教员于留学期间接触到马克思主义学说，并积极译介到国内，传播了马克思主义的火种，也影响了一批学生投身于革命。辛亥革命之后，1912 年广东法政学堂更名为广东公立法政专门学校，1923 年又改组成广东省立法科大学，1924 年并入国立广东大学后改制为法科学院，下设法律学系、政治学系、经济学系、商学系等。此后又历经数次院系调整和更名，成为今日之中山大学法学院。

　　中山大学第一任校长邹鲁，早年亦求学于广东法政学堂，因而结识朱执信，加入同盟会。周鲠生、王世杰、何思敬、薛祀光、邓孝慈、史尚宽、邓初民、吕复、李达、曾昭琼、王亚南、梅龚彬、端木正等著名法学家都曾执教于中山大学法学院，群星璀璨，青蓝相继，培育造就了大批优秀的法治人才。

光阴荏苒，岁月如歌。2024 年，中山大学迎来建校百年华诞。百年风华，奋进中大；弦歌不辍，薪火相传。《中山大学法律评论》秉承学术乃天下公器，谨遵孙逸仙先生之激励，倡导学术自觉，追求学术品质，提倡关怀世界、著立经典，立志为学问，力求为法学学术及法治进步贡献点滴。值此百年校庆之际，我们邀请了部分曾求学于中山大学法学院的优秀学者分享其近期佳作或修订后的代表作，辑为一册，作为"中山大学百年校庆"特刊。这些作者中，有 1980 年中山大学法律系复系后的第一届校友，有正值学术黄金期的中年学者，亦有近年崭露头角的青年学人，他们在接到约稿邀请后都给予了母校这本小小集刊最大程度的支持，在此我们深表谢意。

回首来时路，我们期待共赴下一个春华秋实，开启下一页精彩篇章。

《中山大学法律评论》编辑部

2024 年 3 月

目 录

Table of Contents

刘 星

  1985 年毕业于中山大学法律系，1988 年毕业于中国政法大学研究生院。中国政法大学法学院特聘博士生导师。原中山大学法学院教授、博士生导师，原中国政法大学二级教授、博士生导师、钱端升讲座教授。获广东省首届哲学社会科学一等奖、广东省第二届哲学社会科学一等奖、第二届教育部人文社会科学优秀成果二等奖、第三届教育部人文社会科学优秀成果二等奖、第四届教育部人文社会科学优秀成果三等奖。在《中国社会科学》《法学研究》《中国法学》等学术期刊发表论文数十篇。出版《法律是什么：二十世纪英美法理学批判阅读》（1997）、《一种历史实践——近现代中西法概念理论比较研究》（2007）、《法律与文学：在中国基层司法中展开》（2019）等学术著作，另有《西窗法雨》等法学随笔。

法律适用中理由和观点的关系：局外观察视角[*]

刘　星[**]

　　摘　要：针对法律适用中理由如何支持观点，法学界研究通常采用"争论参与者"的视角，即"我认为理由怎样才能成立"。但采用局外观察视角去"客观"地分析理由和观点的关系，可以深化对理由支持观点的活动的认识。行为和事件之间总是存在复杂因果线索，人们会有主观判断偏好，因此理由和观点的关系存在"多面多向可能勾连"的状态。重要的是，在一定意义上理由可以视为观点，"理由支持观点"可以视为"观点支撑观点"。由此，运用理由论证观点时实际上又是对"若干观点"的规划。此外，法律适用是一种行动，必须终结于决断，这意味着理由支持观点的活动是受限制的。看到这些，可使人们面对法律适用时具有更宽容的心态，参与其中更注重基本思想观点的分享，使法律适用说服活动更有效。

　　关键词：理由；观点；法律适用；局外观察；行动

一　引言

　　关于法律适用中理由是否可以支持观点，法学界的研究偏好时常体现在"争论参与者"的视角。这种视角是指，研究者会通过"我认为理由怎

---

　　[*]　本文受到中央高校基本科研业务费专项资金中国政法大学科研创新项目（项目编号：22ZFG82006）的资助。曾发表于《中国法学》2020年第5期，现作较大调整和修改。感谢中山大学法学院副院长谢进杰教授、《中山大学法律评论》主编杜金教授诚邀，感谢中山大学法学院陈颀教授传达美意。值中山大学百年华诞，谨以此文致敬我学习4年工作20年、心存永念的中山大学法学院。

　　[**]　刘星，中国政法大学法学院特聘博士生导师。

样才能成立"的陈述方式表达思考。在部门法领域，针对具体案件或法律问题，学者便会通过论辩提出一个自己认为的"理由是否成立"的判断。① 在法学理论的一般研究中，关于"理由如何符合逻辑、如何才可接受，以及理由成立的标准"等问题，学者也会通过论辩提出自己认为的"正确判断"理论，并期待在法律适用领域具有普遍意义。就后者而言，法学界熟知的"推理论证"（规范主义）、"可接受性"（听众主义）和"辨析权衡"（结果主义），均大体如此。② 采取"争论参与者"的视角是十分自然的，颇为重要。在具体实践中，其时常能够增进理由如何支持观点的共识建立。在一般认识上，其也能够促进理由如何支持观点的理论理解。

但这种视角又可能使人们对理由和观点的关系之思考裹足不前。因为，"争论参与者"的身份、"我认为、主张"的意识，既可能使讨论变成立场之争，也可能加强认识的固执己见，还会使所说的"是否成立""是否符合逻辑和成立标准"，包括"是否可接受和结果更优"，变成己见的"所谓普适"的强推，在某些情况下又使共识建立缘于"权威定夺"或"不了了之"（某些人不再关注）而变得有些勉强。同时，存在共识之际，这种视角也使人们对其实现机制的理解依然不甚清晰。

因此，可能需要"局外观察"视角来互补互鉴，打开新的理解空间。本文讨论"理由和观点的关系"，其意在此。

局外观察这种理由和观点的关系并展开分析，在笔者有限的阅读中，法学界似乎未见。局外观察视角的研究提出的问题是：第一，针对观点，理由的数量为何会有多少之别？第二，理由和观点的关系为何有时能够得到认同，有时不会？第三，有些理由为何有人会想到，有人不会？或说有些理由的推出为何会使某些人感到意外？第四，理由之间可以怎样相互嵌套，为什么？

例如，2018 年河北涞源反杀案中，王某持棍刀闯入他人家中行凶，后

---

① 在大量的部门法论文和著作中均可看到。

② 关于规范主义和听众主义的表现，参见〔荷〕伊芙琳·T. 菲特丽丝《法律论证原理——司法裁决之证立理论概览》，张其山、焦宝乾、夏贞鹏译，戚渊校，商务印书馆，2005，第 9~17 页；关于结果主义的表现，参见侯猛《司法中的社会科学判断》，《中国法学》2015 年第 6 期，第 53~57 页。

被反击倒地，再遭反击者砍杀身亡。一种观点认为，反杀者属于正当防卫。为支持观点，有人认为理由是难以判断王某是否真正没有危害性了；另有人提出理由是王某闯入他人住宅，住宅权包含自卫权；有人还会提出其他理由如"反杀是正常人的行动反应"，或者认为上述三个理由包括其他理由可以并用。① 再如，2016 年北京八达岭动物园老虎伤人案中，某人在兽区自驾时自行下车，被虎伤害，其母下车救助反被老虎咬死，诉讼中其提出动物园要赔偿（观点），理由是动物园疏于管理，还认为其母行为是"替动物园代行救助义务"（甚至称为"见义勇为"）。而对于"代行救助义务"（或说"见义勇为"）的理由，有些人则会疑惑。疑惑的前提恰恰就是不会想到。在此例中，"疏于管理"和"代行救助"的理由可能还有递进关系。②

哲学、逻辑学界对一般意义的理由和观点、理由和理由的复杂关系有过深入讨论，也曾涉及法律问题并有局外观察的意向。③ 但就结合法律适用的特点和法学分析的框架而言，相关研究似乎尚有缺乏，并且目的不在法学本身。本文会借鉴其思路，但不把其作为法学研究的基础。相反，从法学自身展开讨论以求对法律问题和实践的理解有所助益是本文的基本追求。毫无疑问，除了哲学、逻辑学的问题，理由和观点的关系还会涉及修辞、叙事和社会心理的问题。因为提出观点和说出理由，意味着陈述者、倾听者和旁观者的存在，以及他们的相互关系和感受。④ 同时，观点和理由的安排，还存在思维及行动的成本考量、博弈。⑤ 本文将兼而顾之。

作为定义，本文的"理由"是指支持观点的各种依据。其可以是法律

---

① 参见《辽沈晚报》编辑部《央视聚焦河北涞源"反杀案""正当防卫"的法律边界如何认定?》，《辽沈晚报》2019 年 2 月 27 日，第 A12 版。

② 参见王巍、曾金秋《八达岭老虎伤人案当事人起诉动物园》，《新京报》2016 年 11 月 23 日，第 A08 版。

③ 例如，〔英〕斯蒂芬·图尔敏的《论证的使用》（谢小庆、王丽译，北京语言大学出版社，2016）、〔美〕威尔弗里德·塞拉斯的《经验主义与心灵哲学》（王玮译，复旦大学出版社，2017）、〔美〕约翰·麦克道威尔的《心灵与世界》（新译本，韩林合译，中国人民大学出版社，2014）和陈嘉明的《理解与合理性》（《哲学研究》2017 年第 9 期）。

④ 参见〔英〕迈克尔·毕利希《论辩与思考》（新版），李康译，中国人民大学出版社，2011，第 226 页以下。

⑤ 参见鞠实儿《论逻辑的文化相对性——从民族志和历史学的观点看》，《中国社会科学》2010 年第 1 期，第 7~8 页。

规定、法理知识、事实证据等专业行规资源，也可以是常识、情理、事理、习俗等社会文化资源。在法律适用中，如果仅提出法律规定、证据来支持法律观点，应属"直接提出根据"；如果另提出情理和常识等社会文化资源来支持法律观点，便是法学界常提到的"说理"。① 法律说理无疑是重要的议题，但本文不区分"直接提出根据"和"说理"并分而辨析。本文认为两者都是提供理由，进而只讨论"理由是怎样提供的"。实践表明，用来支持观点的依据可以多样化，因此支持观点的依据种类的边界可以是开放的（如法律学说也可成为依据）。② 此外，作为定义，本文中的理由提供者，不仅指法律适用者，而且包括法律适用过程中的当事者和社会旁观者。关于讨论的空间以及经验材料，由于主题围绕法律适用，本文将在执法司法领域及广泛的社会参与其中讨论的情形中展开。

本文除第一部分"引言"外由下述六部分构成：第二部分，讨论理由和观点的关系为什么是一种"可能"关系，其赖以建立的客观因素是什么；第三部分，讨论"可能"关系建立的主观因素；第四部分，分析为什么理由和观点的关系会存在趋同现象；第五部分，分析理由是否在某种意义上可以视为一种观点；第六部分，从行动的概念出发分析理由和观点的关系。第七部分是结论。本文的目的是澄清并深入认识法律适用中"提供理由"的现实机制，以利于人们更慎重、反思乃至建设性地对待理由支持观点的活动，使这种活动更有"针对性"从而更有效。

二 "可能"关系的客观因素

在上文两个实例中，认为只有某些理由才能支持观点，另外一些理由不能也不应当，可能过于强硬。法律实践中划出界线表明哪些能够哪些不能，并非易事。③ 真正划出界线本身可能又是"争论参与者"身份或"我认

---

① 参见凌斌《法官如何说理：中国经验与普遍原理》，《中国法学》2015 年第 5 期，第 108 页。
② 这涉及法律渊源问题。启发性讨论，参见〔美〕约翰·奇普曼·格雷《法律的性质与渊源》，马驰译，中国政法大学出版社，2012，第 131 页以下。
③ 图尔敏说："……某些理由是真正的理由，而其他则不是，那么这么说的任何逻辑依据在开始都不明显。从逻辑上讲，各种理由似乎是一样的。"〔英〕斯蒂芬·图尔敏：《论证的使用》，谢小庆、王丽译，北京语言大学出版社，2016，第 39 页。

为、主张"意识的一种表现。在此，用"可能"的概念来看待理由和观点的关系较为适宜。为什么？

（一）行为和事件中的因果

法律适用中，作为支持观点的理由在相当程度上来自对现实世界人之行为和事件的因果追查概括。虽然学界有观点认为应区别理由和事实原因，[①] 但法律中事实原因常可以用作抗辩的依据陈述，[②] "某些事实是其他事实的理由"，[③] 例如"殴打会造成伤痛，所以我们会有不得殴打的理由"，[④] 因此本文对此不作区分。追查概括，乃由法律适用过程先行处理法律上的"事实"所决定。为寻找理由，需辨别这些行为和事件中的因果线索。[⑤] 就此而言，理由和观点的关系之"可能"首先来自现实世界人之行为和事件两者中"因果"的可能性。这是"可能"的客观因素之一。

行为和事件丰富复杂，而且会随调查发现而出现变化，其中因果关系便存在多面多向。"凡被认为原因或结果的那些对象总是接近的……它们往往会被发现是由一连串原因连系起来的。"[⑥] 因此，理由和观点的关系之丰富复杂便是情理之中。涞源反杀案中，侵害者王某曾追求骚扰、翻墙闯宅、威胁行凶；反杀者一家三人，曾拒绝劝阻、防备躲避、挣脱斥责，王某倒地后将其反杀。此外，反杀者之一（女儿）在反杀者之二（母亲）打工地点与王某相识，反杀者之一曾借钱给王某，涞源某派出所曾作调解，北京某公安分局曾接到反杀者之一遭遇猥亵的报案。另有，事发在农村和反杀

---

① 参见杨国荣《理由、原因与行动》，《哲学研究》2011 年第 9 期，第 64 页。
② 参见〔英〕斯蒂芬·图尔敏《论证的使用》，谢小庆、王丽译，北京语言大学出版社，2016，第 85~86 页。
③ Jaap C. Hage, "Reasoning with Rules: An Essay on Legal Reasoning and Its Underlying Logic," *Artificial Intelligence and Law*, Vol. 8, 2000, p. 76.
④ P. Markwick, "Law and Content-Independent Reasons," *Oxford Journal of Legal Studies*, Vol. 20, 2000, p. 579.
⑤ 参见王鹏翔、张永健《经验面相的规范意义——论实证研究在法学中的角色》，载李昊、明辉主编《北航法律评论》2016 年第 1 辑，法律出版社，2017，第 28~80 页。
⑥ 〔英〕休谟：《人性论》（上册），关文运译，郑之骧校，商务印书馆，1983，第 91 页。

者家中，王某是年轻男性，反杀者之一是女性大学生，等等。① 同时，如果进一步调查，或者他人陈述，又会增添新的内容或否定原有的内容。显然，所有这些现实世界中人的行为、发生的事件包括人物特征和发生地点等蕴藏了多种多样的"因果萌芽"。此案处理的重要过程之一，即寻找其中的"事实关联"，确定要点。缘此，建构理由和观点联系的可能性便会持续滋生。实际上，此案中，执法司法者总要甄别及设想各种理由和观点的关系，原因也在于这多种多样的"因果萌芽"。

（二）规范性根据的选择机会

法律适用过程，不仅要追查"事实"的因果，而且要寻找规范性的根据，用这种根据作为理由支持分支观点与最终观点。表面看，规范性的刚性根据如法律条文、判例（或指导性案例）、正式司法解释，柔性根据如法理知识、常理、事理、情理包括习俗等，是路向较清楚、范畴较明确的。但实际上，它们和"事实"的因果问题具有一定的相似性。就刚性根据而言，随着越来越多的立法、法院判例（或案例指导）和准立法的司法解释的出现，人们反复考量以选择的机会也会相应增加。② 例如，关于屡见不鲜的知假买假执法司法问题，人们不仅可以指出有关消费者权益保护的法律规定是根据，而且可以认为有关民事行为（买卖）意思表示真实的法律规定是根据。③ 就柔性根据而言，其本身便可能存在交叉竞争，人们最初就有

---

① 参见马丽宽《发挥检察职能，弘扬社会正气——河北检察机关对"涞源反杀案"作出不起诉决定》，《公民与法治》2019 年第 7 期，第 38~40 页。

② 我国最高人民法院 2019 年印发《关于建立法律适用分歧解决机制的实施办法》（法发〔2019〕23 号），可以从侧面印证这点。从世界主要法律传统看，比较法研究早已提到，大陆法系法院常会通过法律解释方法选择法条；普通法系法院尽管应该遵循先例，但其运用的"区别技术"又表明先例是"可选择"的。参见〔德〕K. 茨威格特、H. 克茨《比较法总论》，潘汉典、米健、高鸿钧、贺卫方译，潘汉典校订，法律出版社，2003，第 392~393页；〔法〕勒内·达维德《当代主要法律体系》，漆竹生译，上海译文出版社，1984，第367~368 页。中国传统司法文化也常通过情理选择法律依据。参见陈小洁《中国传统司法判例情理表达的方式——以〈刑案汇览〉中裁判依据的选取为视角》，《政法论坛》2015年第 3 期。相关法学理论的讨论，参见刘星《多元法条主义》，《法制与社会发展》2015 年第 1 期，第 124~125 页。

③ 参见张逸文《"知假买假"法律适用问题的文献综述》，《法制博览》2019 年第 17 期，第6~9、20 页。

仔细思量以作选择的机会。例如将遗产遗赠给道德上应予谴责的人的司法问题，有人坚持特别法优于普通法（从而主张具体的遗嘱法遗赠规定为根据）的法理，有人主张上位法优于下位法（从而主张一般的民法原则公序良俗规定为根据）的法理；① 又如购物消费问题，有人会认为因物美价廉而购买是常理，有人会认为因"物以稀为贵"而购买价高者也属常理。事实上，执法司法者面对具体问题，有时的确需要分辨拿捏。正因为有的规范性根据可以反复考量以选择，有的存在交叉竞争以供选择，所以这一层面的理由和观点的关系之"可能"不能避免。这是"可能"的客观因素之二。

此外，在法律适用中，规范性根据是针对现实的行为事件而提出，附着于行为事件及其因果的可能性而展开；其目的是针对由行为事件因果可能性而来的理由和观点的可能关系，以表达意义。同时，它们本身就是基于行为事件的典型性和经验的长期归纳认定而产生。因此，"事实"层面的理由和观点的"可能"还会与规范性根据层面的，相互渗透、叠加。

（三）信息获得的影响

无论"事实"的因果萌芽，还是规范性根据的选择机会，又与"信息获得"存在联系。信息获得意味着信息的数量和质量。这是"可能"的客观因素之三。十分明显，获得信息或者信息发生变化，完全可能刺激或抑制理由和观点之关系的建立。2019 年陕西西安奔驰女车主维权案中，关于"事实"之一，车辆为何开出仅 10 公里左右即漏机油，一般来说，女车主所知信息不同于 4S 店，后来参与调查的有关权威部门及奔驰厂商不同于 4S 店，而参与讨论的社会一般公众至少开始时可能更有差异。② 因此，各方会依据自己所获得的信息来判断"事实"问题，各自表达的观点及理由会有所不同。而随着"事实"信息越来越丰富，特别是趋于"确定"，观点和理由的扩张会倾向于收缩（仅仅是倾向于，并不是必然）。关于此案的"规范性根据"，同样，很多普通人可以轻易获得"国家新三包规定"的信息，但

① 参见刘亚林《张学英诉蒋伦芳交付遗赠财产案观点综述》，《人民司法》2002 年第 7 期，第 61~63 页。

② 参见沈洋《初衷与无奈之嬗变：西安奔驰女车主维权事件透视》，《中国审判》2019 年第 9 期，第 22~27 页。

不一定如相关权威部门和法律专家，另获得更专业的法律信息，直接考虑《产品质量法》和《消费者权益保护法》，甚至《合同法》。[①]

信息获得过程中，一个延伸问题是现代科技提供的信息流通手段会使信息数量质量发生显著的飞跃，并显著降低信息获得的成本。信息质量数量的飞跃和获得方式的超低成本，是信息传递的重要激励。[②] 毫无疑问，相对于语言陈述，录像更能释放多方位的信息。录像放出者和普通观看者，包括媒介传播者，知道这是极为重要的。这使很多信息获得者似乎更有兴趣和动力来提出关于案件的观点及理由。此外，信息的成倍增加，还会使信息的数量质量扑朔迷离，使判断信息的方式及时翻新。进一步看，正是现代科技提供的便捷平台和信息获得的超低成本，令人发觉关于理由和观点关系的理解之"天外有天"似乎比以往更有说服力，也使人们感到，突发、改变或重塑理由和观点的关系变得更为可能。

（四）如何看待"可能"关系

可能有人认为，有时信息颇为简洁，现实世界的事实"因果关联"颇为清晰，相应的规范性根据也是十分"直线"，故理由和观点的关系至少有时应以"必然"论。这点不能否认。但应注意，其中有时可能隐藏了"谁认为"的简洁、清晰和直线的问题。现实中可以看到很多例子表明某些人甚至较多人认为的，而又存在与之对立的。此外，法学界和法律界尤为有志于讨论理由如何支持观点（通过不断的法律解释、法律推论、法律说理），本身即表明这点哪怕有时真的存在也并不值得关注。因此，视线应该移向"可能"。

从行为事件的"因果萌芽"、规范性根据的选择机会和信息数量质量这些客观因素的角度，用"可能"的概念来理解理由和观点的关系，并不如何新颖，但容易成为盲点。当人们对某些理由和观点的关系感到惊讶，认为"不可思议"，甚至不加细致思索就拒绝，正是表现了这种疏忽和遗忘。

---

① 参见王辉《法律人士热议西安奔驰女车主维权事件中的热点》，《中国质量报》2019年4月16日，第1~2版。

② 参见周淑云《信息流通成本分析》，《情报探索》2009年第1期，第5~7页。

重温这点可使人们更加慎重，避免固执心态。而用毫不妥协的逻辑主义，坚持行为事实的"因果萌芽"只能其一不能其二，规范性根据没有选择的机会而且只有"唯一正确"，殊为可能强化本应有所谦卑的"我认为、主张"的宣称。信息问题，说明人们相信自己的"看到""听到"。"看到"和"听到"既可能真实，也可能误得。这自然表明信息传送机制的复杂及背后的"权力博弈"。[①] 不论是否"真实"，信息更新和变化速率是"理由和观点之关系"演化的重要函数变量。注意信息问题，尤其是科技推动的，对理解这种关系演化的微妙很有价值，也会使我们多份小心。

三 "可能"关系的主观因素

容易想到，除了得知什么和得知多少，以及"事实"的因果萌芽和规范性根据的选择机会，还存在人们思考的立场、角度、方式的丰富复杂。对于包含丰富"故事情节"的法律事件、多样规范性根据和各种信息，不论思考或判断较为一致还是严重分歧，参与者、观察者或议论者的利益追求、策略谋定（如诉讼策略）、社会角色、价值判断、知识背景、思维习性、辩论方法，包括情绪波动，总会发挥作用，影响着对"所知"的聚焦、剥离、切割、概括和断定，从而影响理由支持观点的建构。这是"可能"关系的主观因素。[②]

从八达岭野生动物园案中，便能大致觉察原告、被告和相关的政府机构及组织的某些主观倾向，以及它们怎样影响着理由向观点的运动。原告自然会从失去亲人（母亲）、自己被虎伤害而遭遇的痛苦、如何获得更多赔偿、自己理解的"具体公平"和如何才能最大限度地得到法院认可，来思考理由和观点的关系。被告（动物园）也会从维护自己的经营效益、企业声誉，有利于自己的行业惯习和怎样才能使法院相信自己没有责任，来权衡理由和观点的关系。相关政府机构及组织在诉讼发生前，会从地方管理

---

① 参见宾宁、冼文峰、胡凤《基于强弱关系的社交网络信息传播博弈模型》，《现代情报》2016 年第 12 期，第 30~35 页。

② "如果信息唤醒了有利的想法，就能说服；反之，如果激起相反的观点，就无法说服。"〔美〕戴维·迈尔斯：《社会心理学》，侯玉波、乐国安、张智勇等译，人民邮电出版社，2016，第 246 页。

的便利、处理突发事件的能力表现、消费者和经营者之间的利益平衡及自己理解的"社会公平"，包括舆论压力，来考量理由和观点的关系。在西安奔驰女车主维权案中，女车主坐在展车引擎盖上痛诉来展现"策略"和"情绪"。在涞源反杀案包括参与其中的大量社会舆论中，也能看到类似情形。其实，广泛争论的执法司法事件中，均可清晰看到不同的主观倾向因素在理由和观点之关系的认定上如何发挥作用。

但这种因素发挥作用，显然是以"事实"的因果萌芽、规范性根据的选择机会和信息数量质量等客观因素为基础的。没有客观因素，主观倾向因素的作用将大为减弱。

（一）利益驱动、策略谋定、社会角色感受和价值判断

主观倾向因素中，首先应该辨析利益驱动和策略谋定，还有联系紧密的社会角色感受和价值判断。这是因为，执法司法最直接的要害是利益的认可、给予或剥夺，通常人们也倾向于更多关心利益的具体再分配。当事者（被执法者、原被告、代理人等）肯定如此。社会公众也会关注未来潜在的利益分配提示。即使是执法司法者，同样会注意法律适用本身给自己带来的间接职业利益影响（如社会评价）。利益担忧，通常会引发博弈和策略谋定。[①] 其一，当事者会主动充分利用一切理由以支持观点，即使他人甚至自己觉得某些理由牵强、欠妥。[②] 其博弈心理是不能挂一漏万，因为并不知道执法司法者最终如何裁断理由和观点的关系，包括对观点的态度。如果案情复杂、信息丰富，则更可能如此。[③] 其二，执法司法者会被动地思考各方的一切理由以支持观点，而且，如果觉得牵强欠妥，会尽量慎重，要考虑周全和明晰自己认定的社会公平。因此其对理由和观点的关系的处理是有限度的。[④] 其三，社会公众既不会像当事者挖空心思，也不会像执法司

---

① 参见〔美〕道格拉斯·G. 拜尔、罗伯特·H. 格特纳、兰德尔·C. 皮克《法律的博弈分析》，严旭阳译，法律出版社，1999，第6~7页。

② 参见胡宇清、汤芙蓉主编《法律心理学》，湘潭大学出版社，2017，第166~174页。

③ 一般而言，总能发现执法司法者在复杂案件中认定的理由少于当事人提供的。这就可以佐证这里的描述。

④ 参见陈增宝《司法裁判中的事实问题——以法律心理学为视角的考察》，《法律适用》2009年第6期，第47页。

法者谨小慎微，而是较自然地想到说到。三方之所以如此，其中还有社会角色的"责任"概念的原因。当事者和社会公众在提出理由支持观点时，没有"责任"压力。尽管会在意他者的舆论，但舆论本身不能使其觉得必须对他者负责。执法司法者则相反，公权力的运用及其正当性使其感受必须对社会负责。[①] 故"责任"感受，是利益驱动和策略谋定的牵制元素。

在此，重要的是，第一，由于当事者较为强烈的自保意愿和社会公众此起彼伏的意见参与，理由和观点的关系有时会倾向于繁茂多样；第二，执法司法者和当事者、社会公众之间尽管存在相互抑制，但抑制有时反而更会刺激理由和观点关系的复杂变化；[②] 第三，作为主观因素，"价值判断"是个随附概念，如果利益、谋划和责任已经确定，"价值判断"会有强化的作用如"我认为的公平就是公平"，从而有时推动理由和观点的关系的繁茂多样、复杂变化。[③]

（二）知识背景、思维习性、辩论方法和情绪波动

在主观倾向因素中，又应辨析知识背景、思维习性、辩论方法，以及情绪波动。其一，知识背景对认知和判断颇为重要。从法律问题看，事实"因果萌芽"的认知需要相应的知识运用，规范性根据的理解更是不能没有相应的知识掌握。提出理由支持观点，很大程度上需要知识作为叙述基础。知识背景不同，建立理由和观点的关系之结果极可能会有差异。"鸡同鸭讲""对牛弹琴"的比喻，可为一镜。

其二，思维习性的要点之一在于"类比"。在法律适用的具体立论、反问、归谬的叙述中，"类比"极易贯穿。因为执法司法主要涉及"要求"

[①] 参见刘洪志《"媒体审判"的心理学机制及其对策》，《社会心理科学》2012年第9期，第98页。

[②] 现实中很多例子，可以表明执法司法者如何改变当事者和社会公众的看法，反之，社会公众如何改变执法司法者的看法。关于相关的推理之策略谋定的心理学问题，更广泛的讨论，可以参见 Maxwell J. Roberts and Elizabeth J. Newton eds., *Methods of Thought: Individual Differences in Reasoning Strategies*, New York: Psychology Press, 2005。

[③] 所以，"一般而言，动机会对主观知识的形成产生实质性的影响"。参见 Arie W. Kruglanski and Erik P. Thompson, "Persuasion by a Single Route: A View from the Unimodel," *Psychology Inquiry*, Vol. 10, 1999, p. 90。

（如指出违法）、"诉求"（如起诉）、"答辩"和"裁断"，这些显然要在具体事实和具体规范性根据的相互联系中展开；而"具体问题"的辨析和阐明，当遇到对抗时，借助"类比"来推进、拓展理由对观点的支持几乎是自然而然的重要选项。从作为理由提供方式之一的法律说理实践中也能发现，"类比"颇为常见。而"类比"的关键，是边界较难控制。"类比"依赖的"何以类似"历来是有争论的。① "类比"本身经由主观"权衡"来展开。② "类推事实上是相当有疑问的。"③ 因此，"类比"的辐射性使用，是理由和观点的关系有时变得复杂的重要原因。在今天网络平台看到的关于执法司法的社会争论中，更能明确地发觉这点。例如，针对网友热议的2017年"天津赵春华涉枪案"（俗称"天津大妈摆气球射击摊案"），有人认为射击气球的塑料子弹足以伤人所以应予收缴，而另有人这样类比反驳：扔出硬币也能伤人眼睛，硬币也要收缴？地上的石头怎么办？还有水果刀、锤子、棍子呢？④

其三，辩论方法因执法司法问题的异议而出现。不服执法司法的决定裁判，回应对执法司法的不满，当事人之间的诉辩，或如公众赞同或批评当事者的诉求和执法司法者的决定裁判，自会引发辩论。人们习惯或者说必须通过辩论表达意见。辩论和演讲、普通交流不同，其特点是挑起争议并征服对方。如果演讲、普通交流是弱说服，辩论则是强说服。强说服的效果之一是很多情形下会有直接的刺激作用，促使人们更易努力寻找可能和机会以作叙述挑战和反抗。⑤ 因此，辩论方法的特性对理由和观点的关系

---

① 参见李帅、杨琼《实质归纳逻辑视野中的类比推理》，《逻辑学研究》2019年第4期，第41页。

② Bartosz Brozek, "Is Analogy a Form of Legal Reasoning?,"in Hendrik Kaptein and Bastiaan van der Velden eds., *Analogy and Exemplary Reasoning in Legal Discourse*, Amsterdam: Amsterdam University Press, 2018, pp. 60-61. 波斯纳法官（Judge Richard A. Posner）甚至认为："作为一种司法表达方式，类推是表面现象。它不属于法律思考，而属于法律修辞。"参见 Richard A. Posner, "Reasoning as Analogy,"*Cornell Law Review*, Vol. 91, 2006, p. 765。

③ 〔德〕考夫曼：《法律哲学》，刘幸义等译，法律出版社，2004，第116页。

④ 参见《天津老太摆气球射击摊，被判非法持有枪支罪》一文的网友评论，腾讯网，https://news.qq.com/a/20161230/002945.htm，最后访问日期：2021年6月8日。

⑤ "人们更有可能去寻找那些支持而非否定自己的信息。"〔美〕戴维·迈尔斯：《社会心理学》，侯玉波、乐国安、张智勇等译，人民邮电出版社，2016，第100页。

建立，与"类比"相似。

其四，"类比"和"辩论"与情绪波动亦有关联。现有研究表明，进行"类比"时人们易受情绪影响，或正面或负面的；而且类比的精彩和奇异，完全可能调动人们思绪的扩张。① "辩论"则比"类比"更与情绪激励有着关联。"面红耳赤""拍案而起"和"强词夺理"，还有"据理力争""从容应对"，都从某些角度表现着辩论和情绪或强或弱的关系。"情绪对于人的推理和行为有很大的影响。"② "推理行动几乎总是伴随情绪而展开。"③ 当然，情绪波动的背后又有利益驱动、策略谋定、社会角色感受和价值判断的影响。经验表明，巨大的利益得失难免使人寝食不安，谋划的完善或不周完全可能使人兴奋或焦虑，当事者要比社会公众、执法司法者更易激动躁动，"显失公平"的认识会使人们嫉愤。

（三）与主观因素相关的问题

上述主观倾向因素，严格来说人们并不陌生。但仔细辨析有助于推进对理由和观点的关系的冷静理解。由此还有利于深入思考两个问题。

第一，关于理由支持观点，法律适用中一直存在话语策略的实用主义。这种主义或是学术理论化的或是实践行动化的。该主义认为理由运用难免受到微观政治偏好选择的影响，主张理由难说对错、真假之分，却是存在有利无利、有用无用之分，以及相信理由的意义在于争夺法律话语的领导权。"用理由证明及反驳不过是个技术问题。"④ 概言之，"何患无辞"即使不是准确也是大致符合实际的描述。⑤ 这一实用主义的思路有趣且棘手，并有一定的说服力和影响。国际关系中的大量有争议的执法司法（包括仲裁）

---

① 参见费多益《认知视野中的情感依赖与理性、推理》，《中国社会科学》2012 年第 8 期，第 34 页。

② 〔美〕泰勒、佩普劳、希尔斯：《社会心理学》（第 10 版），谢晓非、谢冬梅、张怡玲、郭铁元、陈曦、王丽、郑蕊译，北京大学出版社，2004，第 36 页。

③ Ralph H. Johnson and Anthony J. Blair, *Logical Self-Defense*, Amsterdam: International Debate Education Association, 2006, p. 191.

④ Joseph William Singer, "Persuasion," *Michigan Law Review*, Vol. 87, 1989, p. 2444.

⑤ 参见桑本谦《法律论证：一个关于司法过程的理论神话——以王斌余案检验阿列克西法律论证理论》，《中国法学》2007 年第 3 期，第 104~105 页。

实例可以表明这点。国内的一些实例，如绝大部分执法司法冤案无一没有理由的阐明，甚至似乎比较"充分"，也时常可以表明这点。对该主义，当然可斥之虚无。但斥之的根据是什么？当看到前述主观倾向因素总是不能避开，根据应从哪里找寻？传统的逻辑主义？①

第二，紧密相关，运用理由支持观点在多大程度上是"逻辑思维"问题，多大程度上是"社会建构"问题？毫无疑问，执法司法需要一个理由，而且异议出现时又需要持续的理由进行适当阐述。但为什么人们需要理由？因为思维逻辑的需求，还是利益满足、心理情绪舒适的需求，还是其他？②如果是思维逻辑，为什么执法司法的异议出现（如不服执法或上诉申诉）时，我们只能且必须在某个异议回应之后停止提供理由，例如终审完结？为什么有人就是不听理由？③反之，为什么在某一阶段，人们就是要听一个理由，而且的确出现过听到理由后接受了理由对观点的支持，甚至改变看法？进一步，思维逻辑需求和其他需求如"社会需要即时分配正义"之间究竟是什么关系？

四　关系趋同

用"可能"的概念来理解理由和观点的关系，不意味着这种关系仅是纷然杂陈，更非原子化。一定时段和特定语境下，某些"理由和观点的关系"逐渐牢固并被确立，某些则逐渐松散并被遗弃。这同样是重要现象。换言之，不论客观因素、信息传播、主观因素如何扑朔迷离，理由和观点的关系之趋同现象也会存在。这也是为什么在一些（甚至可能较多）法律适用问题中，可以看到当观点确立后理由的排列和数量有时较为集中。在上述一些实例中，尽管论证观点的理由可以不断新奇，但某些理由总会成为焦点。八达岭野生动物园案中，关于被告动物园在"死者"问题上应该承担一定责任（观点），尽管原告提出死者为动物园代行了救助义务（理

---

① 有学者指出，"利用一个理由和相信一个理由正确，两者之间的关系是颇为模糊的"。Adam Leite, "Believing One's Reasons are Good," *Synthese*, Vol. 161, 2008, p. 421.

② 加拿大学者沃尔顿（Douglas Walton）指出，通常看，法律论证"都是可废止论证或非决定性论证"。〔加〕道格拉斯·沃尔顿：《法律论证与证据》，梁庆寅、熊明辉等译，熊明辉校，中国政法大学出版社，2010，第 35 页。

③ 有时，"判断不对，说理再充分，当事人也接受不了"。参见凌斌《法官如何说理：中国经验与普遍原理》，《中国法学》2015 年第 5 期，第 103 页。

由）而且人们也有讨论，但基本上人们还是围绕动物园是否尽到足够注意义务（如安全条件、应急措施）这一理由，来分析并主张动物园应该承担怎样一种责任。相反，被告对应负责任的指控进行抗辩并主张不负责任（观点），提出了若干理由而且人们亦有讨论，但关注者更多集中于伤者自己下车导致老虎伤人这一重要理由。[①]

当然，趋同的概念不同于"一致"（没有任何争论），前者是"相对""活动"的，后者是"绝对""静止"的。前文提到，对理由和观点的关系没有任何争论的现象，缺乏讨论的特别价值。"活动"是指，趋同既可能最初已存在，也可能后来逐渐形成，还可能逐渐消失。

为何存在趋同？

（一）"常识"判断发挥作用

大多数人对观点及理由分量的判断，通常会以"常识"为标准。而"常识"的判断虽然是主观的，但如果文化背景、思维方式、价值立场大致接近，"常识"之内涵则会类似。[②] 体现"常识"指称的情理、事理、常理，包括习俗，是在具体文化历史、思维惯习、价值承继中孕育塑造的，具有"家族类似"特征，尽管有时也存在内在的交叉竞争。常识"包含在前人设置的各种实践活动的定规之中"。[③] "常识"判断具有"先入为主"的特点，在没有强烈反向信息干预时不易改变。[④] 再看涞源反杀案。很多人观点是"反杀成立"，即法律上的"正当防卫"，理由基本趋同于"拿刀伤人是即时的侵害""难以判断可能的持续危险""闯入他人住宅即为侵犯"。

---

① 相关统计，参见魏铭《媒介伦理失范的表现与防治——以"7·23八达岭野生动物园老虎伤人案"为例》，《长春师范大学学报》2021年第5期，第193页。有人提到，新华社微信公众号曾作民意调查，结果90%网友认为伤者不守规则。参见余金林《动物园安全保障义务之探析——以"7.23八达岭野生动物园老虎伤人案"为例》，《理论观察》2018年第3期，第108页。

② 参见周晓亮《试论西方哲学中的"常识"概念》，《江苏行政学院学报》2004年第3期，第6页。

③ 陈嘉映：《常识与理论》，《南京大学学报》（哲学·人文科学·社会科学版）2007年第5期，第62页。

④ 参见叶一舟《论常识判断与法律判断的衔接与转化》，《政法论丛》2014年第4期，第66~72页。

观点和理由的背后，可以看到三个关于情理常理的朴素"常识"认知：一是拿刀伤人者本身即恶者；二是惩罚恶者没有不当；三是躲避、制止和回击危害是非常自然的，属于常人的正常反应。显然，三个"常识"内涵，在此案中制约着理由的趋同走向和确立，而其本身正是生活实践中逐渐孕育塑造的，甚至已经成了心理的本能体验。应该认为，共享"常识"判断是趋同的一个原因。

出现"常识"判断会有两个前提条件。其一，与具体执法司法事件的关系距离较远。一般看，距离越远或旁观，越可能出现一般性的"常识"判断。针对涞源反杀案，大多数网友就是远距离、旁观，故多用普通"常识"判断。当然，这并不意味着距离越近，越不可能诉诸这种判断；而仅意味着，距离越近甚至身在其中，难免会掺杂其他判断如利益策略。被反杀者的家属即距离很近甚至身在其中，故不会简单运用"常识"判断。其二，获得具体执法司法事件的信息不是十分丰富。信息呈现得越简明扼要，越有可能出现普通"常识"判断。大多数人获得的信息总是有限的，是传媒"概括"的，不可能像当事者或具体执法司法者那样知道得非常丰富，故容易运用"常识"判断。反之，知道的信息越丰富，普通"常识"的判断运用越谨慎。

"常识"判断促成的趋同并不一定没有问题，甚至难说"客观正确"。执法司法者经过近距离或置身其中完全可能得出相反的结论，或者说"较客观正确"。但"常识"判断是分析趋同现象的一个切入点。

（二）专业知识发挥作用

专业知识有时会发挥引导作用推动趋同。随着社会分工和行业发展，专业知识不可避免为人所重视。很多领域，由于知识短缺，理由和观点的关系之判断会被发现似是而非。专业知识的介入，会有澄清之功效。[①] "专

[①] 这也是为什么人们在许多场合欢迎各个领域专业知识的解说。"我们经常很自然地相信那些有知识的人：相信医生的健康知识，一切与法律相关的事都相信司法人员……"〔法〕米歇尔·梅耶：《修辞学原理：论据化的一种一般理论》，史忠义、向征译，中国社会科学出版社，2016，第 3 页。

门的知识、训练和技术是影响力的一个来源。"① 法律行业是社会分工的一个现实，也是一种专业。因此，法律知识的提出有时可以纠偏理由和观点的关系之判断。如 2012 年浙江温岭幼教虐童案，开始许多人认为要处罚（观点），主张虐待罪（理由），但虐待罪显然是家庭成员之间的侵害。后随着相关刑法知识传播，无人再提虐待罪。② 专业知识的澄清，亦可部分说明趋同原因。

毋庸置疑，专业知识发挥引导作用的前提是外行人认同专业知识者的权威，预设专业知识的准确。此外，引导作用另有一个限定：专业知识与人们较易感觉的"常识"判断没有较大分歧；若分歧较大，即使认同权威和知识准确也可能难以出现趋同。在 2019 年成为社会热点的张扣扣案相关社会争论中，可以清晰看到这一点。③

（三）"临时性协议"

正如学界熟知，桑斯坦（Cass R. Sustein）提出的"临时性协议"也是重要的。④"临时性协议"意味着即使文化背景、思维方式和价值立场不同，专业知识没有发挥作用，也并不必然导致对"理由和观点关系"的不同判断。相反，很多人有时仅关心特定层面、具体方面的要害，不问主义。这可以解释为何不同立场和主义的一些人有时可以有类似的具体主张，群体发声，也可以解释为何即使存在专家指引依然会出现与之不同的趋同意见。

（四）关注退出

"关注退出"应该又是一个原因。人们的关注跟随兴趣。兴趣减退，关

---

① 〔美〕泰勒、佩普劳、希尔斯：《社会心理学》（第 10 版），谢晓非、谢冬梅、张怡玲、郭铁元、陈曦、王丽、郑蕊译，北京大学出版社，2004，第 232 页。

② 参见王强军《虐童女教师涉罪行为的法理解析》，《检察日报》2012 年 11 月 15 日，第 3 版。

③ 参见王怡溪、赵云泽《正义的想象：后真相时代的媒体报道与网民舆论——以"张扣扣"案的舆情风波为例》，《新闻春秋》2019 年第 3 期，第 42~48 页。

④ Cass R. Sunstein, "Incompletely Theorized Agreements," *Harvard Law Review*, Vol. 108, 1995, pp. 1733-1772.

注随之减弱。对一事物的关注减弱是因为随时间推移及新的热点出现，大多数人的视线会出现转移。"喜新厌旧"是大多数人对待信息的自然表现。新闻报道时时存在即可印证。人们熟知的"将某些案件争议暂且搁置一段时间"之常用策略的情形，亦可佐证。当更多人的关注退出时，剩余意见容易更显突出。"当人们心不在焉或者没有积极主动思考的时候，熟悉易懂的表述比新意的表述更具有说服力。"① 因此，某些人不再关注一个法律适用事件的走向，会使问题的意见看似变得趋同。此外，面对争议和没有争议，人们一般对前者更有兴趣，因为前者中有"新"。这从另一角度说明，"关注退出"有时可能是因为争议正在逐渐减弱，引起争议的事件本身正在失去吸引。当然，"关注退出"不意味着分歧事实上已经消失，然而当人们不再关心，分歧事实上是否存在已经不重要了。故不能忽略"关注退出"对趋同的意义。

（五）怎样理解趋同

总体而言，趋同出现的原因可能还有其他如信息传播停止、"暂时没有想到"，但上述四点或许应该特别讨论。另外，尽管存在趋同现象，而且它是重要的，但由于影响因素较为复杂，预测什么样的理由与观点的关系可以出现还是不会轻而易举。趋同作为力量，可以压抑多元，但分散的多元也可以反抗、瓦解趋同。这就有如哈贝马斯（Jürgen Habermas）所言："文化和社会贮存着好的理由，但是好的理由也可能因其他境况和新的认识而退让于更好的理由。"②

五　理由可以视为观点

各种主观因素之所以可以影响理由和观点关系的建立与分离，这一关系的趋同原因之所以能够发挥作用，或许和一个深层现象密切相关。这个

---

① 〔美〕戴维·迈尔斯：《社会心理学》，侯玉波、乐国安、张智勇等译，人民邮电出版社，2016，第226页。
② 〔德〕尤尔根·哈贝马斯：《论理由的象征性体现》，鲍永玲译，《哲学分析》2013年第1期，第86页。

现象是：就法律问题而言，理由在一定意义上可以视为观点。① 本文认为，对这个现象的深入讨论，可以增进理解"主观"各因素得以在"客观"各因素上发挥作用、趋同原因得以启动的潜在机制，进而增进对法律适用中"理由和观点"关系的认识。

常说的理由，如法律规定、证据、情理和常识，在某种意义上都可视为观点。例如，高空坠物纠纷（无法查明侵权人）中诸被告应共担补偿责任的主张，作为观点，需要《民法典》第1254条作为理由支持。② 这条法律规定本身就是一种"观点"。③ 因为众所周知，该条"内容"至今还在争议中，④ 需要其他理由来支撑，只是法律规定就是这样确认了。再如，奔驰女车主案中，女车主提出"4S店曾多次不理睬我的诉求"作为理由，支持她提出的"不适用三包规定"（观点）。但这个理由本身也是"观点"，需要其他理由（证据）来支撑。真实情况是"多次不理睬车主"？什么叫作"不理睬"？又如，关于正当防卫，"事后理性判断不能替代当时常人正常反应"，作为理由，可以支持"防卫行为没有超过必要限度"，但前者本身亦需要另外的理由来阐明，正常人面对危急时就一定没有能力"沉着应对"？⑤可以想见，后续的其他理由可依此类推。

---

① 奥迪（Robert Audi）曾提到，支持一个命题的理由，就是一个命题。参见 Robert Audi, *The Structure of Justification*, Cambridge: Cambridge University Press, 1993, p.234。埃默伦（Frans H. van Eemeren）和荷罗顿道斯特（Rob Grootendorst）曾指出，不同语境下，理由可变成观点，观点可变成理由。参见〔荷〕弗朗斯·凡·埃默伦、罗布·荷罗顿道斯特《论辩交际谬误》，施旭译，北京大学出版社，1991，第14~15页。

② 从建筑物中抛掷物品或者从建筑物上坠落的物品造成他人损害，难以确定具体侵权人的，除能够证明自己不是侵权人的外，由可能加害的建筑物使用人给予补偿。参见《侵权责任法》第87条。

③ 参见张新宝、张馨天《从〈侵权责任法〉第87条到〈民法典〉第1254条："高空抛（坠）物"致人损害责任规则的进步》，《比较法研究》2020年第6期，第91~104页。

④ 参见张一琪《高空坠物何时休？》，《人民日报》（海外版）2019年10月21日，第5版。

⑤ 图尔敏曾谈及过这里的问题。他说，即使提供了基础性事实（data）来证明，对该事实我们还会面临进一步的质疑。此外，针对"理据"也是可以提出怀疑的。参见〔英〕斯蒂芬·图尔敏《论证的使用》，谢小庆、王丽译，北京语言大学出版社，2016，第90页。哲学界有人曾讨论过，一般意义上的理由总会需要另外理由的支持。参见〔美〕罗伯特·B.布兰顿《阐明理由：推论主义导论》，陈亚军译，复旦大学出版社，2020，第13页。

（一）"观点"链条

为什么理由可以视为观点？因为提供理由是由若干陈述来表达的，需要"因为……所以……"一类逻辑意蕴的叙述结构来展开，并以论证为目的。"'理由'提示着'因为'一词后面所要出现的内容。"① 某个陈述放在"因为"一类语词之后，即成理由；放在"所以"一类语词之后，即成观点。② 同一陈述，根据一个提供理由的语境，可放在"因为"之后；根据另一语境，可放在"所以"之后。没有"因为……所以……"的叙述结构，取消论证目的，陈述就无法称作理由或观点，仅是独立陈述。③

由此能够较大胆断言，具体执法司法案件中除了基础观点（最终主张），其他理由和观点是相对而言的，完全可以形成不断的"观点需要理由支撑"的链条，或说不断的"观点需要观点阐明支持"的链条。④ 事实上，只要案情略微复杂，争议焦点较多，反驳常在，总是可以清晰发现这种链条结构。链条意味着什么？

（二）"可予认定"的默认和"不证自明"的预设

首先，意味着在理由提供的链条之任一中间环节，相对而言的理由通常被默认为"可予认定"。有如一位德国学者所言，理由是"一个确认，只

---

① Frederick Schauer, "Giving Reasons,"*Stanford Law Review*, Vol. 47, 1995, p. 636.
② 参见 Ralph H. Johnson and Anthony J. Blair, *Logical Self-Defense*, Amsterdam: International Debate Education Association, 2006, p. 13。另参见〔荷〕弗朗斯·凡·埃默伦、罗布·荷罗顿道斯特《论辩交际谬误》，施旭译，北京大学出版社，1991，第 53 页。
③ 当然，实践中，表达理由支持观点时，不一定总出现"因为……所以……"的字词，但会有这一逻辑意思。
④ 哲学、逻辑学界对这里涉及的问题研究十分深入。如图尔敏用"保证"（warrant）、"支撑"（backing）等概念（参见〔英〕斯蒂芬·图尔敏《论证的使用》，谢小庆、王丽译，北京语言大学出版社，2016，第 86～93 页），塞拉斯（Wilfrid Sellars）用"理由的逻辑空间"（the logical space of reasons），而麦克道威尔用"概念空间"的概念（the space of concepts）来作解释（参见〔美〕约翰·麦克道威尔《心灵与世界》［新译本］，韩林合译，中国人民大学出版社，2014，第 23～29 页）。另外，这里"链条"的意思，参见〔荷〕弗朗斯·凡·埃默伦、罗布·荷罗顿道斯特《论辩交际谬误》，施旭译，北京大学出版社，1991，第 95 页。

要该确认在事实上对于证立待证立对象而言是合适的"。① 日常经验表明，提供理由时，主张一方一般不会自动持续将连环理由后撤排列，逐一阐述。在奔驰女车主案中，女车主可以提出"应该换车"（观点），因为"10公里左右就漏油"（理由），而该理由被其默认为"可予认定"。女车主一般不会提出这一理由后，又自动继续称"有若干证据可以证实漏油""这些证据可以通过鉴定""鉴定机构应予认可"。除非对立一方反问，10公里左右怎么就漏油了？谁可证明？有何物证？何以鉴定，鉴定效力何来？我们提供理由的惯习，正是一般仅针对某一观点提出直接相关理由，并将其默认为"可予认定"，② 待出现疑问时再接续另外的理由。否则，我们的理由提供不仅较冗赘，难正常展开，而且理由提供的目标会显得模糊不清。

其次，链条意味着链中某个理由会成为终端理由（或终端观点），而终端理由只能被预设为"理所当然"，不可置疑。例如，若期待完成前述反杀案中正当防卫成立的论证，便需要证明"没有超过必要限度"，而要证明"没有超过必要限度"，便要预设"事后理性判断不能替代当时常人正常反应"是终端理由，不可怀疑、不可争辩。终端理由不被预设"不证自明"，理由提供的阶梯就会在根基上空悬。③ 维特根斯坦（Ludwig Wittgenstein）指出："在有充分理由根据的信念的基础那里存在着没有理由根据的信念。"④ 当然，终端理由不是本身即为终端，而是无须追问（如法律就是这样规定

---

① 〔德〕乌尔弗里德·诺依曼：《法律论证理论》，赵静译，载舒国滢主编《法理——法哲学、法学方法论与人工智能》第2卷，商务印书馆，2018，第80页。

② "在通常情况下，当我们表达据以相信某个事件的理由时，我们总是假定该理由是真的，或至少不认为它是假的。"陈嘉明：《知识与确证：当代知识论引论》，上海人民出版社，2003，第48页。

③ 法学界和哲学界都有学者认为这里存在"追问深渊"。参见舒国滢《走出"明希豪森困境"（代译序）》，载〔德〕罗伯特·阿列克西《法律论证理论：作为法律证立理论的理性论辩理论》，舒国滢译，商务印书馆，2019，第1~3页；费多益《知识的确证与心灵的限度》，《自然辩证法研究》2015年第11期，第19~25页；〔美〕约翰·波洛克、乔·克拉兹《当代知识论》，陈真译，复旦大学出版社，2008，第89页。法国学者梅耶（Michel Meyer）指出："人们在任何时候都可以把建议的各种回答再问题化。"〔法〕米歇尔·梅耶：《修辞学原理：论据化的一种一般理论》，史忠义、向征译，中国社会科学出版社，2016，第4页。

④ 〔奥〕路德维希·维特根斯坦著，G.E.M. 安斯康、G.H. 冯·莱特合编《论确定性》，张金言译，广西师范大学出版社，2002，第41页。

的）或追问意义十分有限（如常人的正常反应就是如此）而成为终端。"如果我们见到每一个理据都要质疑其可信度而不放过任何一点，那么论证几乎无法展开"。① 事实上，这就有如，"我们都相信哥伦布一四九二年在美洲登陆，但我们当中有多少人还知道我们最初相信此事的理由"。②

最后，链条意味着因为理由可视为"观点"，因为作为理由的"观点"存在被默认"可予认定"、被预设"不证自明"的特征，而又因为这种"观点"总是一个主张，是可能遭遇异议或反驳的，所以，所有法律适用中提出的理由之成立最终是社会对"观点"认同的结果。③

（三）理由之横向"粘连"

除了纵向"链条"问题，还有理由的横向"粘连"问题。这是指，为支持一个观点，若干理由可以排列共撑。实践中，排列共撑最常见。有时针对法律理由的提供，较丰富的排列共撑常被视为"较充分"的表现。涞源反杀案中，提出的正当防卫之理由至少有：（1）王某闯入他人住宅，住宅权包含自卫权；（2）王某使用刀具、甩棍等凶器袭击；（3）反杀者在王某倒地前后持续反击，是"连续性"的自卫行动；（4）尽管王某倒地，依然难以判断王某是否真正没有危害性了。四个理由可以排列共撑，还可说是"较充分"。

理由可以排列共撑意味着，第一，理由存在树形样态；④ 第二，被预设的"终端理由"可能是若干；第三，不易预测及限制理由横向排列的数量。就第三点而言，因为可以将理由视为观点，而将主观性的若干"观点"横向联系起来不存在思维意义的障碍，所以难以预测及限制。进一步，重要

---

① 〔英〕斯蒂芬·图尔敏：《论证的使用》，谢小庆、王丽译，北京语言大学出版社，2016，第 93 页。

② 〔美〕约翰·波洛克、乔·克拉兹：《当代知识论》，陈真译，复旦大学出版社，2008，第 85 页。

③ 我们有时会像提到"理由成立"一样，提到"观点成立"。说"观点成立"时常含有"已得到理由支持"的意思，偶尔含有"观点直接可以认同"的意思。如是前者，其表明支持观点的理由（明示的或隐蔽的）本身作为观点得到了认同；如是后者，其表明观点直接获得认同，不涉及理由。

④ 理由的树形比喻，参见 Jaap C. Hage, Ronald Leenes, and Arno R. Lodder, "Hard Cases: A Procedural Apporach," *Artificial Intelligence and Law*, Vol. 2, 1993, p. 126。

的是，理由可以排列共撑意味着在执法司法过程中提供理由时，我们其实正在规划、处理若干观点之间的关系。

（四）"规范锁定"

如果纵向链条中的理由可以视为一个观点，为什么该观点可以用来支持另一观点？如果"若干理由"可看作"若干观点"，为什么若干观点可以用来支持其外的一个观点？仅仅因为使用（或暗含）了"因为……所以……"的叙述结构？

为回答该问题，需要再次看到法律适用中提供理由时，作为理由的法律规定、情理、习俗、证据等，均与现实世界中的"事物"有关。法律条文总是根据现实范例而制定，情理总是基于现实的人之行动、物之存在而析出，习俗总是缘于生活规律行为而概括，证据更是贴近发生的"事实"而产生。而作为观点的理由，本身即隐含着一个关于现实事物状态的主观规范（normative）表达。"住宅权包含自卫权"，隐含的规范意思是"产权人保护产权是正当的"；"某人使用凶器袭击"，隐含的规范意思是"危害别人是不能接受的"；"新车10公里左右漏油"，隐含的规范意思则是"新车不应出现如此明显的质量问题"。与这些例子相关的法律直接规定，更是如此。这些均隐含了规范判断。

将观点纵向及横向联系起来，放进"因为……所以……"一类的叙述结构，实际上是试图建构一个思想中的关于现实事物动态关联的"规范锁定"。这是执法司法提供理由的意图所在。无论纵向还是横向，"规范锁定"的作用是在依托"事物图景"想象和辨析的基础上，将最初争议或疑惑的规范判断（最终需要证明的观点），逐步接上可以或可能解除争议或疑惑的规范判断（作为观点的理由），使上文提到的"被预设""被默认"得以实现。在高空坠物问题中，无法查清侵权者时要求诸被告承担共同补偿责任（最终需要证明的观点），指出《民法典》第1254条（原《侵权责任法》第87条，作为观点的理由），正是通过具体法律过程（如查明法律事实和寻找法律依据）勾画了"高空坠物、人物损伤、无法查明缘何坠物、法律直接规定"的现实事物图景，并依托其想象和辨析，将法律主张的争论或疑惑推向人们能够预设或默认的作为理由的法律直接规定。（人们易接受一个判断："没办法，这是法律规定。"）"人类的思维过程有一种视觉化的倾向。"① 就此而言，人们常说的"提供理由是使之明白并获得确认"，实际上就是力求，作为理由的观点之"被预设""被默认"能够出现。

因此，一个观点可以用来支持另一观点，若干观点可以用来支持其外的一个观点，正是因为不断被揭示的"事物图景"接近了人们思想中易接受、能理解的事物存在与关系以及对应的规范判断，而且，由此人们接受了一个或若干作为理由的观点之"被预设""被默认"，人们觉得"只能如此""无法置疑"（"规范锁定"成功）。对"理由"问题深有研究的美国学者麦克道威尔（John Mcdowell）指出，我们头脑中被给予的观念会为被论证的对象提供辩解。②

还需提到，这里所说的关于"事物图景"以及对应的规范判断的"被预设""被默认"，在人们的思维中，既有表层的也有潜层的。所谓表层，指被明确提到的；所谓潜层，指背后发挥作用的。例如，高空坠物问题中，围绕被明确提出的"高空坠物、人物损伤、无法查明缘何坠物、法律直接规定"的事物图景及相关规范判断，还存在背后与之相连的"很危险、值得同情、无奈之举、法律拥有权威"的事物图景及相关规范判断。这些表层的和潜层的，在人们头脑中不断相互作用、持续竞争，或者达成话语契约从而实现"被预设""被默认"的浮出，或者始终对立分歧从而压抑直至消解"被预设""被默认"。就此而言，一个观点或若干观点可以支持其外的一个观点，或者说法律理由提供可以展开，另外又依赖若干背景化的观点作为辅助。

（五）将理由视为观点的意义

看到理由可以视为观点，看到法律理由提供几乎就是一个观点支持另一观点或若干观点支持其外一个观点的运作，便可深入理解，为什么客观

---

① 〔美〕雷德·海斯蒂、罗宾·道斯：《不确定世界的理性选择——判断与决策心理学》（第2版），谢晓非、李纾等译，人民邮电出版社，2013，第122页。

② 参见〔美〕约翰·麦克道威尔《心灵与世界》（新译本），韩林合译，中国人民大学出版社，2014，第27~28页。

事物之间 "因果关系" 的丰富复杂，可以经由人们的主观偏好丰富复杂，经由信息数量质量和速率，而将 "理由和观点的关系" 之多变繁衍浮现出来，为什么趋同原因可以启动。各个事物及相关陈述可以成为作为理由的观点。而观点正因为是观点，故提出系列观点并将之排列组合具有开放性；正因为是观点，观点又可以磨合，故能出现观点的话语合作或者说社会共识。① 人们提到的法律适用中 "理由使人信服" 的成败现象，从这一角度来理解更有启发。

六　理由、观点与行动

理由本身可以视为观点，意味着如果观点的 "被预设" "被默认" 不能实现，支持观点的理由陈述可以而且需要持续。从纯粹思想角度看，的确如此。但从行动角度看，并非如此。在特定时间语境切断这种持续不可避免，否则行动不能实施。很多领域，如立法讨论、经济决策、社会管理、行政议事、国际对话，典型的例子是军事策划，最终必以行动来表现，不可能期待持续的理由陈述。常见的 "投票表决"，也是这些领域对持续陈述理由的否定性制度安排。法律适用与这些领域颇有类似。② 此外，"法律推论自然导向一个行动（就法官而言是作出判断），它是实践性的"。③ 法律论辩需要面对 "解决大量实践问题的必要性"。④ "法官的决定就是最终决定……在这类情况下，自有一些社会惯例来确保论辩不至于发展自身漫无终日的动力。"⑤ 因此有必要从行动的概念来进一步理解理由和观点的关系。

---

① 佩雷尔曼（Chaim Perelman）曾提出，推论得以展开的前提是特定时刻的实际有效的共同基础思想。参见 Ch. Perelman and L. Olbrechts-Tyteca, *The New Rhetoric: A Treatise on Argumentation*, trans. John Wilkinson and Purcell Weaver, Notre Dame: University of Notre Dame Press, 1969, p. 14。但佩雷尔曼没有直接揭示理由就是观点，进而没有清晰提出观点融合的问题。

② 参见 Frederick Schauer, "Giving Reasons," *Stanford Law Review*, Vol. 47, 1995, pp. 637–638。

③ M. J. Detmold, "Law as Practical Reason," *The Cambridge Law Journal*, Vol. 48, 1989, p. 436.

④ 〔德〕罗伯特·阿列克西：《法律论证理论：作为法律证立理论的理性论辩理论》，舒国滢译，商务印书馆，2019，第 23 页。

⑤ 〔英〕迈克尔·毕利希：《论辩与思考》（新版），李康译，中国人民大学出版社，2011，第 130 页。

（一）行动的时间性

行动具有时间性。采取行动的意思是不能等待，推迟行动也不过是"等待时机"的表现。行动作为个体和社会实践的重要部分，是自然选择和博弈经验使然。其常识性在"衣食住行"中尤为可见。本文倾向认为，行动的时间性表明理由有时是不重要的，至少理由有时较难表明行动的正确。通常看，所谓行动的正确，是事后判断分析才能得出的结论，其涉及预测，而预测是不确定的，事先确定或论证某一行动必定正确从经验层面看十分冒险，"实践检验真理"。此外，行动的展开和决断，本身有可能暗含了如下三层含义。第一，理由或许是种"说法"或观点，对"说法"或观点暂停考量未必不当。因为，用来支持或否定一个行动的理由，有时是在表达一种诉求主张。例如，提出"不应展开救援行动"，并指出"救援可能导致更大的人员伤亡"（理由）。后者就包含了"不应让更大的人员伤亡出现"的意思，是一种诉求主张。因时间紧迫而无法顾及一种诉求主张是可以理解的。第二，有时诉求主张存在谁考量谁提出的问题。因为行动展开特别是决断有时正暗含了"是否需要行动"的意见分歧。第三，有时行动注定随之是"谁的行动"，表达了"谁之意志"。实践推论"具有目标和目的，尤其是意在解决问题"。① "……一个回答同时是问题学性质和解决性质的……它也回应了某种意图、某种意志、某种决定。"② 概括来说，有时行动选择才是关键。

法律适用通过执法、司法行动来表现，要解决法律具体实践问题，显然要具有时间的概念。执法要落实于决定，司法要落实于裁判，而且总会规定必要的时限，比如十日内作出决定或三个月内作出裁判。时限表明不会允许或等待无休止的理由支持观点。③ 这一时间性可以从如下三点获得更清晰的理解。其一，允许持续的理由阐述，等于是允许法律适用的失灵，

① Paul Grice, *Aspects of Reason*, edited by Richard Warner, Oxford: Clarendon Press, 2001, p. 27.
② 〔法〕米歇尔·梅耶：《修辞学原理：论据化的一种一般理论》，史忠义、向征译，中国社会科学出版社，2016，第 131 页。
③ 参见〔德〕阿图尔·考夫曼《法哲学的问题史》，载〔德〕阿图尔·考夫曼、温弗里德·哈斯默尔主编《当代法哲学和法律理论导论》，郑永流译，法律出版社，2013，第 187 页。

致其瘫痪。法律适用常用的理由就是证据和法律规定，前述讨论表明，严格说逻辑上是可以继续追问它们的，实践中也会见到。但这是"思想"问题。若要行动，就必须在某一时间点阻断理由的追索。为了终结涞源反杀案，就不能也无法持续等待各方的理由陈述（而不同观点的各方又总是可能寻求新的理由支持）。其二，支持法律适用行动的理由采纳实际上很可能是相关的作为理由的观点之间的"即时抉择"。涞源反杀案中，如果最后确定正当防卫成立，那么完全可能就是即时选择了作为理由的"事后理性判断不能替代当时常人正常反应"包括"常人正常反应一般来说就是这样"的观点作为定论。其三，对法律适用主体的决定的持续追问，肯定是"某一方的"，是"他（她）或他们认为的"，一方完全可能因为不服、不满而不断使用理由质疑，其暗含的目标有时就是阻碍法律适用结果在特定时间产生。

（二）行动的空间性

行动也有空间性。这里"空间"是指，行动只能且必须在某一方向、层面展开。也许方向和层面是数个的，但不可能是全部；任何行动的采取实际上总是对另外某些行动的否定。写字时，不可能跑步；跑步时，不可能睡觉。空间性表明，与行动相关的理由及观点的布局存在并列的三个类型：之一，支持某行动；之二，反对这一行动；之三，支持另外的某行动。就此来看，为了支持行动，提出的理由、观点可以呈现一定的数量，也要面对反对者和不同者。当必须为某行动辩护时，肯定需要在数个对立或不同的理由中作出选择（取舍决定）。这种选择的必要及现实中的选择实践，在一定意义上，也暗含了"理由可以转换为观点"的寓意。想写字、跑步或睡觉时，自然各有理由，但最终问题还是：到底想写字，还是跑步、睡觉。

法律适用作为一种行动，也展现了这种空间性。当追究理由为何成立、观点是否适宜，法律适用实际上面对的正是选择哪些方向、层面的执法司法，必须处理并列的不同甚至对立的理由、观点。如不拒绝某些方向、层面的理由、观点，法律适用的行动只能胎死腹中。例如，在众所周知的许霆案中，盗窃罪、侵占罪、不当得利等均可成为主张的对象并有理由支持。如果决定了以盗窃罪论之，侵占罪、不当得利等的理由和观点便要拒绝。虽然刑法里会有数罪并罚的问题，但决定数罪并罚依然是对反对数罪并罚层面的理由和观点的拒绝。当然，法律适用会允许某些理由、观点"死灰复燃"，比如行政执法后被行政诉讼的结果予以否定，司法一审判决后被二审否定、二审终审后被再审否定。但这仅仅表明"重新选择"，并非"拒绝选择"，而且这是时间概念里的问题了。

（三）认识时间性和空间性的意义

在理由可以视为观点的基础上，从行动的时间性和空间性来看法律适用中理由和观点的关系，可以促进对几个问题的深入理解。

第一，提供较多理由有时未必是可欲的。人们强调理由的重要通常暗含了一个意思：理由越多，观点越清晰、有力。清晰有力则可使法律适用表现得令人满意，表达公正形象，运作起来是理性的。这是理由提供的使命。[①] 但事实上，这种印象或理念有时也许会使法律适用不堪重负，或者陷入"言多必失"的尴尬境遇（理由越多或许越会遭遇疑问），[②] 行动无法采取，方向无法确定，并且没有必要地耗费法律适用的成本（因为人们有时的确无法在"作为观点的理由"上达成基础观念的共享，只愿争论）。[③] "给出理由需要时间，有时会引发本应封闭的争论，不仅如此，其还会导致裁决者不被认可。"[④]

第二，与上一点相关，法律适用正是在特定时间特定语境中切断某些

---

① 法学中强调理由重要的著述，一般会有这种倾向。近期例子，参见王亚新《裁判文书释法说理与提升司法公信力》，《人民法院报》2018年6月16日，第2版；雷磊《从"看得见的正义"到"说得出的正义"——基于最高人民法院〈关于加强和规范裁判文书释法说理的指导意见〉的解读与反思》，《法学》2019年第1期，第173~176页；彭文华《量刑说理：现实问题、逻辑进路与技术规制》，《法制与社会发展》2017年第1期，第107页。

② 参见刘星《司法中的法律论证资源辨析：在"充分"上追问——基于一份终审裁定书》，《法制与社会发展》2005年第1期，第117、120~123页。

③ 美国法学家爱泼斯坦（Richard A. Epstein）对这里"成本"问题曾提出有益的思考。他认为，无休止追究法律具体问题中的公正和公正的依据，本身会持续耗费社会资源。这种耗费完全可能又是对另一公正的侵蚀。另一公正是避免社会资源的无穷耗费。参见 Richard A. Epstein, *Simple Rules for Complex World*, Cambridge：Harvard University Press, 1995, pp. 37-38，98-99。

④ Frederick Schauer, "Giving Reasons," *Stanford Law Review*, Vol. 47, 1995, p. 658.

理由和观点的纵向横向链条，即意志化地认定理由成立与否，因此，法律适用中提供理由在传递逻辑信息时又在传递"治理"信息。这是指，法律适用者在运用"我的理由才能成立"来应对另一方"我的理由是成立的"之际，有时也需要暗含"我不能等待你无休止地提供理由，因为问题最终只能实际处理"的用意。在此，"治理"的要义是解决纠纷以尽快恢复或改变特定的社会关系，并以此及时调整社会的预期和维护社会秩序。法律适用中提供理由的问题有时会令人感到棘手，原因之一便是法律适用者面对"听者"有时既需逻辑回应又不得不用"治理"回应，而"听者"有时会觉得逻辑不能透彻时"治理"可以看成武断的。化解困难的途径，就是让"听者"认识到，不仅法律有时直接地表现意志，而且在理由支持观点的活动展开之际有时也不得不表现意志。

第三，法律适用寻找理由，从某种角度看是缘于行动需要"心理准备"。理由可以成为这种准备之一，增强信念，或者说为心理需求寻找一个图尔敏（Stephen Toulmin）意义上的"支撑"（Backing）。[1] 美国学者塞提亚（Kieran Setiya）认为："一个做某事的理由，是做这件事的愿望或动机得以获得一个满意推断的前提。"[2] 这意味着，至少有时，"相信一个理由要比仅仅拥有一个理由更有价值"。[3] 心理准备的目的是缓和对法律适用成败的概率预期的焦虑。例如，执法者心里有了执法理由，会感到有把握采取执法行动，减少对被执行人抗辩引发行政诉讼而出现的司法否定的担忧（尽管实际上存在司法否定的可能性）。

当然，通过行动的概念讨论法律适用中理由和观点的关系，并深入理解上述三个层面，不意味着理由不重要或可以有所忽略，仅仅意味着需要看到理由铺陈的边界，看到理由提供和其他社会感受、思考、评估、需求的相互关联，看到过度崇拜理由或许恰恰缺乏理由。

---

① 参见〔英〕斯蒂芬·图尔敏《论证的使用》，谢小庆、王丽译，北京语言大学出版社，2016，第 90~93 页。

② Kieran Setiya, "What is a Reason to Act?," *Philosophical Studies: An International Journal for Philosophy in the Analytic Tradition*, Vol. 167, 2014, p. 228.

③ John Turri, "Believing for a Reason," *Erkenntnis*, Vol. 74, 2011, p. 383.

结　论

本文从局外观察视角切入，分析了法律适用中理由和观点的"多面多向可能勾连"的关系，剖析了两者关系有时存在趋同性现象的原因，辨析了法律理由可以被视为"一种观点"，最后分析了法律行动需求对法律理由的制约。对这一视角，以及本文讨论的上述内容，法学界完全可能原本就已知晓或觉察。但因为习惯于从"争论参与者"视角去判断、分析和说明法律理由是否合适、充分、成立，习惯于如何保持自己认定的说服力，故法学界也许的确对其有所忽视。

进入法律适用实践，对法律理由是否支持观点的活动作出评判之际，我们的确无法摆脱"争论参与者"的身份，以"我认为、主张"的方式，提出"这种理由是否成立、充分"的意见。这也是实践责任之所在。然而从局外观察视角思考本文讨论的若干内容，或许会有如下三层积极意义。首先，有助于深入理解法律适用过程理性化格局的结构和轨迹，有助于理解理由和观点之间的逻辑建构因素和社会建构因素的关系。其次，重要的是，有助于认识到，虽然用法律理由论证法律观点是必须的，但广泛的社会法律文化建设以及由此而来的基本思想"观点"（有时可以作为重要、根本的"理由"）分享同样不能忘记。"……不仅要有定义的一致而且还要有（尽管这听起来很奇怪）判断上的一致。"① 最后，当看到"作为理由的观点"的流动、磨合之重要性，就会对法律说服现象的机制有更细致的认识，进而有意识关注别人已有的各个层次的思想理念。哈贝马斯提到，任何观点"都悄悄地关联着一整串理由。如果言说者和倾听者不能共享某种内隐的前知识，这些表达大部分将是不清晰或意义模糊的"。② 由此，进入实践之际我们便会知道哪些说服内容会有作用，有的放矢，使理由支持观点的活动更加稳健、有效。这点就法律适用者面对社会公众运用理由而言尤其如此。

运用理由支持观点，已是人们法律判断、表达、决定之历史的组成部

---

① 〔奥〕维特根斯坦：《哲学研究》，李步楼译，陈维杭校，商务印书馆，1996，第132页。
② 〔德〕尤尔根·哈贝马斯：《论理由的象征性体现》，鲍永玲译，《哲学分析》2013年第1期，第79~80页。

分；需要理由和运用理由已是人们法律行动的重要前提。然而，这不意味着理由支持观点是法律适用实践的全能动力。因为，还要看到法律适用实践本身又是理由支持观点的制约阀门。最后，本文分析的思路或许可以延伸至立法领域和守法领域，希望如此。

On the Relationship Between Reasons and Claims in the Application of Law: An Outside Observation Perspective

(Liu Xing)

Abstract: The academic circle usually adopts the perspective of "participants in dispute" when discussing the relationship between reasons and claims in the application of law, as "I think how the recson can be made". Whereas we could deepen the understanding of this relationship if we introduce an outside observation perspective to "objectively" analyze. There are complex causal clues in behaviors and events, and people have subjective judgment preferences, so it is more appropriate to use the "possible relationship" to understand the relationship between reasons and claims. More importantly, we should discern that "reason is a kind of claim". When we use reasoning argument, we are planning the layout and effect of "several claims". The application of law is an action that must end in determination, which means that it is restricted to provide reasons to justify claims. Seeing this, we can be more tolerant when facing the application of law, and participate more constructively in the sharing of basic opinions, and make persuasion of the application of law more effective.

Keywords: Reasons; Claims; Application of Law; Outside Observation; Action

唐晓晴

  中山大学 1996 届经济法学硕士，师从程信和教授。及后，于 2003 年在中国社会科学院研究生院取得民商法博士学位。现任澳门大学法学院院长及教授，最高人民法院与澳门大学共建中国—葡语国家司法法律研究中心主任。现为全国人大常委会澳门基本法委员会第五任委员，横琴粤澳深度合作区咨询委员会委员，中国法学会理事（第八届），广东省法学教学指导委员会委员，以及澳门法律工作者联合会副会长；曾任澳门特别行政区立法会第四及第五届委任议员（2009~2017）。学术兼职方面，担任中国人民大学社会科学高等研究院研究员、厦门大学法学院兼职教授、扬州大学法学院兼职教授、葡萄牙科英布拉大学中国与葡语国家研究院学术委员。

  自 1998 年起任教于澳门大学法学院，其间见证了澳门整个法律本地化过程；其研究领域涉及民法基础理论、西方法律史、法律与澳门社会、葡语国法律等多个领域。在欧洲与大中华地区的主流学术期刊《科英布拉学报》《中研院法律期刊》《中外法学》等发表论文百余篇；在中外著名学术出版机构，以中、英、葡语先后出版法学专著、编著及译著二十余部以及获邀担任中外（葡萄牙、巴西、中国内地等）多部学术期刊编委与大型出版项目的专家顾问。

法律关系理论的哲学基础与教义结构[*]

唐晓晴[**]

摘　要：法律关系最初是康德在讨论权利与义务时引入的一个概念，后被萨维尼采纳，并进一步发展定型为民法学的基础理论框架。作为法学教义的法律关系理论企图整合权利、义务、主体、客体、事实、制度等一系列重要法律概念，让混杂的法律话语有序地安排在一个统一的体系内。这一理论体系在《德国民法典》制定后的 20 世纪更迅速地波及整个欧洲，成了民法学的一种流行范式。法律关系理论对当代民法学理论的构造具有重要意义。

关键词：法律关系理论；法哲学；权利；义务；法律事实

一　引言

法律关系理论建立在康德哲学的基础之上，但其在法学上的发展定型主要归功于萨维尼。[①] 在萨维尼之前，一些德语法学著作上已经使用过"法律关系"（Rechtsverhältnisse）这个术语，甚至早在 16 世纪的法学作品里已经见到将权利表达为关系的论述。[②] 然而若非萨维尼在他的《当代罗马法体系》（*System des Heutigen Römischen Rechts*）[③] 中详细地描述了法律关系的概

---

[*]　本文曾发表于《法治研究》2019 年第 3 期，略有修改。

[**]　唐晓晴，澳门大学法学院教授、博士生导师。

[①]　参见朱虎《法律关系与私法体系：以萨维尼为中心的研究》，中国法制出版社，2010，第 1 页。

[②]　莫利纳（Luis de Molina）曾有以下论述："Habitudinem seu relationem personae a qua habeturadid ad quod est talis facuitas"，参见 Alejandro Guzmán Brito, La influencia de filosofia en el derecho con especial alusion al concepto de relacion jurídica(examen critico), *Anuario de Filosofía Jurídica y Social*, 1995, p. 152.

[③]　中文译本参见〔德〕萨维尼《当代罗马法体系Ⅰ：法律渊源·制定法解释·法律关系》，朱虎译，中国法制出版社，2010；〔德〕弗里德里希·卡尔·冯·萨维尼《当代罗马法体系》，朱虎译，中国人民大学出版社，2023。

念与意义并据以构建体系，有关理论肯定不会在 19 世纪后期流行起来。事实上，法律关系理论不仅改变了法教义学的发展轨迹，甚至在立法层面，德国式的私法体系建构都是以之为原点或基础的。

从萨维尼开始，很多传统法律概念都被纳入法律关系的结构内，而该结构本身带来的一些新论题也逐渐成为法学讨论的热点。因此，是否采纳法律关系理论必然影响对什么是法（在法典化的背景下，尤其是民法）的基本范畴的判断。然而，法律关系理论在传播中也不断发展，随着讨论的深入，其内涵也发生了变化。因此，在不同学说中，其理论焦点又有所不同。

本文将通过对一些较具代表性的历史文献的追踪与考察，展示法律关系理论的建立、流行与教义结构定型的过程，以及对当今民法学理论的意义。

二　康德法哲学中的法律关系与相关论题的奠基

法律关系概念以及其带出的很多其他论题都可以在康德哲学中找到根源；关系是由权利义务构成，而在权利义务背后是康德的自由观（意志、自治、自律）。

康德曾在《法的形而上学原理——权利的科学》一书中多次谈到"权利义务关系"（Verhältnis des Rechts zur Pflicht）甚至"法律关系"（Rechtliche Verhältnis），可是他并没有将法律关系作为核心命题，而是在谈论权利或权利义务时引入关系或法律的关系这一概念。

首先，他在谈论道德形而上学的分类时，即指出主体间的关系是权利义务关系，即法律的关系，并可根据责任约束的形态将之区分为四种不同类型。

> 由于主体（他们之间的关系被理解为权利与义务的关系——不论这种关系是否真的存在）容许用彼此间各种法律关系来加以表达，根据这个观点，可以提出另一种分类法：
> 根据谁提出这个责任，以及谁受此责任约束的主观关系可能作的分类。
> （一）对那些既无权利，又无义务的人的法律关系：空缺。
> （二）对那些既有权利，又有义务的人的法律关系：有效。
> （三）对那些只有义务而无权利的人的法律关系：空缺。

（四）对一个只有权利而无义务的人的法律关系（上帝）：空缺。[①]

然后，在描述权利的概念时，他又将之表述为"一个人对另一个人的外在的和实践的关系"。[②] 再稍后，在定义对物权时，他直接将之界定为法律的关系，并详细地解释其关系结构。[③] 康德也检视了对人权与对物权的区分，将婚姻家庭也纳入权利义务的结构，以及分析了权利的取得方式。[④] 甚至成熟期以后的法律关系理论所谈到的制裁或后果也可以在其著作中找到根据。以下这一段文字影响深远：

> 我的意志所表现的这种外在的法律关系，是不是一种对一个外在物的直接关系？如果是这样，那么，不论是谁，如果他想象他的权利不是直接对人的而是对物的，他就会这样描述，虽然只能用一种相当模糊的方式作近乎如下的描述：一方有权利，另一方就总是会有相应的义务，于是一个外在物，虽然它不在第一个占有者手中，但通过一种连续性的责任，仍然与他连结起来；因此，它拒绝任何其他的人再成为它的占有者，因为它已经为另一人所约束。这样一来，我的权利，如果把它看作一种附着于一物的良好特性，并保护它不受任何外来的袭击，那么，它（我的权利）就会把一个外来的占有者给我指出来。设想有一种人对物的责任，或者物对人的责任，这是荒唐的，虽然在

---

① 〔德〕康德：《法的形而上学原理——权利的科学》，沈叔平译、林荣远校，商务印书馆，1991（2002 年第 4 次印刷），第 36 页。

② 相关内容如下："权利的概念——就权利所涉及的那相应的责任（它是权利的道德概念）来看——（1）首先，它只涉及一个人对另一个人的外在的和实践的关系，因为通过他们的行为这件事实，他们可能间接地或直接地彼此影响。"引自〔德〕康德《法的形而上学原理——权利的科学》，沈叔平译、林荣远校，商务印书馆，1991（2002 年第 4 次印刷），第 39 页。

③ 参见〔德〕康德《法的形而上学原理——权利的科学》，沈叔平译、林荣远校，商务印书馆，1991（2002 年第 4 次印刷），第 75 页。

④ 参见〔德〕康德《法的形而上学原理——权利的科学》，沈叔平译、林荣远校，商务印书馆，1991（2002 年第 4 次印刷），第 88~134 页。针对本书的早期版本，曾有匿名评审意见认为笔者引用康德时应引原著或一些更成熟的译本，但正因沈叔平译本系根据英语译本译出，而且产生于 20 世纪，它更能反映不能阅读德语原文之本国或他国法学家对一些概念的理解。尤其是德语 Recht 以及其拉丁语源头 IUS 的概念澄清工作一直到今天还在进行。笔者比对过德语原著以及其他更新的中译本后，认为只有使用这个译本才能符合本文的语境。

任何特殊情况下，可以允许通过这样一类可以感觉到的形象，提出这种法律关系，并用这种方式去说明这种法律关系。

可见，物权的真正的定义应该是这样："在一物中的权利就是私人使用一物的权利，该物为我和所有其他的人共同占有——原始的或派生的。"……通过我自己意志的个人行为，我不能迫使其他任何人承担责任不去使用一物，相反，他对此物毫无责任，因此，这样的一种责任，只能产生于大家联合成集体意志的共同占有关系中……

此外，物权一词的意义，不仅指"在一物中的权利"，它还是所有与真正"我的和你的"有关的法律的基本原则。很明显，如果在这个地球上仅仅只有一个人，那么，正确地说，既不可能有，也不可能获得任何外在物作为他自己所有。因为在他（作为一个人）和外在物（作为物质对象）之间，不可能有责任的关系。因此，严格地说，在一物内没有什么直接的权利，而只有这样一种可以正确地称为"真正"的权利，它作为反对人的权利，属于每一个人，他和所有其他的人一样，在文明的社会状态中，共同占有诸物。①

显然，康德的法哲学是以权利为中心的，但是他的这些论述对法教义学日后发展出来的法律关系理论同样具有决定性。它不仅给出了相关理论的大部分纲领，给出了结构，填充了一些内容，而且还为争论如何展开指明了方向。然而，康德的法哲学原理绝对不是凭空想象的，而是以其哲学体系和高度概括的能力对罗马法观察而得出的结果。这一点可以从他的论述与罗马法相关论题的比较中获悉。②

认真检视康德著作的上述文本可发现，法教义学关于法律关系理论的很多论断与争议直接源于康德或经康德整理而过渡。笔者姑且尝试以较简洁的陈述句方式从这些文本中整理出几个要点或论断作为后续讨论的基础。

---

① 〔德〕康德：《法的形而上学原理——权利的科学》，沈叔平译、林荣远校，商务印书馆，1991（2002 年第 4 次印刷），第 75~76 页。

② 《法的形而上学原理——权利的科学》一书的中译者沈叔平先生曾多次以译者注的方式提示康德与罗马法的关系。参见〔德〕康德《法的形而上学原理——权利的科学》，沈叔平译、林荣远校，商务印书馆，1991（2002 年第 4 次印刷），第 37、75、76 页。

论断一：康德创造了法律关系这个术语。① 论断二：康德将法律关系限定为人与人之间的关系。论断三：康德将法律关系定义为权利义务关系。论断四：康德将对物权界定为法律关系。论断五：康德从法律关系的角度论述对物权与对人权的区分。论断六：康德从法律关系的角度描述婚姻与家庭所发生的权利义务。

三　萨维尼法律关系理论体系的构建

（一）萨维尼法律关系理论的康德基础

萨维尼虽然没有清楚标明在论述法律关系时什么地方引用了康德，但是大量中外学者的法律史研究均明确地指出，康德哲学对萨维尼法律关系理论的影响是明显的。② 除了法律关系理论的一系列纲领外，最主要的还是康德的自由观可谓处处隐身于萨维尼的作品之中。

按理说，康德主义者萨维尼的法律关系理论既以体现自由为目标，那么作为自由在法律上之化身的权利应该成为焦点才对。然而，在表达方式上，萨维尼并没有追随康德直接以义务和权利的对应为核心概念，而是将权利包裹在法律关系之中，使法律关系成为焦点。权利是法律关系中的权利，脱离法律关系而谈权利并不具有法律意义。③ 这一切入角度既在形式上不同于康德，又在实质与形式上均不同于一些主张天赋人权的理论家，更有别于一众实证主义者。④ 根

---

① 必须说明，法教义学所使用的法律关系（Rechtsverhältnis）概念虽然在构词上与康德的用语不同，但可视为直接对应康德所使用的法律关系（Rechtliche Verhältnis）一词。

② H. Kiefner, Der Einfluß Kants auf Theorie und Praxis des Zivilrechts im 19. Jahrhundert, in: *Philosophie und Rechtswissenschaft. Zum Problem ihrer Beziehung im 19. Jahrhundert*, hrsg. von J. Blühdorn und J. Ritter, Frankfurt am Main, 1969, S. 3 ff.; Mitchell Franklin, "The Kantian Foundations of the Historical School of Law of Savigny," *Revista Jurídica Universidad de Puerto Rico*, Vol. 22, 1952, pp. 64–89; Alejandro Guzmán Brito, La influencia de filosofia en el derecho con especial alusion al concepto de relacion jurídica(examen critico), *Anuario de Filosofía Jurídica y Social*, pp. 154–155.

③ 参见朱虎《法律关系与私法体系：以萨维尼为中心的研究》，中国法制出版社，2010，第174页。

④ 萨维尼的这一立场，在其各种著作中均有体现。参见唐晓晴《法学、法学教育与澳门法律人的养成》，载汤德宗、钟骐主编《2010两岸四地法律发展——法学教育与法治教育》（上册），台北"中研院法律学研究所"，2011，第241~252页。

据萨维尼的方案，权利存在于法律关系之中，而法律关系乃从生活关系而来；赋予生活关系规范性的法律制度又并非个人的任意创作。

他强调自由，但自由体现在人与人的关系中才有意义，所以他说："自由本质应当并存，应当在其发展中相互促进而非相互妨碍，那么这只有通过对于以下这个不可见的界限予以承认才可能实现，在此界限之内，所有个人的存在和活动都获得了一个安全的、自由的空间。据以确定上述界限和自由空间的规则就是法。"① 他注重法的表达方式，认为法的表达既可以从不法、违法、强制等"恶的拒绝"立场出发，也可以从界定人与人之间的联系方面出发。法律关系正是他从后一种立场表达法出发而采用的理论工具。

在他的法律关系理论中，权利仍然具有基础性地位，所以他说："在此领域之中，个人意志独立于所有其他人的意志而居于支配地位。"② 然而，个人意志的这一支配地位必须立足于关系之中，所以他又说："所有个别的权利都只是描述了法律关系的特别的、通过抽象而分离出来的一个方面，这样，即使是关于个别权利的判决也只是在以下范围内才是真实和令人信服的，即它以对于法律关系的整体直观为出发点。"③

（二）概念的剪裁与理论的层次

诚然，萨维尼整套《当代罗马法体系》都是按其法律关系理论构建的，而且在构建该理论时引出或串连起了一众具有基础意义的法律概念。可是要将其全部复述一次未免多此一举，以下仅就其理论纲领以及对后世产生影响或引起争论的论题摘要论之。

一如上述，法律关系一词既在康德哲学中现身，也在其他法学家的论著中出现，但是萨维尼在将其设为核心概念使用时，是作过一番思考与剪裁的。尽管萨维尼并不是严格意义上的哲学家，但他的世界观以及思维工

---

① 〔德〕萨维尼：《当代罗马法体系Ⅰ：法律渊源·制定法解释·法律关系》，朱虎译，中国法制出版社，2010，第257页。
② 〔德〕萨维尼：《当代罗马法体系Ⅰ：法律渊源·制定法解释·法律关系》，朱虎译，中国法制出版社，2010，第258页。
③ 〔德〕萨维尼：《当代罗马法体系Ⅰ：法律渊源·制定法解释·法律关系》，朱虎译，中国法制出版社，2010，第10页。

具依然是充满古典哲学意味的。在构建法律关系这个概念时，他首先借用了堪称百变的"实质—形式"区分套路，然后又将康德仅在抽象层面论述的法律关系变为构成要件式的组件并逐一说明其构造。他认为法律关系由两部分组成：首先是材料，即关系本身；其次是对于该材料的法律规定。第一个组成部分，我们可将之称为法律关系的实质元素，或者称为在此法律关系之中的单纯事实；第二个组成部分，我们称为法律关系的形式元素，即事实关系被提升为法律形式依据的东西。①

对于第一个组成部分，即作为题材的"关系"本身，萨维尼将之引向经验层面，并使用了生活中的关系作为概念中介。他认为，法是社会的一部分，它的本质是人类生活本身，因此法律关系就存在于生活关系之中。在社会背景下的生活关系当然就是指人与人之间的关系。然而，并非一切生活关系都是法律关系。生活关系上升为法律关系需要经过法律评价，而评价的结果有三种可能形态，"人与人之间的关系或者全部、或者全不、或者部分属于法领域或需要由法律规则支配。第一类的例子是所有权，第二类的例子是友谊，第三类的例子是婚姻，婚姻部分属于法领域，部分不属于法领域"。②

对于第二个组成部分，即评价生活关系的形式要素（其实也就是法律），萨维尼引入了"法律制度"（Rechtsinstitut）这个概念作为中介，并论述了法律关系和法律制度之间的关联。他指出，作为形式要素的法律规则并非随意和偶然地排列，它们相互之间具有一种内在的亲和性和关联性，形成一个更高的统一体，这个统一体就是法律制度。③ 他指出："这里所寻求的法律制度的安排是以法律制度最为内在的本质作为根据的。"④ 这样，法被描述成一个层级结构：从法律规则到法律制度，再从法律制度到法律

---

① 参见〔德〕萨维尼《萨维尼论法律关系》，田士永译，载郑永流主编《法哲学与法社会学论丛》第 7 辑，中国政法大学出版社，2005，第 4 页。引用译文时，笔者在参考德语版和西语译版后略作了改动。
② 转引自朱虎《法律关系与私法体系：以萨维尼为中心的研究》，中国法制出版社，2010，第 35 页。
③ 参见朱虎《法律关系与私法体系：以萨维尼为中心的研究》，中国法制出版社，2010，第 1 页。
④ 〔德〕萨维尼：《当代罗马法体系 I：法律渊源·制定法解释·法律关系》，朱虎译，中国法制出版社，2010，第 299 页。

体系（制度的安排）。

　　法律关系、生活关系以及法律制度这三个概念相互区分，又存在密切联系。生活关系是法律关系的实质要素，而法律关系的形式要素具体体现为法律制度，法律制度又形成法律体系。因此，正如维亚克尔（Franz Wieacker）所言，法律关系在萨维尼那里具有一种"媒介"作用，它将生活世界与法世界结合了起来：法律关系的实质要素使法与生活之间存在密切联系，而形式要素又使法律关系具有一种规范属性。①

（三）小结

　　在萨维尼的语境中，法律关系理论也是一种将法律材料体系化的尝试。萨维尼所设想的法律体系化与理性自然法希望从最高公理出发，推导出整套规则的理想不同，他的目标只是"如何将流传下来的实证法素材无矛盾地纳入这个公理式的法理论中"。② 这一出发点是非常重要的，因为只有这样，他的体系化工作才有直接的指向对象——罗马法，而罗马法提供了大量的既存制度。虽然他本人并不支持德国在 19 世纪初期制定民法典，③ 可是他的法律关系理论为 20 世纪后法典化体系提供了重要的线索。

　　以下仅仅就萨维尼法律关系理论对法典化体系的构建所作出的最直观贡献④作一小结。

　　首先，萨维尼关于法律关系、生活关系与法律制度的联络就是一条对

---

① 参见朱虎《法律关系与私法体系：以萨维尼为中心的研究》，中国法制出版社，2010，第58页。

② 〔德〕弗朗茨·维亚克尔：《近代私法史——以德意志的发展为观察重点》，陈爱娥、黄建辉译，上海三联书店，2006，第385页。

③ 他并不是反对制定民法典，只是认为制定民法典的时机未到，参见〔德〕弗里德里希·卡尔·冯·萨维尼《论立法与法学的当代使命》，许章润译，中国法制出版社，2001，第35~40页。在制定民法典是否必要的问题上，关于萨维尼以及与其同代的德国学者的立场，参见薛军《蒂博对萨维尼的论战及其历史遗产——围绕"德民"编纂而展开的学术论战述评》，载许章润主编《萨维尼与历史法学派》，广西师范大学出版社，2004，第173页；另见谢鸿飞《法律与历史：体系化法史学与法律历史社会学》，北京大学出版社，2012，第14~17、172页。

④ 不是展开讨论萨维尼体系方法和历史方法以及其依据法律关系理论纳入体系中的大量细节，也不讨论对《德国民法典》最终版本的形成影响巨大的潘德克顿体系的来龙去脉，因为这些细节太庞杂，无法突出主题。

法典化体系构建的实践工作非常重要的纲领；① 其次，萨维尼的法律关系有机性理论使其产生的体系具有整体性、动态性、独立性与开放性；② 再次，萨维尼在法律关系区分理论的基础上，将法律制度（大部分来自罗马法）安排进物法、债法、家庭法与继承法四大部分的观点直接促成了《德国民法典》以及20世纪后多部民法典的分篇形态；③ 最后，其在《当代罗马法体系》中论述法律关系本质、法律事实如何导致其产生与消灭、法律关系被侵犯的结果等内容也被认为是对民法典总则结构的重要启示。

萨维尼对法律关系理论的贡献无疑是巨大的，并因其将该理论直接应用到私法体系化建设中而被誉为法律关系理论"技术化"④（在本文作者的语境中也可以被称为教义化）的创造者，但是他并没有穷尽该理论的所有细节（例如法律关系框架内的权利义务如何互相作用，主体、客体等论题如何纳入，等等）。这些细节还有待19世纪末20世纪初的法理学家与民法学者补充与深化。

四 后萨维尼时代法律关系理论的深化与变异：架设经与纬

（一）将"元素论"与"内容（结构）论"作为法律关系理论的经与纬

《德国民法典》制定以后，欧洲各国出版的很多民法著作会见到法律关系元素（汉译时更多被译为要素）与法律关系内容或结构这样的论述范式。

---

① 后世学者评价认为，萨维尼既注意到法的规范层面，同时也注意到了法的生活层面。普赫塔（Georg Friedrich Puchta）注意到了前者却忽视了后者，从而是一种概念法学；而埃利希（Eugen Ehrlich）注意到了后者却忽视了前者，从而是一种法的社会实证主义。参见朱虎《法律关系与私法体系：以萨维尼为中心的研究》，中国法制出版社，2010，第37~39页。

② 参见朱虎《法律关系与私法体系：以萨维尼为中心的研究》，中国法制出版社，2010，第85~89、117~119页。

③ 必须指出的是，从萨维尼的法律关系区分理论到其法律制度划分的设计并不是一种直接对应，其区分理论有康德哲学的影响，有对中世纪到19世纪以来各种理论体系的评价与回应，有相互矛盾的标准的取舍，等等，枝叶甚广。详情可参见朱虎《法律关系与私法体系：以萨维尼为中心的研究》，中国法制出版社，2010，第128~163页；〔德〕萨维尼《当代罗马法体系Ⅰ：法律渊源·制定法解释·法律关系》，朱虎译，中国法制出版社，2010，第301页。

④ Alejandro Guzmán Brito, Los orígenes del concepto de "Relación Jurídica" ("Rechtliches Verhältnis" – "Rechtsverhältnis"), *Revista de Estudios Histórico – Jurídicos*, Num. XXVIII, 2006, p. 220.

根据该范式，一般将主体、客体、事实和保障界定为法律关系的元素，而又将权利义务界定为法律关系的内容或结构。

元素与内容（结构）理论架设了从纵向与横向阐释法律关系的格局，使法律关系理论内外有致（元素有时被称为外部结构，内容有时被称为内部结构）、逻辑层次更为分明，因此可被视为 20 世纪中期以后法律关系理论的经与纬。

问题是，这一范式的学术史脉络（最大的可能是经过一连串的概念整合与范式转换而产生）却并不清晰。[①] 以下尝试在有限文献的支持下粗线条地勾勒这一脉络。

（二）法律关系元素理论的流行与变异

虽然萨维尼承认权利在法律关系中的核心地位，但是他并没有将法律关系的元素或要素作为其著作《当代罗马法体系》的标题（在法律关系篇之下的第一个大标题是"法律关系的本质和种类"[②]），也没有提到权利是法律关系的元素或要素。

可是在萨维尼之后不久，也就是 20 世纪的第一个十年，法律关系元素理论似乎就在欧洲的一些教科书中表现得颇为稳定了。[③] 可是这些 20 世纪初的法学著作鲜有明确元素论如何从萨维尼的法律关系理论框架内野蛮地生长出来。[④] 最近有研究指出，法律关系（构成）元素的理论范式在 1887

---

① 葡萄牙学者在 20 世纪末对于这一不清晰状态仍然颇多疑惑，参见 Vitalino Canas, Relação Jurídico-Pública, *Dicionário Jurídico da Administração Pública*, Vol. VII, 1996, p. 209。

② 参见〔德〕萨维尼《当代罗马法体系 I：法律渊源·制定法解释·法律关系》，朱虎译，中国法制出版社，2010，第 257 页。

③ 尤其以法语系的罗古因（Ernest Roguin）、皮卡德（Edmond Picard）、卡比当（Henri Capitant）等几位学者在其法理学或民法著作中大篇幅阐述法律关系理论所产生的影响力最大。除此以外，法国、意大利、西班牙、葡萄牙等国家均出现大部头的研究法律关系的专著，例如：Francesco Bernardino Cicala, *Rapporto Giuridico, diritto soggetivo e prestesa*, 1909; Gil Fagoaga, *La relació'n de derecho*, 1918; Antonio Cicu, *Considerazioni sulla struttura del rapporto giuridico*, 1944; Federico de Castro y Bravo, *La relación jurídica de derecho internacional privado*, 1933; De Buen, *La teoría de la relación jurídica*, 1936; Manuel de Andrade, *Teoria Geral da Relação Jurídica*, 1966。在这些作品中，法律关系理论本体的形态变得越来越固定，例如，葡萄牙人莫雷拉（Guilherme Moreira）早在 1907 年就清楚地将主体（sujeito）、客体（objecto）、事实（facto）与保障（garantia）列为法律关系的四元素，参见 Guilherme Alves Moreira, *Instituições de Direito Civil Português*, Vol. I, Coimbra, 1907, p. 126。

④ 莫雷拉在"法律关系与法律制度·其分类与元素"标题下列举的参考文献，参见 Guilherme Alves Moreira, *Instituições de Direito Civil Português*, Vol. I, Coimbra, 1907, p. 121。

年就出现在德国人加赖斯（Karl Gareis）的著作中，① 然而按图索骥的结果是，加赖斯在该书中确实提到了四种元素（法律主体、法律客体、法律事实以及法律保护），可是他没有将之界定为法律关系元素，而是更概括地称为"私法的四元素"（four elements of private law）。② 考虑到加赖斯所指的私法四元素与稍后出现在一些欧陆民法教科书中的法律关系四元素完全相同，也不排除后者是从这一范式转换过来的，可是范式的转换必须涉及更多的诱因。从概念整合的角度看，"法律关系元素"这一范式整合了法律关系与元素两个概念，也许分别从这两个概念出发可以给我们找出一条较清晰的理路。

从哲学思想的启发上看，很清楚可以看到法律关系论的源头是康德哲学，而元素论的源头则是更古老的希腊哲学（尤其是亚里士多德）。③ 从罗马法到中世纪法再到现代法典，元素论一直是法学的重要概念工具（在民法的多个领域得到应用，而最集中的还是契约领域）。④ 实际上，元素理论所反映的其实是古代人的世界观：一种比较朴素的化整为零的、表达部分与整体的相关性的直观分析的思想。从功能角度看，元素理论有助于把相关的概念形成层级结构或变成直观的判别标准。例如，现在谈到的法律关

---

① 参见张民安《法律关系的一般理论亦或是主观权利的一般理论（上）——〈中华人民共和国民法总则〉第二条批判》，《澳门法学》2018 年第 1 期。

② 加赖斯的这段话是在界定什么是民法或私法时说的："Even in Private Law, where legal order first of all provides for individual interests, it must also strive for the common good. This is the social object of private law. Out of the foregoing objects of private law: (1) a legal subject, (2) a legal object, (3) a juristic fact, and(4) legal protection"。参见 Karl Gareis, *Introduction to the Science of Law: Systematic Survey of the Law and Principles of Legal Study*, Translation by Albert Kocourek, 1911, p. 102。

③ 针对本文的早期版本，曾有学者认为：本文似乎想得出，所有欧美法学中，以法律关系概念来架构民法学之著作，都是受到康德哲学影响之结果。但问题是，本文提到的法律关系元素论，作者又认为主要受到亚里士多德的影响，没有提到康德哲学如何影响这些观点，显有文不对题之嫌。笔者借此机会回应并澄清如下：虽然法律关系理论包含元素论，但本文认为法律关系理论受康德哲学影响而元素论受亚里士多德哲学影响的表达并没有文不对题或逻辑矛盾。理由是，法律关系理论的很多内容受康德哲学影响，但并非一切内容都来自康德。在康德构建框架后，后来者陆续有所添加（例如萨维尼添加了法律制度、生活关系等内容，更将重心从权利转移到关系）；元素论更是萨维尼之后才被整合到法律关系理论内的。把不同来源的话语整合到单一框架内（语言学上称为概念整合，conceptual blending）本来就是语言（包括法言法语）形成和发展的平常规律，并不奇怪。

④ 关于元素理论在合同领域的发展脉络，参见吴奇琦《法律行为三元素（要素、常素、偶素）理论的诞生发展史》，《交大法学》2020 年第 2 期。

系元素理论就是将法律关系与一些相关概念（其相关性其实也是产生于历史话语和概念融合）作层级式的排列，直接排在法律关系概念之下一个层级的就被称为其元素。

虽然谁是第一个使用法律关系元素理论范式的人还有待专研近代法史者的进一步挖掘，但这一范式在欧美的流行脉络仍有迹可循。一般会认为，既然法律关系理论归功于萨维尼，那么就算不是萨维尼自己也应该是其后的德国学者（尤其是加赖斯的著作被翻成英语所产生的效应）发展出法律关系元素理论。可实际情况是，无论是早期的温德沙伊得（Bernhard Windscheid）、贝克尔（Ernst Bekker）、恩那彻鲁斯（Ludwig Enneccerus）和尼佩代（Hans Carl Nipperdey）还是后期的弗卢梅（Werner Flume）、拉伦茨（Karl Larenz）、梅迪库斯（Dieter Medicus）等影响力较大的民法学者所著的教科书都没有采用这种形态较为固定的法律关系元素范式。[1] 真正使这种范式流行的恰恰是德国以外的欧洲法学家，尤其是瑞士人罗古因、法国人卡比当和葡萄牙人莫雷拉等。

罗古因在19世纪末出版的一部法理学著作中曾尝试对私法关系进行体系化处理，而在这个背景下，他列出了法律关系的四个元素：第一，法律事实；第二，法律客体；第三，立法者的命令或规定；第四，制裁。[2]

卡比当所列的法律关系四元素是：人、物、法律事实与民诉法上的措施。[3]

巴尔贝罗（Domenico Barbero）也认为法律关系可被分解为四元素，但他所指的四元素是主体、客体、内容与事实。[4]

安德拉德（Manuel de Andrade）所列的法律关系四元素则是：法律关系

---

[1] 并不是说德国民法学者抗拒元素论，只是各时期的德国学者在法律关系范畴谈到元素时其指向的对象不太统一。

[2] Ernest Roguin, *Las Reglas Jurídicas: Estudio de ciencia jurídica pura*, traducción por José María Navarro de Palencia, La España Moderna, 1900, pp. 53, 60, 75-76, 77.

[3] Henri Capitant, *Introduction à l'étude du droit civil*, Pedone Paris, 1898, pp. 11-12.

[4] Domenico Barbero, *Sistema del Derecho Privado I, Traducción de Santiago Sentis Melendo*, Ediciones Juridicas Europa-America, 1967, p. 153.

主体、法律关系客体、法律事实与保障。①

学者间对于何谓法律关系元素②和法律关系究竟有多少个元素③的问题不是没有分歧的。此外，一些著作中被称为元素的东西在另一些著作中却被称为结构。④ 由此可见，这些术语的使用并不统一。尽管如此，在19世纪末到20世纪中后期，法律关系四元素说在欧洲很多国家（乃至继受大陆法系民法的其他法域）中均被视为民法学的基础学说。

法律关系四元素说之所以能够在20世纪民法著作中流行，主要是因为它能为德式民法典的总则结构（或其他法典体系的总则）提供直观的理论对应，但是这种对应关系并非偶然，而是民法论题的历史延续性在背后暗暗地发挥作用。实际上，除了法律关系理论与元素论的哲学思想外，法律关系四元素论还需要感观材料来填充，也就是，如何决定元素的数目以及从哪里找这些元素的问题。实际上，早在法律关系理论由萨维尼传播开来之前，这些论题就已局部地发展成熟了，只不过是等到"法律关系"这个

---

① Manuel de Andrade, *Teoria Geral da Relação Jurídica*, Vol. 1, reimpressão de 1944, Coimbra Editora, 1997, pp. 19-22. 20世纪初欧洲各国民法学者中，安德拉德是极少数直接把《法律关系总论》（*Teoria Geral da Relação Jurídica*）作为其民法教科书书名的，而该著作影响了葡语系国家众多的后来者。在葡萄牙，自安德拉德的著作面世后，法律关系四元素说追随者甚多，例如门德斯（Castro Mendes）、霍斯特（Heinrich Ewald Hörster）、费尔南德斯（Carvalho Fernandes）、加华尤（Orlando de Carvalho）、平托（Carlos Mota Pinto）等，参见 Vitalino Canas, Relação Jurídico-Pública, *Dicionário Jurídico da Administração Pública*, Vol. VII, 1996, p. 209。

② 例如，梅迪库斯认为法律关系的两个元素是"法律的调整"和"现实生活的一部分"，参见〔德〕迪特尔·梅迪库斯《德国民法总论》，邵建东译，法律出版社，2013，第52页。又如，德国学者拉伦茨和西班牙学者波维达都曾认为法律关系的要素是权利与义务，参见〔德〕卡尔·拉伦茨《德国民法通论》（上册），王晓晔等译，法律出版社，2003，第263页；Pedro Gonzalez Poveda, *Tratado de Derecho Civil*, Tomo I, Bosch, 2003, p. 342。再如，西班牙民法学者迭斯皮卡佐将主体与客体称为结构或结构性元素，参见 Luis Díez-Picazo y Antonio Gullon, *Sistema de Derecho Civil*, 8ª edición, Editorial Tecnos, 1995, p. 217。

③ 二元素说认为只有主体元素（elemento subjetivo）和客体元素（elemento objetivo）才是法律关系元素，而三元素说则是此两者加上因果元素（elemento causal o generatriz）或法律事实，参见 Diego Espín Cánovas, *Manual de Derecho Civil Español*, Vol. I, 8ª Ed., Editorial Revista de Derecho Privado, 1982, pp. 227-229。

④ 例如前述西班牙民法学者迭斯皮卡佐将主体与客体称为结构或结构性元素。又如，在葡萄牙学者霍斯特的著作中，法律关系元素理论被纳入更庞大的法律关系结构理论内，被界定为法律关系的外部结构，参见 Heinrich Ewald Hörster, *A Parte Geral do Código Civil Português: Teoria Geral do Direito Civil*, Almedina Coimbra, 1992, pp. 164-167。

大网建成后才被网罗入内而已。

关于如何决定或选定法律关系的元素问题，法学家其实还借用了另一个有深厚罗马法传统的范式：盖尤斯（Gaius）的《法学阶梯》体系结构，也就是"人、物、诉讼"三位一体的范式。这一范式堪称法学上的范式之王，它除了被优士丁尼直接采纳，在中世纪被各大学派继承与修订并应用于各种场合（例如意思表示错误的类型①）外，还主宰了各种法典体系的立法结构与理论结构（其中自然也包括法律关系四元素说）。② 在民法学界人所共知的是，③ 19 世纪潘德克顿体系的主要创造者海瑟（Arnold Heisse）在其教科书的第一卷中列了 7 个小标题：（1）法律渊源（Von den Quellendes Rechts）；（2）权利（Von den Rechten）；（3）权利的侵害与保护（Von Verfolgung und Schützung der Rechte）；（4）人（Von den Personen）；（5）物（Von den Sachen）；（6）行为（Von den Handlungen）；（7）空间与时间的关系（Raum-und Zeit-Verhältnisse）。④ 由于他的教科书体系在 19 世纪 40 年代后被很多学者模仿，⑤ 最后更直接为《德国民法典》提供了结构样板，所以

① 参见唐晓晴《意思表示错误的理论与制度渊源》，《华东政法大学学报》2008 年第 2 期。

② 笔者认为，这一范式之所以经久不衰，主要是因为其直观效果——直观的力量是强大的。对于盖尤斯法学阶梯体系所建立的直观范畴的朴素性，有学者曾这样评论："在留给体系化思考的有限时间内，古罗马法学家所能做的事只能是对法律生活的经验对象进行简单的逻辑整理，把那些与人的身份问题相关的法律素材归结为'人法'，与财物的归属和流转问题相关的法律素材归结为'物法'，与纠纷的解决方式相关的法律素材归结为'诉讼法'。人、物、诉讼是相互并列的三种观察对象域，古罗马法学家并没有像后世某些学者所说的那样赋予它们某种内在的关联性，他们的直观式思维能够体验到的是那些外在的可见现象，而隐藏在这些现象后面的深层意义及其脉络关联则游离于他们的视线之外，静静地等候另外一个时代的人将其挖掘出来……总而言之，古罗马法学家的体系化思维是一种通俗的、直观的、贴近于常人观念的思维模式，我们可以把它称为'对象分类式的体系化思维'，因为它以法学家直接观察或感受到的对象——同时也是法律规范的对象——之分类（人、物、诉讼）为体系化的逻辑基础。"杨代雄：《民法学体系化思维模式的谱系》，《江海学刊》2010 年第 1 期。

③ 许中缘就曾指出："民法典总则……这样一个三位一体的结构，实际上是潘德克吞学者'法律关系'理论对私法关系的抽象与提炼。"许中缘、屈茂辉：《民法总则原理》，中国人民大学出版社，2012，第 110~111 页。

④ Arnold Heise, *Grundriss eines Systems des Gemeinen Civilrechts zum Behuf von Pandecten - Vorlesungen*, 3. verb. Ausg. , Heidelberg, 1819, S. 23-33.

⑤ 这一结构的模仿者包括：Arndts（*Lehbuch der Pandkten*, 1886），Dernberg/Biermann（*Pandekten*, 1902）；Regelsberger（*Pandekten*, 1893），Wendt（*Lehrbuch der Pandekten*, 1888），Ernst Zitelmann（*Der Wert eines Allgemeinen Teils des bürgerlichen Rechts*, 1906）；António Menezes Cordeiro, *Teoria Geral do Direito Civil*, Vol I, 2ª Edição, AAFDL, 1992, p. 87。

学界断定，"人—物—行为"三位一体的总则体系就是由海瑟创立的。① 简单对比一下即可发现，"人—物—行为"与"主体、客体、事实与诉权"两者之间其实是互相对应的，不仅前两项直接对应，第三项也能在进一步追溯源头后找到对应。这里所谓的源头，就是盖尤斯的《法学阶梯》体系（人、物、诉讼）以及中世纪法学对该体系的改造；尤其在多内鲁斯（Hugo Donellus）与孔南（Francois Connan）后，这一体系就演变成"人—物—债（行为）"。② 由此可见，海瑟实际上只是把原则上为法的整体提供结构的《法学阶梯》体系的升级版提到总则而已。在稍后发生的法律关系元素理论构建过程中，萨维尼的方法论思想又再一次发挥指导作用。③ 在法律关系理论提出后，再来一次范式转换：将从《法学阶梯》体系继承过来的总则结构替换成法律关系元素。在这个过程中，原材料还是制度（按盖尤斯思路安排的罗马法制度）。

至于在这个三位一体结构之外的第四个元素保障（或称制裁），则是从法律规范区别于道德规范或宗教规范的经典论题中移植而来的，而且在康德法哲学中已有充分的提示。④ 就是这样，在民法教义学与法理学的互相推动下，法律关系四元素理论在20世纪的首个十年基本定型。

（三）法律关系内容（结构）理论的流行与变异

早在康德的《法的形而上学原理——权利的科学》中，便出现了法律关系是主体间的权利义务关系的论断。自康德以来，权利义务对应的论题在伦理学、政治学和法学都成了核心范畴，而法律关系与该两概念结合的

---

① 参见谢鸿飞《法律与历史：体系化法史学与法律历史社会学》，北京大学出版社，2012，第152~153页。

② 关于法学阶梯体系的起源与变化详情，参见杨代雄《法学阶梯式民法体系的演变简史——民法体系的基因解码之二》，《北方法学》2011年第6期。

③ 参见杨代雄《萨维尼法学方法论中的体系化方法》，《法制与社会发展》2006年第6期。

④ Ernest Roguin, *Las Reglas Jurídicas: Estudio de ciencia jurídica pura*, traducción por José María Navarro de Palencia, La España Moderna, 1900, p. 53; Bernado Windscheid, *Diitto delle Pandette*, Vol. I, traduzione dei Carlo Fadda e Paolo Emilio Bensa, Torino, 1930, p. 110.

论题则多属法学范畴，但各个领域的话语互相渗透是不争的事实。① 尽管法律关系理论因萨维尼而得以传播，但他并没有明确地将法律关系的内容或结构界定为权利义务。

将法律关系内容（结构）解剖为权利与义务的实际上是 19 世纪末期的德国法理学家，尤其是建立规范理论的托恩（August Thon）与比尔林（Ernst Rudolf Bierling），这一解剖让法律关系理论可以从规范论的高度得到解释。比尔林的以下一段话特别清晰："所有法律规范都表达了法律关系的内容，即权利人与义务人之间的关系；反之亦然，即凡是发生在我们身上的法律关系，其内容——相关的权利和义务亦都可以通过抽象的规范客观化，并对应一种客观的法律。"②

托恩与比尔林的影响非常大，不仅很快就在欧洲其他国家引起响应，而且迅速波及美国及前苏维埃国家。

然而，直到 20 世纪初期，法律关系内容理论（尤其是在术语的使用方面）还不稳定。③ 例如意大利民法学家巴尔贝罗认为法律关系内容的含义是"受规范的行为举止"；比利时人皮卡德的著作曾对拉丁系的民法学者产生很大的影响，④ 然而，皮卡德也并没有清楚地将权利和义务界定为法律关系的内容（在他的界定中，关系自己是法的内容）。

在民法学领域，清晰地将"权利义务的对应"表达为法律关系内容并使该理论广为人知的是恩那彻鲁斯和尼佩代两位在 20 世纪初享负盛名的民法教义学学者。这两位学者在其代表性著作中表述如下："在大多数情况

① 哲学、政治学、经济学和法学等领域在讨论这几个论题时经常是互相引用的，参见〔美〕托马斯·麦格奈尔《权利和义务的对应性》，朱会晖译，《当代中国价值观研究》2016 年第 1 期；吕世伦、张学超《权利义务关系考察》，《法制与社会发展》2002 年第 3 期。

② Ernst Rudolf Bierling, *Juristische Prinzipienlehre*, Freiburg i. B. Leipzig, Mohr, 1894, p. 145.

③ 例如比利时法学家皮卡德就将主体、客体和主体之间的关系称为法的内部元素（l' éléments internes du droit），而将保障称为法的外部元素（l' élément externe du droit）。除此之外，他又指出作为法的内部元素的"关系"是法的内容（Le Contenu du droit）。参见 Edmond Picard, *Le Droit Pur*, Ernest Flammarion, Éditeur, 1908, p. 82。

④ 例如，葡萄牙 20 世纪上半叶著名解经学派学者冈萨维斯在论述法律关系时就引用了皮卡德的上述著作，参见 Luiz da Cunha Gonçalves, *Tratado de Direito Civil: em comentário ao Código Civil Português*, 2ª Edição Brasileira, Vol. I, Tomo I, 1955, Max Limonad, p. 331.

下，法律关系的内容均表现为权能（权利），而与这些权能相对应的是义务。"① 在 20 世纪后期的很多民法著作中，作为法律关系内容的权利义务关系也被称为法律关系的结构，或者法律关系的内部结构。②

五　对当代民法学的理论价值

在萨维尼的语境下，法律关系是法（尤其民法）的体系化的总结构。萨维尼以法的体系化为目标，在康德的启发下，以法律关系串连起生活（各种交往活动）、秩序、习惯、历史、法律制度（罗马法 + 1/n）、体系等一系列论题。由于目标明确，萨维尼的法律关系理论始于法律制度也终于法律制度，所以是法学本体的；其以法律关系为理论工具（手段），建立起可以包容罗马法大部分内容的庞大体系（在他的笔下主要是民法体系，但后来发展成更具包容性的体系），并最终被立法者接纳，所以其手段为有效手段；在概念的串连上，萨维尼并未做到完全融贯，但考虑到其任务为历史材料（罗马法与当代法制度）的体系化，概念体系的逻辑完满并不可能，所以其概念使用的严谨性与后来专注于这项工作的法学家相比也仅仅是程度的问题。

这一应用的最直观结果是民法教科书体系的建立。萨维尼的《当代罗马法体系》就是按其法律关系理论构建起来的，这一教科书体例直到 21 世纪的今天仍然有众多追随者。③

实际上，自法律关系理论提出以后，唯一能与上述体例抗衡的民法教科书体例就是普赫塔构建的以权利为线索的体例，④ 或以两者结合而形成的体例。

（一）以法律关系理论构建民法的立法体系

法典化运动的一个特征是，民法典的体例受到法学理论的影响，也是

---

① Ludwig Enneccerus, Hans Carl Nipperday, *Tratado de Derecho Civil*, Parte General, Tomo II, traducción de la 39ª Edición Alemana, Bosch, 1953.

② Vitalino Canas, Relação Jurídico-Pública, *Dicionário Jurídico da Administração Pública*, Vol. VII, 1996, p. 209.

③ 例如许中缘与屈茂辉所著《民法总则原理》就是按照这一体例安排的。

④ 例如黄立所著《民法总则》（中国政法大学出版社，2002）一书就属于这种体例。

因为这样，一些观察者才将法典化的大陆法系形象地称为学者法或教授法。在法律关系理论诞生后，法典立法很快就跟进了。1863 年的《萨克森王国民法典》（Bürgerliches Gesetzbuch für das Königreich Sachsen）、1896 年的《德国民法典》以及 1942 年的《意大利民法典》均使用了（条文内出现了）法律关系这个术语。在这些立法例中，教义化的法律关系理论终究只是获得了立法者的有限重视。除此以外，1896 年的《德国民法典》的总则体系也被认为是根据法律关系元素理论构建的。[1]

直接将法律关系一词作为法典的章节标题的立法例则始于 1966 年的《葡萄牙民法典》，然后是 1984 年的《秘鲁民法典》、1987 年的《古巴民法典》以及 1999 年的中华人民共和国澳门特别行政区《民法典》。在这些 20 世纪下半叶后出现的法典中，教义化的法律关系理论在法典的体系构建中发挥了更大的作用。当然，上文已指出这一范式只不过是《法学阶梯》体系的重现。

（二）以法律关系理论构建（整合）法的基本范畴并进行法律说理

在一些法理学家的语境下，法律关系是法的基本范畴之一。萨维尼之后的欧美学者如托恩、比尔林、霍菲尔德（Wesley Newcomb Hohfeld）对法律关系的理论探讨主要是对相关概念的逻辑性进行分析，其目标主要是消除这些术语使用的含混状况，确保法律实践的稳定性。关键是，这样的分析必须建基于实证制度上（事实上，这些学者毫不例外地以实证制度和教义为出发点），而且最后被法律实践吸纳，否则就只是形而上学的、偏离法学本体的。结果是，这些理论确实丰富和完善了法教义学的说理。

然而，这种应用有时会推定有一个确定的法律关系概念以及与之并存的说理体系而失之精确（不同语境下，援引法律关系概念会指向不同的论题）。例如，有论著以法律关系理论为基础判别所谓法外空间或情谊行为，[2]

---

[1] Alejandro Guzmán Brito, Los orígenes del concepto de "Relación Jurídica" ("Rechtliches Verhältnis" – "Rechtsverhältnis"), *Revista de Estudios Histórico - Jurídicos*, Num. XXVIII, 2006, p. 206.

[2] 参见谢鸿飞《论创设法律关系的意图：法律介入社会生活的限度》，《环球法律评论》2012 年第 3 期；张家勇《因情谊给付所致损害的赔偿责任》，《东方法学》2013 年第 1 期。

实际上，这一理论应用依然是萨维尼法律关系论题的延续。在《当代罗马法体系》第一卷中，在谈及法律关系的本质时，萨维尼指出："……所有个人的存在和活动都获得了一个安全的、自由的空间。据以确定上述界限和自由空间的规则就是法。""但并非生物人之间的所有联系都属于法领域，在此种法领域中，生物人之间的联系可以接受并且需要这种通过法规则而进行的界定。"① 在萨维尼的设想中，这一自由空间首先是由立法者设定的，但立法者在设定时充分考虑了既存的制度，所以也可以说这一自由空间是过去规范生活的延续。当立法者没有言明而制度的发展过程也无法提供线索时，将一些生活事实纳入法律关系或不纳入法律关系其实无助于说理。

结　论

法律关系概念以及与之相关的一系列论题在康德哲学中诞生，并承载着康德哲学的自由观。萨维尼在康德的基础上将法律关系理论提升为法律表达的最外层框架，让罗马法原始文献中脉络并不清晰的大量内容（物、债、亲属、继承）在一个统一结构内得到相对逻辑性的安排。他又添加了法律制度、法律事实等概念，使法律关系理论能够成为法的产生与法的适用整个现象的理论媒介。因此，萨维尼一直被认定为法律关系理论技术化的创造者。

在萨维尼之后，法律关系理论的形态继续演变，所谓法律关系元素、法律关系结构等表述逐渐流行起来。及至当代，法律关系理论作为民法学理论最外层框架的作用已非常明显。最后必须指出的是，本文对于元素与结构概念与法律关系理论的具体结合过程以及谁最先使用此类表述的问题，并未给出完整的考证，而只是粗略地展示了其流行脉络。

The Philosophical Foundations and Doctrinal Structure of the Theory of Legal Relationships

(Tong Io Cheng)

Abstract: The concept of "legal relationship" was initially introduced by Kant

---

① 〔德〕萨维尼：《当代罗马法体系 I：法律渊源·制定法解释·法律关系》，朱虎译，中国法制出版社，2010，第257、259页。

during his discussion of rights and obligations, later adopted by Savigny, and further developed into a foundational theoretical framework for civil law. As a doctrinal theory in jurisprudence, the theory of legal relationships attempts to integrate a series of important legal concepts—such as rights, obligations, subjects, objects, facts, and institutions—into a coherent system, thereby organizing the otherwise fragmented legal discourse. This theoretical system quickly spread throughout Europe following the enactment of the German Civil Code in the 20th century, becoming a popular paradigm in civil law studies. The theory of legal relationships holds significant importance in shaping contemporary civil law theory.

Keywords: Theory of Legal Relationships; Legal Philosophy; Rights; Obligations; Legal Facts

林 嘉

　　1980~1984 年就读中山大学法律系，系法律系复系后第一届本科生，毕业同年考入中国人民大学法律系攻读民商法专业硕士研究生，毕业后留校任教。现为中国人民大学法学院二级教授，博士生导师，国务院政府特殊津贴专家；兼任中国法学会常务理事、学术委员会委员，中国社会法学研究会常务副会长，北京市劳动和社会保障法学会会长等。

论我国劳动法的法典化[*]

摘　要：劳动法法典化，即要求全面总结我国劳动领域立法、司法和执法各方面成熟经验，对现行劳动法律进行系统编订纂修，将相关劳动法律规范编纂成一部综合性法典。编纂劳动法典有利于促进具有中国特色劳动法的科学化、体系化、规范化发展，维护劳动法律规范的统一，补充劳动法律规范之不足。编纂劳动法典要以习近平法治思想为指导，在我国现有的劳动法律制度、劳动法治实践和劳动法学研究基础上持续推进。根据我国国情和法治特色，劳动法典编纂的体系结构应采"总-分"结构，通过"先补齐单行法、后编纂劳动法典"的"两步走"路径实现。

关键词：劳动法典；法典编纂；体系化

2021 年 1 月 1 日，《中华人民共和国民法典》正式实施，这是新中国成立以来唯一一部以"法典"命名的法律，标志着我国进入法典化时代。习近平总书记在中央全面依法治国工作会议上提出"民法典为其他领域立法法典化提供了很好的范例，要总结编纂民法典的经验，适时推动条件成熟的立法领域法典编纂工作"。[①] 由《民法典》开启和引领的法典化实践已成为当下及未来中国法治工程的重要环节。劳动关系是最基本、最重要的社会关系之一，劳动关系是否和谐，事关广大职工和企业的切身利益，事关

---

　*　本文系国家社科基金重大项目"我国社会法的概念、原则、理论与实践"（项目编号：18ZDA140）的阶段性成果。曾发表于《浙江社会科学》2021 年第 12 期，略有修改。

**　林嘉，中国人民大学法学院教授、博士生导师。

①　习近平：《坚定不移走中国特色社会主义法治道路　为全面建设社会主义现代化国家提供有力法治保障》，《求是》2021 年第 5 期，第 4~15 页。

经济发展与社会和谐。党和国家历来高度重视构建和谐劳动关系，编纂劳动法典是完善我国劳动立法的重要标志，民法典实施为劳动法典编纂创造了良好契机并提供了有益经验。编纂劳动法典对发展社会主义市场经济，巩固社会主义基本经济制度，坚持以人民为中心的发展思想，依法维护人民权益具有重大意义。

新时代构建和谐劳动关系需要系统持续推进劳动法法典化实践，明晰劳动法典在中国特色社会主义法律体系和社会主义法治进程中的定位及劳动法法典化之目标，以法典化目标为基础，探寻编纂劳动法典的意义与功能，立足我国劳动法治实践构建法典编纂的框架体系和路径方案。

一 劳动法法典化的定位与目标

（一）劳动法法典化的定位

法典是"经过整理的比较完备、系统的某一类法律的总称"。[①] 法典编纂现象存在已久，在罗马法时期，法典以诸法混合汇编为特征，无部门法与实体程序法之分。[②] 而近现代意义上所称之法典，一般是指编纂式法典，区别于汇编式法典。编纂式法典发轫于 17 世纪晚期和 18 世纪的欧洲大陆国家，指法律分科之后，按照一定体系梳理、整合、凝练规则并加以编纂制定的某一法律部门的规范集合，是立法机关运用适当立法技术进行系统整理，经过一定立法程序后形成的具有国家强制力的书面文件。从法典概念的历史溯源可见，法典编纂存在两类模式，一是汇编合并式，即将已经颁行的法律按照一定的体系进行整理、编排，从而在最短时间内获得法体系化的效果；二是编纂整合式，要求立法者在既有单行法、习惯（法）和判

[①] 中国社会科学院语言研究所词典编辑室编《现代汉语词典》（第 7 版），商务印书馆，2016，第 354 页。

[②] 早在公元 4 世纪至公元 5 世纪，罗马法学家就编纂了《艾尔莫折尼亚诺法典》（*Codice Ermogeniano*）和《格来高利亚诺法典》（*Codice Gregoriano*），这些首次被编纂成册的宪令汇编以"书"的方式出版。公元 5 世纪，狄奥多西皇帝制定了第一部完整系统的皇帝宪令的编纂成果《狄奥多西法典》（*Codice Teodosiano*）。公元 6 世纪，优士丁尼完成了三部完整、系统的法律汇编——《优士丁尼法典》《优士丁尼学说汇纂》《优士丁尼法学阶梯》（*Codex*，*Digesta*，*Institutiones*）。上述法典均为罗马法时期汇编式法典的典型。

例（法）的基础上，整合既定的相关法律形式，将既有的法律规范合成为一部综合性法典的模式。① 相较汇编合并式法典，编纂整合式法典以体系化为本质特征，要求对构成法典的概念术语、规范结构、法律制度加以调整、规范、协同和统一，甚至修改相关法律条文和法律制度，从而使得这些既定的法律形式融合成为一个颇具体系性的有机整体。我国民法典即采编纂整合模式，对以往民事法律规则进行了适应社会变化的修改、补充与完善。

劳动法法典化之定位是法典化实践中的首要命题，即确定应采汇编合并式还是编纂整合式法典。新中国成立 70 余年来，随着我国经济体制从计划到市场的转变，劳动关系不断发展变化，劳动法的调整范式也逐渐从计划体制过渡到市场体制，以 1994 年《劳动法》的颁布为标志，我国已逐步建立了适应社会主义市场经济体制的劳动法律制度。但我国现行劳动法律制度基本上是建立在以传统工厂劳动为特点的典型劳动关系的基础上，对非典型用工的回应和照顾不足，《劳动合同法》仅在第五章"特别规定"中规定了劳务派遣和非全日制用工，其他大量的灵活用工形式并未规定。而随着互联网技术和数字经济的快速发展，依托于互联网平台的各类新型就业形态迅猛发展，由于平台用工具有较强的自主性和灵活性，劳动关系难以认定，我国现行劳动法律制度无法直接调整依托于互联网平台的各类新型用工方式，大量新业态从业者的劳动权益无法得到法律保护。在《民法典》起草过程中，有学者建议在《民法典》合同编中引入雇佣合同，以规范无法由劳动法调整的各类劳务关系，但《民法典》最终没有将雇佣合同有名化。对于现存大规模的灵活就业人员、新业态从业人员的劳动基本权保护的任务，显然只能回归到劳动法来承担。加之劳动法自身还有不少制度缺失，如劳动基准法、集体合同法等仍需要完善，因此，从现行立法条件和劳动关系调整需要两方面看，我国劳动法典应采编纂整合式立法，不宜通过简单汇编合并的方式推进。

劳动法法典化，即要求全面总结我国劳动关系领域立法、司法和执法

---

① 关于汇编式法典和编纂式法典的概念，可参见王利明《民法法典化与法律汇编之异同》，《社会科学家》2019 年第 11 期，第 18 页；瞿郑龙《新时代法典化的法理——"法典化时代的法理研究"学术研讨会暨"法理研究行动计划"第十五次例会述评》，《法制与社会发展》2021 年第 2 期，第 213 页。

各方面成熟经验，对现行法律进行系统编订纂修，将相关劳动法律规范编纂成一部综合性法典。编纂过程应当实现规则内容之体系化，对劳动法律部门中的重要原则和规范进行系统性规定，追求概念严谨、逻辑严密、体系完整。劳动法法典化，是我国法治建设工程的重要组成部分，是推进中国特色社会主义法律体系创新发展的内在要求。一部健全完善的劳动法典将成为民生改善的坚实基础、经济发展的基本支撑、社会和谐稳定的"压舱石"，能够为人民群众带来更多的获得感、幸福感。

（二）劳动法法典化的目标

习近平总书记在中央全面依法治国工作会议上指出，"要加快完善中国特色社会主义法律体系，使之更加科学完备、统一权威"，达成这一目标需要劳动法法典化实践的持续推进。劳动法法典化有助于增强我国劳动法律规范的体系性、科学性和权威性。

第一，实现劳动法律规范的体系化。"法律科学最为重要的任务之一就是发现单个的法规范相互之间和规则体相互之间，以及它们与法秩序的主导原则之间的意义联络，并将该意义联络以可被概观的方式，即以体系的形式表现出来。"[①] 近代意义上的法典作为最高形式的成文法，是追求体系化与严密逻辑性的法典，体系化一直以来都被视为大陆法系法律规范建构的标志。"体系"通常包括外在体系和内在体系，外在体系是依形式逻辑规则建构的抽象概念体系，内在体系是由一般法律原则构成的体系。[②] 外在体系突出法律形式的全面性和完整性，而内在体系突出法律规范的秩序性，包括逻辑关联秩序和价值位阶秩序。我国编纂劳动法法典的首要目标是实现我国劳动法律规范的体系化。在外部体系方面，按照一定的规律、分类和标准对现行劳动关系领域单行法进行编排，有助于厘定调整范围，统一法律术语，确保规范编排的逻辑理性，保证制度之间的相互协调和相互支撑，避免遗漏和冲突，实现系统性和整体性的目标。在劳动法的外在体系

---

① 〔德〕卡尔·拉伦茨：《法学方法论》（全本·第 6 版），黄家镇译，商务印书馆，2020，第 548~549 页。

② 参见〔德〕卡尔·拉伦茨《法学方法论》（全本·第 6 版），黄家镇译，商务印书馆，2020，第 549、593 页。

上，一方面，要以劳动关系认定为核心构建典型劳动关系调整的基本模式，形成劳动就业法、劳动合同法、集体合同法、劳动基准法、劳动权利救济法等劳动法的完整体系；另一方面，通过建立劳动基本权保护制度调整不能直接认定为劳动关系但存在一定管理关系的用工形态，将包括新业态用工在内的各类灵活用工、雇佣关系等都纳入劳动法保护体系。在内在体系方面，劳动法典应围绕劳动者保护和构建和谐劳动关系来凝练劳动法的核心价值。如此，通过整合现行零星分散的单行法和行政法规等规范文本，统一法律术语、法律制度和法律规则，并在法典内部以及法典与单行法之间形成一般与特别、指引与落实等顺畅的关系，保障劳动法典更好地服务广大劳动者群体和劳动关系的调整。并且，在劳动法核心价值引导下，劳动法典得以呈现倾斜保护、实质平等之价值立场和社会法品格，更好地履行新时代坚持以人民为中心的发展思想。

第二，推进科学立法，提高劳动立法质量。随着法治进程的加快，我国已基本建成了适应社会主义市场经济体制的劳动法律制度，但相较其他部门立法，我国劳动法律规范在科学完备方面仍具有较大完善空间。制度构建方面，尚缺劳动基准法、劳动监察法、集体合同法等劳动关系领域的基础性法律；法治实践方面，在新就业形态蓬勃发展的当下，劳动法的制度供给与应对还严重不足。良法保障善治，完备的劳动法律规范体系是全面依法治国的前提和基础，法典编纂有助于推动劳动法律规范更加科学完备。具体而言，"科学"要求消除制度龃龉，强化制度提炼、制度统合和制度扬弃；"完备"则要求法典内容尽可能"详尽无遗"，尤其是法律制度中最为基本的、原则层面的规定。民法典编纂经验表明，法典编纂工作不仅仅是对既定法律形式的简单集成，更是填补法律空白，补充法律短板，实现内容完备、体系合理、逻辑严密的一次有利契机。例如，民法典增加规定了新的权利类型，如个人信息、居住权；吸收了司法解释的相关规定，通过新的体系化和制度创新服务于法典形式逻辑之终极目标即法典完备性。参照民法典编纂经验，劳动法典编纂同样既要"编"，又要"纂"，通过法典编纂中的"立""改""废"工作推动法律规范更加科学完备。"立"，就是积极回应经济社会发展带来的劳动关系新情况、新问题，积极回应人民群众对劳动立法的新诉求，在总结实践经验的基础上，制定新的法律规范，以填补现行法律制度的空白；"改"，是指针对现行劳动法律规范中不适应新情况和新变化的内容，作出有针对性的修改完善；"废"，是要求在编纂工程中及时梳理并清理明显过时的、冲突的规定，保证整个劳动法律制度体系内部的和谐统一。① 就劳动法典编纂工作而言，相较民法典，由于劳动法典需要补充的基础性法律规范内容更多，劳动法典编纂的创制功能和创新特色将更加突出，通过劳动法典编纂工作能够全面地、系统地修订现有法律，填补制度空白，清理过时的、无法适应当前经济社会现实的规定，推动劳动法律规范更加科学完备，以适应新形势下构建和谐劳动关系的需要。

第三，提高劳动法律位阶，提升劳动立法权威。自 1994 年以来，我国已颁行了《劳动法》《劳动合同法》《就业促进法》《劳动争议调解仲裁法》等劳动关系领域的基础性法律，对于保护劳动者合法权益、构建和谐劳动关系起到了积极的作用。但我国现行劳动法律制度仍存在不足，一方面，由于立法技术欠发达、立法缺少充足经验、自身修改机制不够健全等原因，大量劳动立法规定过于原则、刚性、泛化，缺少细化规则，可操作性比较弱。为了弥补法律过于原则规定的不足，《劳动法》《劳动合同法》等法律出台后，国务院及其相关部门就公布了大量行政法规、行政规章和规范性文件。例如，《劳动法》颁布后，国务院及相关劳动行政部门先后制定了 20 多个配套行政法规、部门规章；最高人民法院先后颁行了 5 个审理劳动争议案件的司法解释，各省市高院、一些地方中院会同劳动争议调解仲裁机构纷纷以指导意见、问题解答、会议纪要等形式出台地方性审理劳动争议案件的意见，以指导地方法院和劳动仲裁机构办案。总体而言，在我国劳动立法中，全国人大及其常务委员会制定的劳动法律较少，② 多数劳动立法位阶较低，存在大量的行政法规和部门规章以及各种规范性文件，法律效力

---

① 关于"立""改""废"工作的阐述，可参见黄薇《民法典的主要制度与创新》，《中国人大》2020 年第 13 期，第 22~25 页。

② 《劳动法》颁布实施以来，全国人大常委会制定的劳动法律有《劳动合同法》《就业促进法》《劳动争议调解仲裁法》《职业病防治法》《安全生产法》，另外还修订了《工会法》，总体数量不多。

不够强。例如，在劳动争议仲裁和审判实践中，关于劳动关系的认定，目前普遍适用的是 2005 年劳动和社会保障部发布的《关于确立劳动关系有关事项的通知》（劳社部发〔2005〕12 号），该文件既存在层级较低也存在内容不合时宜的问题；再如，随着我国劳动关系的变化和劳动者保护理念的强化，特别是 2007 年《劳动合同法》的颁布实施，1994 年的《劳动法》的许多条款事实上被束之高阁，如果不适时修改，将大大影响其法律适用。另一方面，由于劳动立法必须服务经济体制改革，因此，体制机制改革常常成为推动劳动法律制定和实施的主要动力，导致我国劳动立法长期以来呈现"重问题、轻体系"特征。虽然"问题立法"紧扣实践需求，以社会需求推动法律制定能够提升法律的针对性和实效性，但也暴露出分散性、零星化等弊端，呈现粗放的特点，存在体系性不足的缺陷。长此以往，这种带有"应急"性的立法，也会削弱法律固有的稳定性和远期的实效性。当下面对庞大的劳动法律法规、规章等规范性文件，有必要及时对劳动法律体系进行梳理，通过编纂劳动法典吸收整合劳动法律规范文件中已经成熟并应用广泛的制度规定，提炼法律规则，提高位阶层次，将现行的、分散的法规规章、司法解释等规范文件以及司法实践中的成熟经验上升到法律层面，进行系统化、规范化表述，提升劳动法律的适用性，更好地规范和更有效地调整新时代多元的劳动关系。

二　编纂劳动法典的意义

在全面依法治国稳步推进的当下，劳动法典编纂对促进中国特色劳动法体系发展、实现劳动立法内部和谐和补充劳动法律规范之不足意义重大。

（一）促进中国特色的劳动法体系发展

我国劳动法典编纂应从中国实际出发，编纂一部适应中国特色社会主义发展要求，符合我国国情、体例科学、结构严谨、规范合理、内容协调一致的劳动法典。体系是法典的生命，通过编纂劳动法典，有助于梳理、凝聚、更新现行散落于各位阶规范性文件中的规则制度，促进中国特色劳动法体系的完善和发展。劳动法典所载体系应该兼顾内在价值体系和外在形式体系，不仅要求劳动法典整体具有自身的内在体系和外在体系，而且要求劳动法典各分编也有其内在体系和外在体系。劳动法典的内在体系突出劳动法律规范的内在秩序性，即立法目的和价值脉络秩序。立法目的决定了劳动法的具体内容，统领劳动法价值取向，而价值体系是贯穿于劳动法典的基本原则，体现劳动法规范体系的基本精神，是具有综合性、本源性和稳定性的根本准则，能够真实、全面、集中地反映劳动法的特点，从根本上抽象概括出劳动法调整内容的共性，对劳动法律规范体系具有指导意义。外在体系突出外在秩序性，使劳动法典以及各分编的制度、规则体系形成逻辑关联秩序，通过形式化、抽象化的手段将内在于法律规范中的意义和内涵以逻辑化一致的形式展现出来。

我国劳动法律制度建立在中国特色社会主义制度的基础上，体现为以公有制为主体、多种所有制经济共同发展，以按劳分配为主、多种分配方式并存的制度特点。党的二十大报告明确提出了坚持以人民为中心、坚持在发展中保障和改善民生的发展思想。制定劳动法典，需要充分体现中国特色社会主义的制度优势，提炼出以人民为中心的发展理念。在劳动法的内在价值体系中，要以保护劳动者合法权益、构建和谐劳动关系为其价值目标。实现这一价值目标，要构建以劳动者保护为核心的劳动法体系。在保障劳动者基本劳动权益方面，要切实保障劳动者的劳动报酬权、休息休假权、职业安全健康权、社会保险权、职业培训权等；在劳动关系协调机制方面，要全面落实劳动合同制度，推行集体协商和集体合同制度，健全协调劳动关系的三方机制；在企业民主管理建设方面，要健全企业民主管理制度，完善以职工代表大会为基本形式的企业民主管理制度，加强党的领导和工会的协调作用；在劳动关系矛盾调处机制方面，要健全劳动保障监察制度，完善劳动争议调解仲裁机制，引导企业积极履行社会责任，营造构建和谐劳动关系的良好环境。此外，面对数字经济的发展和新业态用工带来的挑战，劳动法要突破传统劳动关系调整范式，对新业态灵活用工从业者提供必要的制度保障，构建以劳动基本权为核心的保护体系，以保护新业态从业者的劳动报酬权、休息权、职业安全健康权、社会保险权等。在劳动法的外在体系中，劳动法的制度构建以劳动为中心而展开，主要体现为劳动法律规范涵盖劳动的全过程，即"就业促进—劳动关系的运行—劳动保障"。从体系内容看，涵盖了就业促进、反就业歧视、劳动合同和集体合同、劳动基准（工资、工时、休假、职业安全健康）、工会和企业的民主管理、劳动监察、劳动争议处理等。在劳动关系的运行中进一步体现为不同的劳动关系调整模式之间的逻辑关联，即个体自治、团体自治以及国家干预三种劳动关系调整模式的关联。通过制定劳动法典，使得劳动法律规范成为内容完整、逻辑严谨的体系，并通过多层次的劳动关系调整模式以及各种调整模式之间效力层级的适用形成严密的逻辑闭环，使得劳动关系有效地运行。

法律的生命在于实施。劳动法典所确立的规范体系应当伴随社会经济发展而不断发展完善，同时通过法律适用中运用各种法律解释的方法，推动法律体系的发展。劳动法典编纂将我国基本劳动法律制度根据科学性、系统性、逻辑性固定下来，能够使裁判者、劳动监察机构、用人单位与劳动者更便利地理解和适用劳动法律，更好地掌握法条在劳动法律规范体系中的位置、与其他相关条文之间的逻辑关系及内涵，更有效地在法律逻辑中寻找规则、选择路径，切实解决劳动法律实践中的具体问题。

（二）维护劳动法律规范的统一

法制的统一是现代法治国家应当遵循的基本原则。法制统一原则首先要求合宪性，一切法律法规以及各种规范性文件必须符合宪法规定或不违背宪法规定；其次是下位法的制定必须有宪法和上位法作为依据；最后是各个法律规范之间应相互协调和补充，不得有冲突和抵触。法律只有建立在法制统一的基础上，才能具有合法性、正当性和权威性，使得法律得以自上而下地实施。

我国劳动法律制度的发展，一方面经历了从计划经济到市场经济的转型，另一方面构建在城乡劳动力二元结构的基础上。随着所有制结构的不断变化，以灵活用工为主的多种用工形态快速发展，劳动法所调整的劳动关系呈现复杂性和多样性。而法律的刚性和稳定性在调整这种复杂多变的劳动关系时就显得相对滞后，同时由于劳动法律规定过于原则，在法律适用中就需要大量的实施细则、部门规章、配套措施、法律解释等，在此过程中，因立法的时间不同、背景不同、立法部门不同又未能及时清理，就难免出现一些差异和不协调，既包括单行法之间的不协调，也包括国家层面立法与地方层面立法的不协调，影响了法律的统一性。

从国家层面立法看，由于劳动立法内部整体协调尚有不足，不同位阶、不同层级的法律法规之间存在一定的冲突与矛盾，单行法之间的衔接仍不够顺畅。2016年9月，中国劳动保障科学研究院和社会科学文献出版社联合发布《中国劳动保障发展报告（2016）》，梳理了我国劳动关系领域的法律2部，行政法规7部，部门规章15部，复函、答复139个，意见、通知等48个，其中多个条款之间存在不一致的情况。① 例如，关于周标准工作时间的规定，《劳动法》第36条与《国务院关于职工工作时间的规定》第3条规定存在冲突，即新的位阶较低的规定与旧的位阶较高规定之间的不一致，导致实践中用人单位对计算标准工作时间的理解不一致；又如，关于劳动者退休年龄与劳动合同终止的关系，《劳动合同法》第44条第2项规定劳动者开始依法享受基本养老保险待遇的，劳动合同终止，而《劳动合同法实施条例》第21条规定，劳动者达到法定退休年龄的，劳动合同终止，由于对这两个条款理解的不同，各地法院对此类案件的裁判有较大的分歧，出现类案不同判的情形。

从地方立法层面看，各地为了解决劳动法实施中存在的问题，出台了大量的地方性法规和处理劳动争议的指导意见或解答，由于各地对国家层面相关规定理解的差异，地方立法与各类规范性文件在对相同问题进行细化规定时存在不同的态度。② 例如，关于因补缴社会保险发生的争议，一些地方视为劳动争议由法院受理，一些地方规定法院不予受理；又如，关于劳动合同中止制度，《劳动法》和《劳动合同法》都未明确规定，劳动部1995年《关于贯彻执行〈中华人民共和国劳动法〉若干问题的意见》规定"劳动者涉嫌违法犯罪被有关机关收容审查、拘留或逮捕的，用人单位在劳

① 参见《中国劳动保障发展报告（2016）精读》，中国社会科学网，http：//www.cssn.cn/zk/zk_zkbg/201610/t20161013_3233176.shtml，最后访问日期：2021年10月31日。
② 具体冲突情形可参见李文静、黄昆《现行劳动关系立法冲突与衔接分析研究（下）——地方层面劳动关系立法》，《中国劳动》2016年第23期，第20页。

动者被限制人身自由期间，可与其暂时停止劳动合同的履行"，目前一些地方规定了劳动合同中止制度，如山东、宁夏、上海等，但关于劳动合同中止的情形以及中止后工资、社保、工龄的处理，各地方的规定和处理也各不相同。

劳动法律具有很强的社会政策色彩，随着社会经济的发展需要不断进行规则调整。从改革开放至今，我国经济社会发展迅速，劳动法律也经历了重大变迁，尤其是近年来，劳动立法速度较快，但是旧法废改没有跟进，新旧法的冲突就在所难免。通过编纂劳动法典，有助于系统性清理过时制度，整体促进劳动法律体系内部的和谐统一，提高劳动立法质量，切实避免越权立法、重复立法、盲目立法、冲突立法，确保下位法不与上位法相抵触，实现劳动立法内部和谐，维护国家法制统一。

（三）补充劳动法律规范之不足

尽管我国劳动法制已取得长足的发展和进步，在保护劳动者合法权益、促进经济社会的发展方面发挥了重要作用，但由于我国经济体制改革不断深化，各种用工形态不断涌现，且受制于立法资源的不足，我国劳动法律制度仍存在短板与不足，主要体现在基础性法律尚待完善和新就业形态的制度回应不足。

就劳动法体系中的基础性法律而言，目前我国尚未制定工资法、[①] 工时法[②]等劳动基准法律，现有劳动基准制度规定分散、呈碎片化分布，且多由条例规定，导致劳动基准制度法律效力层级较低，加之规定出台时间较长，部分内容已过时，带有鲜明的行政本位色彩，劳动基准制度并未起到预期的效果，我国劳动基准法立法迫在眉睫。集体合同立法尚待完善，现行立法除劳动和社会保障部 2004 年公布的《集体合同规定》外，有关规定散见于《劳动法》《工会法》中，集体合同现行立法已经不能适应社会发展的内

---

① 劳动部 1994 年公布的《工资支付暂行规定》、国家统计局 1990 年作出的《关于工资总额组成的规定》以及劳动和社会保障部 2000 年公布的《工资集体协商试行办法》等规定效力层级低、概念不明、内容滞后，且相互矛盾，已经远远不能适应社会经济发展的需要，2003 年开始公开论证起草的《工资条例（草案）》多次陷入困境，至今未能出台。

② 我国现行工时基准法制成形于 1995 年前后，至今已运行 20 多年，未曾经过系统修订完善。

在需要。反就业歧视法也需要进一步规范，目前我国关于就业歧视的内容只原则性地规定在《就业促进法》中，但对于就业歧视的类型，直接歧视、间接歧视的构成以及相关的法律责任等仍有待立法完善。基础法律制度的不足导致我国现行劳动法律难以有效应对和解决全社会普遍关注并广泛存在的工作时间过长、没有加班工资、职业健康危害等劳动基准实践问题、就业歧视问题等，致使劳动争议案件数量常年居高不下。

近年来，随着互联网科技革命的发展，互联网平台用工快速发展，以工厂劳动为模型、以典型劳动关系为主要适用对象的我国现行劳动法制存在明显的制度回应和供给的不足。人社部《2020 年度人力资源和社会保障事业发展统计公报》显示，全国就业人员 7 亿余人，[①] 其中，灵活就业从业人员规模已达 2 亿左右；[②] 共享经济服务提供者约为 8400 万人，同比增长约 7.7%；[③] 年轻就业群体对灵活就业的倾向持增长态势，相关数据显示，选择单位就业的 2021 届应届毕业生占比为 56.9%，同比下降 18.9%。[④] 灵活就业已成为补充典型就业的重要力量，规模日益扩大，且深受年轻就业群体的青睐。灵活多元的就业方式对增加就业、激发创新创业活力具有积极意义。然而，由于劳动立法的滞后，灵活就业人员的劳动权益保障缺失成为新就业形态发展过程中最突出的法律短板。近年来，我国劳动立法对灵活就业的法律规制主要体现在《劳动合同法》对劳务派遣和非全日制用工的规定以及国务院通过的《保障农民工工资支付条例》，然而，当下灵活就业模式的发展已经远远超出上述法律法规的规制范围。除劳务派遣、非全日制用工、建筑工程承包用工以外，互联网平台催生大量"网约工"。以具有较高职业风险的配送行业（外卖、快递等）为例，从业者工作时间过长、缺乏必要的劳动基准保护、职业风险大、工伤认定困难等都是现存棘手的法律难题。

---

① 参见人力资源和社会保障部《2020 年度人力资源和社会保障事业发展统计公报》。

② 参见李心萍《努力创造更多灵活就业岗位　从业人员规模达两亿左右》，中国政府网，http://www.gov.cn/xinwen/2020-08/08/content_5533263.htm，最后访问日期：2021 年 10 月 31 日。

③ 参见国家信息中心发布的《中国共享经济发展报告（2021）》。

④ 参见智联招聘《2021 大学生就业力调研报告》。

对于基础性劳动立法的不足,通过劳动法典编纂,能够梳理、统合散见于各类规范性文件中的已相对成熟的规则,并清理过时规定,提升劳动基准、集体合同相关规定的权威性,补充劳动法律规范体系之不足,增强法律科学完备性。针对新就业形态对以典型劳动关系为基础的劳动法律带来的挑战,劳动立法必须适应新情况、把握新规律,积极面对劳动关系出现的新变化,客观分析劳动关系呈现的新特点,准确把握构建和谐劳动关系的着力点。通过劳动法典编纂,在劳动基准编制定特殊劳动者保护章节,为新业态从业者劳动权利保障留下通道,在具体的劳动法治实践中,通过对特殊行业、重点群体立法,逐步破除新业态从业者劳动权益保障困境。

三 编纂劳动法典的现实基础

(一) 以习近平法治思想为指导,为劳动法典编纂提供了根本宗旨和政治方向

习近平法治思想的核心要义是"十一个坚持",从历史和现实相贯通、国际和国内相关联、理论和实际相结合上,深刻回答了新时代为什么全面依法治国、怎样全面依法治国等一系列重大问题。[①] 习近平法治思想为劳动法典编纂提供了行动指南、根本宗旨和政治方向,编纂劳动法典是贯彻落实习近平法治思想的生动实践,是加快建设中国特色社会主义法治体系、建设社会主义法治国家的必然要求。

习近平法治思想核心要义的第一个"坚持"强调党对全面依法治国的领导,这就旗帜鲜明地回答了新时代全面依法治国的领导力量问题。[②] 党的十八大以来,以习近平同志为核心的党中央把全面依法治国摆在突出位置,《民法典》编纂实施后,党中央已多次指出"适时推动条件成熟的立法领域法典编纂工作",为启动劳动法典编纂提供了方向和指南。适时启动劳动法典编纂,必须始终贯彻党的领导,从而获得坚强有力的政治保障。习近平

[①] 参见中央全面依法治国委员会办公室《坚持以习近平法治思想为指导 奋力开创全面依法治国新局面》,《求是》2021年第5期,第43页。

[②] 参见王轶《编纂实施民法典是习近平法治思想的生动实践》,《中国法学》2021年第3期,第39页。

法治思想坚持以人民为中心，编纂劳动法典服务于工人阶级和广大劳动群众，促进工人阶级和广大劳动群众主力军作用充分发挥，是贯彻落实党和国家全心全意依靠工人阶级的根本方针的生动展现。以人民为中心是中国特色社会主义的本质要求，全面依法治国为了人民、依靠人民，党和国家始终高度重视工人阶级和广大劳动群众在党和国家事业发展中的重要地位，劳动法典聚焦民生福祉，从劳动权利各个方面为工人阶级和广大劳动群众兜牢民生底线。习近平法治思想坚持中国特色社会主义法治道路，坚持建设中国特色社会主义法治体系，编纂劳动法典构成建设中国特色社会主义法治体系的重要内容。劳动法是中国特色社会主义法律体系七大部门法之社会法中的重要组成部分，劳动法典事关广大劳动群众的生产生活，事关广大劳动者和用人单位的切身利益，一方面为构建和完善社会主义市场经济的劳动法体系提供了根本的、稳定的、基础性、统帅性法律；另一方面，劳动法典构建的现代劳动法体系搭建了中国特色劳动关系协调机制与国际接轨的桥梁，是立足当前、着眼长远的具有中国特色的社会主义法治道路的具体体现。习近平法治思想坚持在法治轨道上推进国家治理体系和治理能力现代化，劳动关系协调治理是国家治理现代化的重要环节，劳动法典编纂将劳动关系运行方方面面纳入法治轨道，对提升劳动关系协调治理效能具有显著作用。

习近平法治思想不仅从上述几个方面引领劳动法典编纂的方向，在坚持依法治国、依法执政、依法行政共同推进，法治国家、法治政府、法治社会一体建设等其他方面也构成劳动法典编纂的根本遵循。坚持用习近平法治思想指导和推动劳动法典编纂，有助于构建符合中国国情、具有中国特色的劳动法律制度。

（二）我国劳动法律制度已基本建立，为劳动法典编纂提供了充足的法律资源

新中国成立70多年来，我国已基本建立了符合社会主义市场经济体制的劳动法律制度。我国劳动法律制度经历了劳动立法行政化到市场化的过程。以1994年《劳动法》的颁布为标志，我国确立了社会主义市场经济条件下调整劳动关系的基本劳动法律制度。《劳动法》规定了促进就业、劳动合同和集体合同、工作时间和休息休假、工资、劳动安全卫生、职业培训、社会保险、劳动争议处理等内容，明确了我国劳动法律制度的基本框架。《劳动法》的颁布具有重要意义。首先，它打破了以往劳动关系的行政调整模式和按照用人单位所有制性质管理劳动关系的模式，确立了市场经济条件下劳动关系调整的基本模式，有力地推动了经济体制改革和市场经济的发展。其次，它明确了劳动者享有平等就业权、自主择业权、劳动报酬权、休息休假权、劳动安全卫生保护权、职业培训权、社会保险权、提请劳动争议处理的权利等，完善了劳动权利保障与救济制度，从而使劳动权这一基本人权具有了实在内容和法律保障，维护了劳动者的合法权益。最后，明确规定通过订立劳动合同来确立双方当事人的权利义务，有利于减少纠纷，维护稳定、和谐的劳动关系，为我国经济社会发展提供了重要保证。进入 21 世纪以来，随着经济体制改革的深化，我国法治化进程不断加快，在劳动关系领域，2007 年全国人大常委会相继通过了《劳动合同法》《就业促进法》《劳动争议调解仲裁法》，推动了我国劳动法律制度的发展，尤其是《劳动合同法》的颁布实施，在规范用人单位用工行为、保护劳动者合法权益方面产生了重大的社会影响和社会效果。我国还先后颁布和修改了《职业病防治法》《安全生产法》《工会法》等，这些法律的出台，使我国劳动法律制度不断健全和完善。除劳动法律外，国务院还发布了一系列劳动行政法规，如《国务院关于职工工作时间的规定》《劳动合同法实施条例》《女职工劳动保护特别规定》等，国务院劳动行政部门公布了众多劳动行政规章，如《工资支付暂行规定》《企业职工带薪年休假实施办法》《劳务派遣暂行规定》等。此外，经我国批准的国际劳工公约也是我国劳动法的重要渊源。迄今为止，我国已批准加入了 25 个国际劳工组织通过的国际劳工公约，其中，《禁止和立即行动消除最恶劣形式的童工劳动公约》、《准予就业最低年龄公约》、《消除就业和职业歧视公约》以及《男女同工同酬公约》均属于国际劳工组织八项核心公约之一。

2011 年我国正式宣布中国特色社会主义法律体系已经形成，社会法是中国特色社会主义法律体系七大部门法之一，劳动法是社会法的重要组成部分。2011 年 10 月，《中国特色社会主义法律体系》白皮书指出："中国制定了劳动法，将劳动关系以及与劳动关系密切联系的劳动保护、劳动安全卫生、职业培训以及劳动争议、劳动监察等关系纳入调整范围，确立了中国的基本劳动制度；制定了矿山安全法、职业病防治法、安全生产法等法律，对安全生产、职业病预防等事项作了规定，加强了对劳动者权益的保护；制定了劳动合同法、就业促进法和劳动争议调解仲裁法，建立健全了适应社会主义市场经济的劳动合同、促进就业和解决劳动争议的制度……制定了工会法，并先后两次进行修订，确定了工会在国家政治、经济和社会生活中的地位，明确了工会的权利和义务，对工会依法维护劳动者的合法权益发挥了积极作用。"

目前，我国已经形成了包括法律、行政法规、地方性法规、部门规章、地方政府规章、司法解释、国际公约等在内的劳动法律规范体系，从法律资源看，基本具备了编纂劳动法典的条件。

（三）劳动法治实践持续推进，为劳动法典编纂提供了现实需求

近年来，随着劳动法律制度的快速发展，我国劳动法治持续推进，特别是 2008 年《劳动合同法》实施以来，我国劳动法治环境大大改善，用人单位的守法意识和劳动者的维权意识大大提升，企业的用工行为不断走向合同化和法治化。据有关部门统计，2019 年全国企业劳动合同签订率达 90%以上；年末全国报送人力资源和社会保障部门审查并在有效期内的集体合同累计 175 万份，覆盖职工 1.49 亿人；集体协商积极稳妥推进，协调劳动关系三方机制逐步完善。2020 年 9 月起在全国范围内实施劳动关系"和谐同行"能力提升三年行动计划，推动劳动关系工作方式方法创新，改进和完善对企业劳动用工、工资分配的指导和服务，提升劳动关系公共服务能力和基层调解仲裁工作效能，扎实推进劳动关系治理体系和治理能力建设。[1] 劳动人事争议调解仲裁和劳动保障监察效能建设持续加强，违法案

---

[1] 参见《国家协调劳动关系三方部署实施劳动关系"和谐同行"能力提升三年行动计划》，人力资源和社会保障部网，http://www.mohrss.gov.cn/SYrlzyhshbzb/dongtaixinwen/buneiyaowen/202009/t20200911_385519.html，最后访问日期：2021 年 10 月 31 日。

件、突发事件总量均呈下降态势。①《保障农民工工资支付条例》自2020年5月1日起施行，建立健全了治理拖欠农民工工资问题的长效机制，持续推进专项整治，拖欠势头得到了有效遏制。在劳动关系法治化轨道上，我国劳动关系治理能力明显提高，共建共治共享治理格局初步形成，有效维护了劳动者权益，保持了劳动关系总体和谐稳定。

劳动争议案件是经济社会发展的晴雨表。据《劳动和社会保障事业发展统计公报》的数据，1995年我国劳动争议案件只有3万多件，而在2006年则达到44.7万多件，之后更是持续上升，2007年达到50.2万件。《劳动合同法》颁布实施后，劳动争议案件呈井喷态势，2008年激增到97万多件。经历2009年的小幅下降后，2010~2012年，劳动争议案件总量继续快速上升，2013年全国各地劳动人事争议调解仲裁机构共处理劳动争议149.7万件。2020年全国各级劳动人事争议调解组织和仲裁机构共处理劳动人事争议案件221.8万件，涉及劳动者246.5万人，涉案金额高达530.7亿元。②从总体上看，虽然历年劳动争议案件数量有轻微波动，但劳动争议案件总量仍然较大。2019~2021年，全国各级人民法院受理劳动争议纠纷案件一审收案数量每年超过40万件，且呈逐年递增态势。③北京市第一中级人民法院2018年3月发布的劳动争议案件审判白皮书显示，当前劳动争议案件呈现纠纷类型新型化、复杂化、多发性、集团性等特点，司法机关在审理新型劳动争议案件时存在诸多困难和挑战，凸显了新型劳动权益保护的任重道远。④2021年1月，深圳市中级人民法院发布《深圳法院劳动争议审判白皮书（2005-2020）》显示，随着新经济、新业态的发展，提成工资、年终奖、竞业限制经济补偿和违约金、违反服务期的违约金、未缴纳社会保险

---

① 参见《专题报道——全国人力资源和社会保障工作会议暨全国人社系统先进集体和先进工作者表彰大会》，人力资源和社会保障部网，http://www.mohrss.gov.cn/SYrlzyhshbzb/dongtaixinwen/buneiyaowen/201712/t20171229_285666.html，最后访问日期：2021年10月31日。

② 参见人力资源和社会保障部《2020年度人力资源和社会保障事业发展统计公报》。

③ 参见郑学林、刘敏、于蒙、危浪平《〈关于审理劳动争议案件适用法律问题的解释（一）〉几个重点问题的理解与适用》，《人民司法》2021年第7期，第46~51页。

④ 参见《北京一中院发布劳动争议审判白皮书：10项机制6个举措2点提示》，北京市第一中级人民法院网，https://bj1zy.bjcourt.gov.cn/article/detail/2018/03/id/3252040.shtml，最后访问日期：2021年10月31日。

赔偿损失、新型用工劳动关系确认、股权激励纠纷等新类型劳动争议案件不断增多。劳动关系事关广大人民群众最关心最直接最现实的根本利益，劳动法解决的是就业、工资报酬、工作时间和休息休假、职业安全健康等最基本的民生问题，与劳动者的切身利益紧密相连，关乎千家万户百姓的基本生存，在社会关系运行当中具有庞大的现实适用需求。

劳动法是保障和改善民生的重要基石，丰富的劳动法实践既对劳动法典编纂提出了新要求，也为劳动法典编纂提供了鲜活的现实素材和经验。劳动法治持续推进对编纂劳动法典提出了现实需求，而这正是劳动法典编纂的正当性基础。

（四）劳动法学研究不断丰富，为劳动法典编纂提供了理论支撑

法典不是立法者主观臆断的产物，而是法律科学长期发展的结果，能否制定出一部高质量的法典，在一定程度上取决于法学研究水平的高低。[1]通过多年的积累和传承，劳动法学界聚集了一大批从事法学研究的专家学者，研究队伍不断扩大，理论研究空前繁荣，并推出了一系列具有理论创新和实践价值的研究成果，这些成果为劳动法典编纂提供了理论支撑。劳动法典编纂过程中的核心问题，包括体系构建、确立概念术语、制度安排和规则设计，都需要学者的研究提供必要的理论准备和智力支持。随着劳动法的发展，我国劳动法学研究范式获得重大突破，在价值观念上确立了倾斜保护劳动者的理念，达成了劳动法作为保护劳动者基本权利法的共识，在劳动法定位上完成了从国家本位到社会本位的转变，在调整模式上实现了从单一模式到个体自治、团体自治和国家强制三种模式共存的转变。[2]近年来劳动法学理论研究持续拓展深入，基础理论方面对劳动关系的从属性特征、劳动合同作为关系型契约的属性、劳动法的倾斜保护价值立场、劳动权理论、劳动自由原则、解雇保护理论、反就业歧视等成果丰富；法律适用方面围绕劳动关系运行的全过程，探讨劳动合同的订立、履行、变更、解除和终止过程出现的法律问题，运用法律解释论方法，产生了一大批有

---

[1]　参见王利明《民法典编纂与中国民法学体系的发展》，《法学家》2009年第3期，第65页。
[2]　参见林嘉、邓娟《论我国劳动法范式的转变》，《政治与法律》2009年第7期，第2~12页。

分量的研究成果；制度创新方面着眼于劳动力市场多元化发展，为新就业形态等灵活就业方式提供法治指引，积极应对人工智能时代对劳动法带来的挑战与机遇。近年来若干高校陆续设立了社会法二级学科，中国法学会成立了中国社会法学研究会，具有社会法属性的劳动法逐渐从民商法、经济法等部门法中分离出来，创建了自己的学科内容和体系。随着社会法学专业的独立化和学科化发展，劳动法学研究队伍不断壮大，研究成果愈加丰富，将为劳动法法典化提供更多的理论支撑和智力支持。

综上，随着我国劳动法律制度的发展，劳动立法已逐步形成了比较完备的劳动法律规范体系，劳动司法实践积累了丰富经验，劳动法律服务取得显著进步，劳动法学理论研究正值旺盛时期，全社会劳动法治观念普遍增强，为编纂劳动法典奠定了良好的制度基础、实践基础、理论基础和社会基础。

四　编纂劳动法典的体系与路径

（一）体系建构

法典编纂是一个浩大的系统工程，首先需要对法典的体系建构进行研究和设计。自 1896 年《德国民法典》以降，"总分"结构成为大陆法系国家法典编纂的典范，通过总则编抽象出各分则部分共同适用的法律原则，法律关系的主体、客体、法律行为等，从而使得法典各篇章之间形成逻辑严密的有机体。我国《民法典》编纂也采取了"总分"结构，共 7 编 1260 条，"就内部体系而言，民法典按照'总—分'结构，形成由总则、物权、合同等构成的完整体系"。① 就劳动法典而言，根据劳动法的内在体系和法典编纂的科学性，劳动法典编纂的体系结构亦应采"总分"结构。

总则编是劳动法典的总纲，纲举目张。通过制定总则编，运用"提取公因式"的办法，提炼劳动法律制度中具有普遍适用性和引领性的基本原理和规范，汇编成"劳动法总则"，构成统领整个劳动法典并且普遍适用于劳动关系运行各个阶段的基本规则，成为劳动法典中最基础的部分。劳动

---

① 王利明：《民法典的时代意义》，《人民检察》2020 年第 15 期，第 2 页。

法典总则应包括立法目的、适用范围、法律原则、劳动关系的认定、劳动关系主体界定、劳动者的权利和义务、用人单位的权利和义务、政府在调整劳动关系中的职责、劳动关系三方机制的组成和运行等一般规则。其中，应重点在以下方面作出明确。一是劳动法典的适用范围。在劳动法的适用范围方面，我国《劳动法》《劳动合同法》的调整对象均为"在中华人民共和国境内的企业、个体经济组织（以下统称用人单位）和与之形成劳动关系的劳动者"，体现出我国劳动法建立在以工厂劳动为模型的典型劳动关系基础之上，排除了大量灵活就业人员的劳动法保护，保护范围较为狭窄。很显然，当前我国劳动法律规范调整范围已无法适应新时代劳动力市场的发展需要。编纂劳动法典，可以在总则中单设一条对灵活就业人员中具有一定从属性的劳动者的适用进行规定，在分则中通过专设一编"特别劳动者保护"规定灵活从业人员享有的基本劳动权保护内容。二是规范指引劳动关系的认定。认定劳动关系是适用劳动法的基本要件，法律应当对什么是劳动关系予以界定，并对劳动关系的认定作出规范指引。目前理论界和实务界对劳动关系认定基本是以从属性为要件展开，包括人格从属、经济从属和组织从属，具体而言，要看双方是否具有管理关系、是否具有经济依赖性、是否为单位业务的组成部分。劳动关系判断不应当是形式判断和机械判断，而是实质判断和个案的综合考量。三是应当界分不同类型的劳动者。目前我国劳动法没有区分不同类型劳动者，导致劳动法倾斜保护原则在法律适用中出现分歧，典型者涉及公司高管的法律适用问题，可以通过定义高管的概念排除高管对部分劳动法条款的适用，如不签订劳动合同的双倍工资、加班工资、支付法定经济补偿金、违约金条款的限制等。另外，新业态从业劳动者、家务劳动中家政工人以及各类雇佣关系中的劳动者也应当予以明确，这部分劳动者或者因为不能完全认定为劳动关系，或者没有劳动法界定的用人单位，但劳动过程都存在一定管理关系，具有显著的经济依赖性，对于这类劳动者可与典型劳动关系的劳动者作区分，但都应当给予基本的劳动权利保护。四是要顺应时代的发展和人权保护的观念，明确对劳动者人格尊严、劳动权平等、反就业歧视等基本规则作出规定，彰显现代劳动法的理念。

劳动法分则应当在劳动法固有的科学体系和逻辑秩序中展开。劳动法分则体系主要包括劳动就业法、劳动合同法、集体劳动关系法、劳动基准法、特别劳动者保护、劳动权利保障和救济法等。其中，劳动就业法主要包括就业促进法、反就业歧视法、职业培训法、就业服务法和就业管理法；劳动合同法主要规范劳动合同的订立、履行、变更、解除、终止等内容，以我国现行《劳动合同法》为主并对其内容加以修改和完善；集体劳动关系法主要包括集体协商、集体合同、工会、雇主协会和企业民主管理等内容；劳动基准法主要包括工时和休假法、工资法、劳动安全和职业健康法、女职工未成年工和残障职工特殊保护法等；特别劳动者保护主要针对上文提到的典型劳动关系外的劳动者保护作的特别规定，包括新业态从业人员、家政工人、形成雇佣关系的劳动者等，保护的范围以劳动者的劳动基本权为内容而展开，包括最低工资支付、休息权保护、劳动安全和职业健康保护、社会保险权利等；劳动权利保障和救济法主要包括劳动监察法、劳动争议调解仲裁法、法律责任等内容。

（二）路径选择

劳动法典编纂既要对体系结构进行充分的论证和顶层设计，又要针对编纂法典的现实需求进行路径选择。由于我国目前劳动法律体系还存在一定的短板和不足，就编纂我国劳动法典路径而言，宜采取"先补齐单行法、后编纂劳动法典"的"两步走"路径，即第一步，补齐劳动法律体系中明显缺失的内容，完成劳动法律规范的体系化整理。我国劳动法体系中明显存在缺失的有劳动基准法、集体合同法等，目前劳动基准法已列入全国人大常委会立法规划，有关部门正在启动劳动基准法起草工作，对编纂劳动法典将起到积极的推动作用。第二步，实现劳动法典的编纂。制定单行法的同时，可以适时启动劳动法典的编纂工作。尽管对法典编纂而言要以单行法为基础，但我们所谓法典化采取的是编纂整合式立法而非汇编合并式立法，因此，在编纂法典时，可以将需要完善的相关内容直接规定在法典中，《民法典》制定中的"人格权"编就是一典型例子。通过编纂劳动法典，可以将目前劳动法体系中需要完善的内容如就业歧视法、集体劳动法、特别劳动者保护法直接予以规定，补齐相关的法律短板，最终实现劳动法体系的科学化和规范化。

结　语

在坚持和完善中国特色社会主义制度、全面推进依法治国、推进国家治理体系和治理能力现代化的新征程中，编纂劳动法典具有重大而深远的意义。编纂劳动法典，是对我国现行的劳动法律制度规范进行系统整合、编订纂修，形成一部适应新时代中国特色社会主义发展要求，符合我国国情和实际，体例科学、结构严谨、规范合理、内容完整并协调一致的法典。编纂劳动法典，是对我国劳动法体系与劳动法治理进行的全面反思与重构，通过提炼总则和制度统合，实现劳动法律规范的体系化构建，确保劳动法体系的统一性、协调性与前瞻性，为构建中国特色的劳动法律制度提供顶层设计与制度创新。编纂劳动法典，有利于形成更加完备的劳动权利体系，不断完善劳动关系协调机制和救济规则，形成规范有效的权利保护机制，对于更好地维护劳动者权益、促进人的全面发展、全面建成社会主义现代化强国具有十分重要的意义。

On China's Codification of Labor Law

(Lin Jia)

Abstract: Labor law codification should be a process that begins with a summary of China's mature experience in labor legislation, jurisdiction, and law enforcement, then moves on to systematic compilation and revision of current labor laws, and finally codifies the relevant labor laws and regulations into a comprehensive Labor Code. The compiling of the Labor Code is beneficial to the scientific, systematic and standardized development of labor law with Chinese characteristic, maintaining labor law and regulation unity, and replacing labor law and regulation deficiencies. The compiling of the Labor Code should be led by Xi Jinping's thought on rule of law and should continue to advance on the basis of China's current labor legal system, labor rule of law practice, and labor law research. According to China's national circumstances and rule of law characteristics, the system structure for compiling the labor code should adopt a " General Provision-Subsection " structure and a " Two-Step " approach by complementing individual laws first and then compiling the labor code.

Keywords: The Labor Code; Codification; Systematization

叶 姗

中山大学法学学士、法学硕士，中国人民大学法学博士，北京大学法学博士后。研究领域涉及财税法、经济法与社会法理论、规制与竞争。现为北京大学法学院教授、博士生导师，兼任北京大学税法研究中心主任、北京市政府立法工作法律专家委员会委员、中国人文社科评价期刊评价（AMI）专家委员会委员、中国法学会经济法学研究会常务理事、中国商业法研究会常务理事等。在《中国法学》《中外法学》《法学家》等刊物发表论文50余篇，著有《增值税法的起草与设计》《税收利益的分配法则》《社会保险法》《财政赤字的法律控制》等专著，主持完成国家社科基金与教育部人文社科研究项目、北京市社科基金，以及教育部、司法部、中国法学会、最高人民法院、国家发展改革委、国家税务总局等部门的课题多项。

增值税法建制的数字经济情境、基础及构造[*]

叶　姗[**]

摘　要： 于增值税这一最能筹措财政收入的税种而言，无论怎样强调增值税法立法的重要性都不为过，然而，增值税法的建制是一道非常重要而又内容庞杂、问题繁复的技术性难题。特定的法律问题决定了特别的研究目标、进路和方法，也预示着其可能取得的理论突破和制度创新。在消费型增值税制下，增值税纳税义务主要由经济流转链条诸环节的销售方履行，终端零售环节的购买方则承担前述所有环节的增值税税收负担的总和。增值税法的建制，需要充分考量适应甚或促进数字经济发展、继而提高宏观经济治理能力的制度诉求，在其立法目的条款中明确征收增值税的主要目的是有效筹措财政收入且同时兼具一定的宏观调控功能，遵循法定性、绩效性、适度性的建制原则，尽其所能明确设定诸项基本课税要素，通过精巧的税制设计促使纳税人最大程度地遵从规范或几乎不可能作出不遵从的决定。为此，增值税法的建制应侧重设定增值税纳税义务的成立要件和确定程序，以适应数字经济的崭新情境并促进其有效发展。

关键词： 增值税法；税收法定原则；数字经济情境；制度基础；体系构造

继农业经济、工业经济后，人类社会迎来了数字经济（digital economy）这一崭新的经济形态，其关键生产要素亦从"资本"和"技术"拓宽至

　＊　本文源于笔者主持的国家社科基金一般项目（项目编号：17BFX201）的结项成果《增值税法的起草与设计》（法律出版社，2023）。

＊＊　叶姗，北京大学法学院教授、博士生导师。

"数据"。数据生产要素发挥关键作用，深刻改变了经济组织、社会关系和行为模式。在这一情境下制定增值税法，不仅要重点解决好增值税这一滥觞于工业经济时代的税种在落实税收法定原则的过程中亟须主动解决的诸般立法难题，而且要有效回应和高度适应数字经济时代发展客观需要。就税收收入总体规模而言，增值税堪称第一大税种，尽管既有税制的设计极为复杂，但立法进程势必引发各方热议：财政部、税务总局起草《增值税法（征求意见稿）》后，即于 2019 年 12 月公开征求意见；经修改而得的《增值税法（草案）》，于 2022 年 12 月提交给全国人大常委会审议后，其后公开征求意见；全国人大常委会 2023 年 8 月二次审议后再次公开征求意见。尽管"增值税税制要素基本合理，运行比较平稳。制定增值税法，总体上按照税制平移的思路，保持现行税制框架和税负水平基本不变"，[①] 但是，征求意见的频次高、意见分歧大，充分展现了社会各界对增值税法建制的重视程度如此之高。

我国在 20 世纪 70 年代末 80 年代初引入增值税，经过数十年的发展，从不规范的生产型税制逐渐发展到规范的消费型税制，但增值税法尚未制定。在数字经济情境下，再次重申增值税计征的中性原则、因应增值税征管所仰赖的客观经济发展条件及其想要实现的宏观治理目标，仍然是十分必要的。诚如经济合作与发展组织（OECD）在《应对数字经济的税收挑战》（Addressing the Tax Challenges of the Digital Economy）报告中所指出的那样："由于数字经济正在日益成为经济自身，为了税收目的，想要将数字经济从其他经济中进行限定即使不是不可能，也是很困难的。"[②] 正因如此，研究增值税法建制问题，理应特别注重数字经济对增值税制改革和完善带来的重大制度挑战。增值税法建制不仅是落实税收法定原则、促进数字经济发展、改善经济治理绩效的收官大作，而且是具有重要学术价值的理论命题。

一　数字经济的崭新情境

增值税是现代市场经济国家的主流税种，堪称名副其实的"良税"，最

---

① 全国人大常委会《关于〈中华人民共和国增值税法（草案）〉的说明》（2022）。
② OECD, BEPS, Addressing the Tax Challenges of the Digital Economy, 2015, p. 11.

先开征于 20 世纪 50 年代的法国，此后，短短数十年间风靡全球，它不仅在税收征收的经济效率上的表现出类拔萃，而且在相当大程度上兼顾了税收负担的公平分配。如学者马克·布隆费尔德、马戈·索宁所言："增值税不仅是一种相当简单的税种，而且可能是当今世界上最受欢迎的税种。"① "估计不用太久，基本上所有的国家均会采用增值税；但是，由于技术上的原因，增值税可能不太适合一些很小的岛屿国家，而且因为政治方面的原因，美国可能会继续拒绝采用该税。"② 税制改革源源不息，一个国家的财政状况往往是触发其启动税制改革的重要因素。增值税非常引人注目，其计征原理十分精巧，可以说是各国出现财政困难问题时最有可能考虑开征的税种。法国开征增值税的重要原因是当时出现巨额财政赤字，而我国引入增值税的主要理由也不谋而合：作为一种间接税，增值税可以在很大程度上满足国家的财政筹资需求，以弥补普遍施行企业所得税优惠政策和个人所得税收入规模乏善可陈而造成的收支缺口。

增值税是各国普遍设立的商品税税种，可谓 20 世纪下半叶全球税制结构改革最具标志性意义的事件，而这得益于彼时因第三次工业革命推动而出现的经济起飞、发展加速的时空背景条件，可以有效解决销售税等传统税种因进项税额不予抵扣而导致的重复征税问题。"最纯粹的增值税是对所有最终消费货物或服务的行为征税。虽然归根结底增值税是对最终消费征税，但货物或服务供应商需承担向税务机关汇缴税款的义务。增值税按照每个供应商向其客户收取货物或服务价格的一定比例征收。增值税一般通过增值税进项扣除制度，将实际最终税负转嫁到最终消费者身上，从而减轻直接供应商的税收负担。"③ 美国是 OECD 成员国中唯一没有设立增值税的国家，某种程度上说，其税制结构过于依赖所得税，尽管总有议员建议适时引入增值税，然而，"在路径依赖与政治压力的影响下，当面对缓解财政赤字的任务时，无论哪个党派执政，美国政府往往都习惯性地在税制改

---

① 参见 David Williams, "Value-added Tax", in Victor Thuronyi ed., *Tax Law Design and Drafting* (Vol. 1), Washington D. C.: International Monetary Fund, Publication Services, 1996, p. 164。

② 〔美〕维克多·瑟仁伊：《比较税法》，丁一译，北京大学出版社，2006，第 317、309 页。

③ 荷兰国际财税文献局（IBFD）：《IBFD 国际税收辞汇》（第 7 版），《IBFD 国际税收辞汇》翻译组译，中国税务出版社，2016，第 479 页。

革中选择'通过增加一种所得税来为削减另一种所得税提供资金'的路径，而非'引入新税种如增值税'的路径"。①

　　无论是从财政收入的筹措效率高低还是纳税人的税负痛苦程度来衡量，增值税都可以说是人类社会有史以来最受瞩目、普及最为迅速的一个税种。"增值税的兴起堪称税收史上一绝。没有别的任何税种能像增值税那样在短短的时间里从理论到实践横扫世界"，② 各国的税制实践证明增值税是非常成功的税种，有学者将其称为"半个世纪以来最成功的财政创新……或许还是使国家税收收入显著增长的最经济有效的途径"。③ "增值税在世界范围内的扩张速度超过任何一项新税种"，④ 其根本原因在于增值税制的设计精妙绝伦。增值税在性质上属于消费课税——对最终消费环节所课征的税种，但是，其税收负担按照经济流转链条的各个环节的增值额进行分配。"有必要对增值税制度进行修改，即建立简洁、明确、均衡、中性和可持续的增值税/消费税制度"，"当务之急是设计一个让所有利益相关方都能参与的解决方案，并为所有企业创造一个公平的竞争环境。步入数字经济时代，不能因全球增值税/消费税的解决方案的不完善而限制创新者、初创企业或想利用全球经济优势的企业的发展"。⑤ 于我国而言，在数字经济时代制定增值税法，更不可能忽视数字经济这一崭新的情境。

　　数字经济的范畴产生于 20 世纪 90 年代中后期，亦称互联网经济、网络经济，是一种基于数字技术的经济形态。"现代信息技术革命和第四次工业革命促进数字经济时代的到来，随着移动互联网、AI（人工智能）大数据、云计算等数字技术在全球范围内的迭代升级和广泛应用，人类正式步入数

---

① 朱恒鹏、孙梦婷：《美国税制何以失衡——以增值税为线索》，载吴敬琏主编《比较》2023 年第 2 辑，中信出版集团，2023，第 126~127 页。
② 〔美〕爱伦·A. 泰特：《增值税——国际实践和问题》，国家税务局税收科学研究所译，中国财政经济出版社，1992，第 4 页。
③ 美国学者 Bird 的观点，转引自〔英〕詹姆斯·莫里斯、英国财政研究所《税制设计》，湖南国税翻译小组译，湖南人民出版社，2016，第 165 页。
④ 〔美〕艾伦·申克、维克多·瑟仁伊、崔威：《增值税比较研究》，熊伟、任宛立译，商务印书馆，2018，第 1 页。
⑤ 〔奥〕迈克·兰、〔比〕伊内·勒琼主编《全球数字经济的增值税研究》，国家税务总局税收科学研究所译，经济科学出版社，2017，第 226~227 页。

字时代。"① 美国最早意识到以电子商务为核心的数字经济很有可能成为未来经济发展的新的增长引擎。美国商务部 1998 年、1999 年发布了同名研究报告——《浮现中的数字经济》（The Emerging Digital Economy），2000 年发布了名为《数字经济 2000》的研究报告。"数字经济的生命力在于基于生产信息技术的产业——提供信息技术产品和服务用来进行业务处理，支持互联网和电子商务的企业。"② 在以信息和通信技术为根本的第四次工业革命浪潮中，美国的"工业互联网"、德国的"工业 4.0"、欧盟的"塑造欧洲数字未来"、中国的"互联网+"行动等经济发展战略最具标志性意义。尤为值得一提的是欧盟 2022 年通过的《数字市场法案》（Digital Market Act）与《数字服务法案》（Digital Service Act）。

二十国集团（G20）杭州峰会 2016 年通过了《G20 数字经济发展与合作倡议》，这是全球第一个由各成员国领导人共同签署的数字经济政策文件。"数字经济是指以使用数字化的知识和信息作为关键生产要素、以现代信息网络作为重要载体、以信息通信技术的有效使用作为效率提升和经济结构优化的重要推动力的一系列经济活动。"③ 联合国贸易和发展会议发布的《数字经济报告 2021：数据跨境流动和发展：数据为谁而流动》（Digital Economy Report 2021：Cross-border Data Flows and Development：For Whom the Data Flow）指出："美国和中国在利用数据的价值方面处于领先地位，它们拥有世界上 50% 的超大规模数据中心，世界上最高比例的 5G 使用率，人工智能初创公司所有资金的 94%，世界上最大的数字平台市值的 90%。数据作为经济和战略资源发挥着越来越重要的作用，跨境数据流动是一种新型的国际经济流动，在国际层面规制数据流动变得更加紧迫。"④ 2021 年 11 月，我国向《数字经济伙伴关系协定》（Digital Economy Partnership Agreement，

---

① 张建锋、肖利华、许诗军：《数智化：数字政府、数字经济与数字社会大融合》，电子工业出版社，2022，第 9~10 页。

② U. S. Department of Commerce, Digital Economy 2000, https://www.commerce.gov/sites/default/files/migrated/reports/digital_0.pdf, last visited on Mar. 1, 2024.

③ 二十国集团（G20）杭州峰会：《G20 数字经济发展与合作倡议》。

④ U. N. Conference on Trade and Development, Digital Economy Report 2021: Cross-border Data Flows and Development: For Whom the Data Flow, 2021, p. 1. 该报告在 2018 年之前称为《信息经济报告》。

DEPA）提出加入的申请。尽管这一协定是由新加坡、智利、新西兰三国于2020年6月签署的超小型的国际公约，目的在于加强国家间数字贸易合作并建立相关规范的数字贸易协定。我国的决策极具前瞻性。

数字经济时代的帷幕初启，数字经济逐渐成为全球经济发展的新引擎，数字经济（包括税收）的立法方兴未艾。① 唯有加快数字经济立法，在发展中规范、在规范中发展，② 我国方有可能做强做优做大数字经济。党的二十大报告明确提出加快建设网络强国、数字中国，加快发展数字经济。2021年10月，习近平总书记在主持中央政治局第三十四次集体学习时强调：“要完善数字经济治理体系。健全法律法规和政策制度，完善体制机制，提高我国数字经济治理体系和治理能力现代化水平。”数字经济“是由数字技术支撑起来的经济活动”，“以使用数字化的知识和信息作为生产要素，以现代信息网络作为重要载体，以通信技术、人工智能计算技术的有效使用作为效率提升和经济结构优化的关键动力”。③ 我国是世界上规模仅次于美国的数字经济大国，既是生产大国，又是消费大国。“加快数字化发展、建设数字中国”是当前最重要的经济发展战略：迎接数字时代，激活数据要素潜能，推进网络强国建设，加快建设数字经济、数字社会、数字政府，以数字化转型整体驱动生产方式、生活方式和治理方式变革。④

“数字经济”一词，早期散见于以下著述中：美国经济学家李·麦克奈特和约瑟夫·贝利根据1995年麻省理工学院举办的互联网研讨会的发言稿编撰而成的《互联网经济学》；被誉为“数字经济之父”的加拿大学者唐·泰普斯科特1995年出版的《数字经济》。⑤ 数字经济一般是指基于数据运算

---

① 全国人大财政经济委员会对关于制定数字经济法的议案进行了审议；2018年建议，国家发展改革委、工业和信息化部等部门先行完善相关法律法规，待条件成熟后再考虑是否制定综合性法律；2020年建议，通过完善现行法律法规实施细则和办法，或制定相关法规规章和标准规范，解决议案所提问题。

② 2021年，全国头两部数字经济地方性法规《浙江省数字经济促进条例》《广东省数字经济促进条例》施行。此后，河南、江苏、贵州、上海、福建、安徽、北京等先后出台数字经济的促进或发展条例。

③ 姚建明主编《数字经济规划指南》，经济日报出版社，2020，第5~6页。

④ 参见《国民经济和社会发展第十四个五年规划和2035年远景目标纲要》第五篇《加快数字化发展　建设数字中国》。

⑤ 参见刘西友《新治理：数字经济的制度建设与未来发展》，中国科学技术出版社，2022，前言第1页。

和互联网技术应用的经济活动。对于何谓最优的数字经济发展模式，有学者提出将德国的"社会市场经济理论"应用到数字经济时代，为好的经济发展模式提供一个标准，即数字经济的发展要促进社会福利的最优化，而社会福利最优化的源泉则是要保持数字经济充分竞争。① "尽管数字经济中的'数字'容易使人联想到'虚拟经济'，但如果我们从电力、IT 技术的角度来理解数字经济，那么，我们会发现，'数字'代表的是数字技术，是通用技术，并非虚拟经济，数字经济其实是新实体经济。"② 正因为"数字经济日益成为经济本身"，滥觞于工业经济时代的增值税在立法上理应根据数字经济的特征和诉求进行适应性的改造。起草一部数字经济时代的增值税法，当前可谓"恰逢其时"。

近年来，国家逐渐认识到发展数字经济的必要性和紧迫性，出台了一系列经济政策回应数字经济发展所产生的制度诉求。"数字经济发展速度之快、辐射范围之广、影响程度之深前所未有，正推动生产方式、生活方式和治理方式深刻变革，成为重组全球要素资源、重塑全球经济结构、改变全球竞争格局的关键力量。"③ 2020 年，我国数字经济核心产业增加值占国内生产总值（GDP）比重达到 7.8%，计划到 2025 年提升至 10%，数字技术与实体经济深度融合取得显著成效，数字经济治理体系更加完善；到2035 年，力争形成统一公平、竞争有序、成熟完备的数字经济现代市场体系。④ 数字经济对增值税制未来的发展将有着极其深远的影响，在这样的情境下制定增值税法，奠定了在理论创新上的必要性、可能性和可行性，以及在制度设计上的应时性、应景性和渐进性。因此，增值税法建制必须对工业经济时代制定和改进增值税法的考量因素与实施增值税法的稽征经验进行梳理、理论提炼与制度再造。"数字经济的本质是基于新技术应用的连接、联结和协同，深刻影响着经济活动的生产过程、交易过程，并导致主

---

① 参见〔德〕阿希姆·瓦姆巴赫、汉斯·克里斯蒂安·穆勒《不安的变革：数字时代的市场竞争与大众福利》，钟佳睿、陈星等译，社会科学文献出版社，2020，"序"，第 1~3 页。
② 袁国宝：《数字经济：新基建浪潮下的经济增长新引擎》，中国经济出版社，2021，第 11 页。
③ 《国务院关于印发"十四五"数字经济发展规划的通知》（国发〔2021〕29 号）。
④ 参见何立峰《国务院关于数字经济发展情况的报告——2022 年 10 月 28 日在第十三届全国人民代表大会常务委员会第三十七次会议上》。

体间网络外部性的产生以及数字经济运行基础的变化。"[①]

我国的数字经济处于蓬勃发展的状态。"'数字经济'作为一个整体，包含了新的数字技术、新的经济活动处理过程和新的经济活动组织方式，也将带来新的经济效果。数字与数字技术将在整个经济活动中发挥巨大的作用。"[②] 自 2011 至 2020 年间，全球数字经济规模总量增长 4.12 倍；2021 年数字经济规模超过 45 万亿元，占国内生产总值（GDP）的比重超过 40%。[③] 尽管我国数字经济仍有很大的发展空间，然而，未来已来，数字经济对立足于纸质文本的传统税制的挑战是全方位的。与工业经济时代相比，数字经济深刻地改变了交易的撮合、达成和履行的过程，可能给供给端、需求端和市场端都带来积极的结构性变化。"跨国数字企业的价值产生地与其利润征税地存在一定程度的不匹配。数字消费国的数据和用户参与到价值创造的过程，而利润却可能归属于数字输出国或其他第三方国家。数字企业利用价值和利润创造对无形资产的高度依赖性向低税地转移利润，严重侵蚀一国税基。"[④] 传统税制难以完全适应数字经济情境下的交易，"在税制设计和税收征管上，应做到扩大税基、实质公平、简单透明、促进遵从，逐步转向以所得税和消费税为主体的符合数字经济发展的税制"。[⑤]

概括而言，"数字经济为现行国际税收体系带来四大挑战：第一，数字经济是无国界的，它使企业可以远程在全球从事商业活动。第二，数字经济给新的收入来源如何定性带来困难。第三，尽管数据成为数字经济中重要的价值来源，但是，税收体系难以确定从数据取得的所得。第四，各国应否有权

[①] 张建锋、肖利华、许诗军：《数智化：数字政府、数字经济与数字社会大融合》，电子工业出版社，2022，第 14 页。

[②] 汤潇：《数字经济：影响未来的新技术、新模式、新产业》，人民邮电出版社，2019，第 4 页。

[③] 2022 年，测算的 51 个国家数字经济规模达 41.4 万亿美元，占 GDP 比重为 46.1%。从规模看，美国、中国数字经济规模分别是 17.2 万亿美元和 7.5 万亿美元，位列世界前两名；从占比看，英国、德国、美国数字经济占 GDP 比重均超过 65%。参见中国信息通信研究院《全球数字经济白皮书（2023 年）》，https://www.hulianhutongshequ.cn/upload/tank/report/2024/202401/1/f02262e0ec534c399d1bc0452c918c48.pdf，最后访问日期：2024 年 3 月 1 日。

[④] 刘西友：《新治理：数字经济的制度建设与未来发展》，中国科学技术出版社，2022，第 129~130 页。

[⑤] 袁国宝：《数字经济：新基建浪潮下的经济增长新引擎》，中国经济出版社，2021，第 270 页。

对基于本国客户和用户所形成市场的数字产品和服务行使征税权？"① 我国想成为推动全球数字经济发展的重要力量，除了要在数字技术、标准专利、治理规则上继续不懈努力、争取获得更大的制度优势外，鉴于"数字经济日益成为经济本身"，制定一部适应数字经济情境甚或促进数字经济发展的增值税法，必然成为我国当前最重要的经济立法项目，"数字经济对增值税的征收也带来了挑战，特别是个人消费者向国外供货商购买商品、服务和无形资产的情况"，"对跨境交易征收 VAT 或 GST 是很重要的，建议各国和地区适用《国际增值税/商品和服务税指南》的原则且考虑引入其中的征收机制"。② 在数字经济情境下，最有可能出现的 BEPS 问题是向免予缴纳增值税的纳税人和从事增值税免税交易的跨境纳税人线上提供数字服务。此时，税收负担不太可能按照增值额进行分配。

二 税法建制的制度基础

增值税的计征原理很简单——对商品和服务在经济流转链条诸环节增加的价值额征税。"增值税是逐环节征收的，即对每个环节的增值额征税"，"购进时产生的进项税可抵扣，销售时产生销项税，二者的差额为本环节应缴的增值税"，"增值税是通过企业逐环节征收的，但增值税的税负并不由企业承担"。③ 增值税是一种典型的间接税，其纳税义务通常配置给经济流转链条诸环节的销售方，但销售方可以将其已支付或承担的税额计入交易价格，从而将其预先担负的税负转移给购买方，使得后者真正承担了增值税的税收负担，直至全部转嫁给终端环节的消费者。上述计征原理既是增值税具有极高筹资效率的原因，也是美国的决策者始终未能作出决定开征增值税的理由。"美国政治体制导致其决策机制极为复杂，政策选择和决策过程中面临的否决点众多"，"增值税往往由具有不同利益乃至利益相互冲

---

① 〔美〕布莱恩·J. 阿诺德：《国际税收基础》（第 4 版·中英双语），《国际税收基础》翻译组译，中国税务出版社，2020，第 516 页。

② OECD BEPS, Addressing the Tax Challenges of the Digital Economy, 2015, p. 13. BEPS 是 Base Erosion and Profit Shifting（税基侵蚀和利润转移）的简称。

③ 经济合作与发展组织：《消费课税趋势：增值税/货物服务税和消费税的税率、趋势以及管理问题》（2012 年版），财政部税政司译，中国财政经济出版社，2014，第 15 页。

突的个人或团体来提议，其结果是没有一个利益团体能始终如一地推动引入这一税种。处于制度性权力体系的行为人往往会质疑增值税的优点，或者美国决策制度实现这些优点的能力"。①

各国增值税制主要可以概括为三大类型：欧盟的传统税制（增值税制）、新西兰等国的新型税制（商品和服务税制）和日本等国的特别税制（广义的消费税制），它们出现于世界增值税制度发展史的不同时期，与各国的税制结构和税法体系有着高度的相关性。我国引入增值税，参照的域外立法样本主要是欧盟成员国的增值税法，同时，也基于本国国情与自身的税制结构、税法体系而创设了别具一格的增值税制。与此同时，经过几十年的不懈努力，不断调整增值税征收范围和计税依据，持续推进增值税制改革，初步建立了规范的消费型增值税制。有鉴于此，在当前的数字经济情境下起草增值税法，不可能推倒重来，其立法过程必然是也应当是以整合目前过于复杂细碎的增值税制为基础，在"优化税制结构，健全直接税体系，适当提高直接税比重"②的整体税制改革目标指引下，继续完善现代增值税制；在立法完成后，还要继续适度降低标准税率、合并低税率档次并明确其适用范围、合理设置税收轻免课措施，完善增值税抵扣机制、特殊行业课征规则和设置反避税措施等。

1997 年，OECD 及其商业咨询委员会（Business and Industry Advisory Committee）与欧盟委员会、芬兰政府、日本政府共同召开题为"消除全球电子商务壁垒"的国际会议，OECD 财政事务委员会（Committee on Fiscal Affairs）提交了名为《电子商务：对税务机关和纳税人的挑战》的报告。"从全球增值税制度的角度来看，使用电子商务平台销售货物一般不会产生新的或独特的问题"，"对于网络销售……一些主流网络平台允许未做税务登记的个人建立虚拟商店出售货物"，"与其确保众多小型销售商按规定纳税，不如侧重于针对交易平台制定征收和处罚规定以避免其被使用他们服

---

① 朱恒鹏、孙梦婷：《美国税制何以失衡——以增值税为线索》，载吴敬琏主编《比较》2023 年第 2 辑，中信出版集团，2023，第 127 页。
② 《国民经济和社会发展第十四个五年规划和 2035 年远景目标纲要》（2021）。

务的零售商当作逃税的工具"。① 次年的渥太华部长级财政会议，就跨境服务交易的税收规则确立了"渥太华税收框架性条件"（taxation framework conditions），包括税收中性、税收效率、高效性、从简性和灵活性等。数字经济情境下的商业模式推陈出新，其中，有形商品的跨境交易与传统的交易磋商和支付渠道没有太大的差别，仍然需要进出关境、通过检验检疫等，因此，进口环节增值税由海关代为征收即可；而无形商品和服务的跨境交易则可能造成海关难以识别和监管上述交易的不利影响，亟须通过增值税制改革乃至税法修订作出积极回应。"经济数字化大大提升了企业从其他国家和地区取得广泛的服务和无形资产的能力，从而真正实现全球部署和运作。这些发展允许免税企业避免或减少因享受免税而不能抵扣的进项税额"，"企业可能通过一定的架构使得远程提供服务和无形资产的免税不承担或只承担很少增值税的方式达到 BEPS 目的"。②

尽管各国制定增值税法均基于同样的计征原理，但复杂程度相距甚远，它们实施增值税制改革和推动增值税法发展的目标、方向、步骤和基本逻辑、具体制度皆不尽相同。鉴于商品和服务领域容易发生跨境交易，各国增值税法在营造一流营商环境、筹措充足财政收入等方面有着异曲同工的制度功效。自 1995 年起，OECD 每两年发布一次《消费课税趋势：增值税/货物服务税和消费税的税率趋势以及管理问题》报告。据此，OECD 成员国的消费课税收入一般保持在 GDP 的 10.3% 左右，通常占其税收收入的 30%左右。此所谓消费课税，分为商品和服务的一般税以及特定商品和服务税，前者又称一般消费税，包括增值税、商品与服务税、销售税和其他类似税种，后者包括消费税、关税和进口税、特定服务税等。③ 上述报告主要涵盖增值税、零售税与消费税等。OECD 还发布了《国际增值税/商品与服务税指南》和《税基侵蚀与利润转移（BEPS）》第 1 项行动计划《应对数字经济的税收挑战》。"对于跨境交易，增值税法需要考量生产地原则和消费地

---

① 毕马威（KPMG）：《中国增值税体系与数字经济》，第 8、10 页，http：//www.docin.com/p-1627572233.html&stock=1，最后访问日期：2024 年 3 月 1 日。

② OECD BEPS, Addressing the Tax Challenges of the Digital Economy, 2015, pp. 93-94.

③ OECD, Consumption Tax Trends 2020: VAT/GST and Excise Rates, Trends and Policy Issues, OECD Publishing, Paris, 2020, p. 10, https://doi.org/10.1787/152def2d-en, last visited on Mar. 1, 2024.

原则，考量的标准是税收效率原则。电子商务不能因其交易或付款方式的电子化就可以获得不同于线下交易的增值税税收待遇。"[1]

欧盟 1998 年就确立了对电子商务征收间接税的准则，2000 年提出了对网络交易征收增值税的议案，2001 年欧盟成员国的财政部长会议决定，对欧盟成员国以外区域的提供商，通过互联网向其境内消费者提供数字产品征收增值税。[2] 鉴于按照服务提供商所在地的税率缴纳增值税的原则，谷歌、亚马逊、苹果、Facebook 等大型互联网公司纷纷选择在增值税税率较低的爱尔兰设立地区总部。自 2015 年 1 月 1 日起，欧盟对境内的电信、广播和电子服务实行如下税制：其一，总部设在欧盟的电子、广播和电信服务提供商（服务器所在地）要按照其消费者所在地（包括消费发生地）的税率缴纳增值税；其二，提供商无须在任何一个欧盟成员国注册，可以在任何一个成员国登录"迷你一站式"（Mini One-Stop-Shop，MOSS）增值税返还门户，注册后统一申报在各个成员国的销售情况和增值税缴纳记录，相关国家的税务机关将税收利益分配给适当的国家。美国和其他非欧盟成员国的提供商自 2003 年起要基于其消费者的居民身份而缴纳增值税，而 2015 年调整成通过 MOSS 进行纳税申报。[3]

日本自 2015 年 10 月开始对通过境外服务器购买应用程序、下载音乐和电子书等数字服务的消费行为征收消费税，当购买方是个人时，纳税人为提供数字服务的境外企业；当购买方是企业时，纳税人为接受数字服务的境内企业，而境内企业向境外企业支付的金额不含消费税。此前，只有通过境内服务器购买数字服务的消费行为才需要缴纳消费税，当然，上述新增的数字服务消费税的税收负担同样可以通过数字服务的定价转移由终端的消费者承担。韩国和澳大利亚对网络店铺和实体店铺同等征税，即两者在税制设计上是不作区分的。我国台湾地区本来仅对本地提供商提供的流媒体或下载的视频、音乐、游戏、电

---

① OECD, International VAT/GST Guidelines, Guidelines on Place of Taxation for Business-to-Consumer Supplies of Services and Intangibles, 2015, p. 1.

② 参见朱洪仁《欧盟税法导论》，中国税务出版社，2004，第 109 页。

③ 电信、广播和电子服务包括下载的和线上的游戏、电子书、下载的和流媒体播放的音乐与视频、云计算（包括随服务提供的软件）、移动电话服务、网络电话、流媒体电视、电视和广播等。参见 2015 EU VAT changes to electronic B2C services, http://www.vatlive.com/eu-vat-rules/2015-digital-services-moss/2015-digital-services-changes/，最后访问日期：2024 年 3 月 1 日。

子书、出租车预订、赌博、软件等征收 5% 的加值型营业税，但是，2017 年起对为地区内消费者提供数字服务的域外提供商加征加值型营业税，使得域外提供商的名义税收负担与地区内提供商相当。"在营业税之建制，基于税捐中立之竞争政策上的考量，其课税权的归属采目的地原则"，"网上交易应与离线交易同样课税，既不应特别优惠，也不应特别加重"，① 此所谓平等。

在数字经济情境下制定增值税法，尤其需要考虑线上跨境交易引发的税收稽征难题。"网上交易由于系利用网际网路传递电子信息的方法，缔结契约及履行债务，所以不但其交易标的无实体，网上交往之信息有隐秘性、容易匿名为之，而且其缔约和履行的地点极易操控，并甚至跨境，这些特征除引起课税权及纳税义务之归属问题外，也提高稽征机关掌握其相关课税事实的难度。"② 此外，还需要关注人工智能（AI）的发展所带来的智能机器人的性质归属问题——属于征税对象抑或有可能成为纳税人。"智能机器人正在发展自主能力，即独立于任何控制或外部影响，在外部世界作出决策和实施的能力。最终，上述机器人可以满足增值税所需的独立性标准。然而目前，只有使用人工智能和机器人提供商品或提供服务的企业，才需要缴纳增值税。"③ 我国对跨境电子商务零售进口商品按照货物征收关税和进口环节增值、消费税（合称"跨境电商综合税"，comprehensive tax on cross-border e-commerce），此时，纳税人是购买跨境电子商务零售进口商品的个人，而电子商务企业、电子商务交易平台企业或物流企业属于扣缴义务人，完税价格是实际交易价格。适用于：所有通过与海关联网的电子商务交易平台交易，可以实现交易、支付、物流电子信息"三单"比对的跨境电子商务零售进口商品；未通过与海关联网的电子商务交易平台交易，但快递、邮政企业能统一提供交易、支付、物流等电子信息，并承诺承担相应法律责任进境的跨境电子商务零售进口商品。④ 自此，海

---

① 黄茂荣：《税法各论》（第 2 版），植根杂志社有限公司，2007，第 251 页。

② 黄茂荣：《税法各论》（第 2 版），植根杂志社有限公司，2007，第 303~304 页。

③ 〔瑞士〕泽维尔·奥伯森：《对机器人征税：如何使数字经济适应 AI?》，王桦宇、孙伯龙译，上海人民出版社，2021，第 100~101 页。

④ 参见财政部、海关总署、国家税务总局《关于跨境电子商务零售进口税收政策的通知》（财关税〔2016〕18 号）。此外，财政部等部门于 2016 年 4 月 6 日、18 日发布了两批跨境电子商务零售进口商品清单（2016 年第 40、47 号公告），涵盖了跨境贸易电子商务服务进口试点期间实际进口的绝大部分商品。

关从基本免税调整到征收税率为 11% 的跨境电商综合税，跨境消费的价格必然上升，由此，跨境电商直邮物流（卖家从货物所在国直接发往目标国）的经营模式与保税备货（集中海外采购，统一由海外发至境内保税仓库）的经营模式相比，更加具有价格优势。

2016 年，欧盟发布《增值税行动计划——朝向单一的欧洲增值税地区》（Action Plan on VAT—Towards a Single EU VAT Area），列出了各成员国增值税制差距的现实和紧迫的行动，使其可以适应数字经济和中小企业的利益诉求；还提供了增值税制度的长期发展方向，有望实现增值税制现代化。该计划指出，需要克服阻碍成员国增值税制进步的根深蒂固的障碍，采取可以应对增值税税收欺诈的改革措施，赋予成员国制定增值税税率更大的灵活性，以消除税收稽征上的障碍，为欧洲企业发展提供增值税制的便利条件。[①] 自 2021 年 7 月起，欧盟实施新的跨境电商政策，旨在简化跨境电商 B2C 销售的增值税合规负担，确保增值税的征收遵循目的地原则，并实现跨境电商和欧盟实体卖家的公平竞争。具体措施如下：取消低价值商品免征进口增值税规定，欧盟境内实施通用的远程销售起征点标准，推出一站式（One Stop Shop）申报系统，明确电商平台对通过其销售货物负有增值税纳税义务的情形。[②] 欧盟要求，自 2024 年 1 月 1 日起，在欧盟境内设立的支付服务提供商及跨境电商平台（包括银行、电子货币机构、支付机构和邮局转账服务等在内）需履行监管跨境商户的责任；自 4 月 1 日起，若跨境商户每季度收到超过 25 笔跨境支付交易，支付服务提供商需要将该商户的信息传输给成员国的税务部门。[③] 除了对增值税制作出调整外，法国最先决定开征数字服务税，其制定的《开征数字服务税暨修改公司所得税降税路径法案》，追溯自 2019 年 1 月 1 日起至 OECD 就数字经济税收达成一致方案

[①] European Commission, Action Plan on VAT—Towards a Single EU VAT Area, p. 4, http://ec. europa. eu/taxation_ customs/resources/documents/taxation/vat/action_plan/com_2016_148_en. pdf, last visited on Mar. 1, 2024.

[②] 参见德勤（Deloitte）《欧盟发布跨境电商增值税新政解释性说明》，https://www2. deloitte. com/content/dam/Deloitte/cn/Documents/tax/tax-newsflash/deloitte-cn-tax-taxnewsflash-zh-201030. pdf，最后访问日期：2024 年 3 月 1 日。

[③] EC, Central Electronic System of Payment information, https://taxation-customs. ec. europa. eu/taxation-1/central-electronic-system-payment-information-cesop_en, last visited on Mar. 1, 2024.

前，对年全球营业额超过 7.5 亿欧元、法国境内营业额超过 250 万欧元的居民和非居民企业，就其来源于境内的在线广告收入、销售用于广告目的的个人数据和提供点对点在线平台服务的收入，征收税率为 3% 的数字服务税。①

三 税法建制的体系构造

增值税是以商品和服务在经济流转过程中产生的增值额为计税依据而征收的税种，"增值税对所有销售行为征税，不管是批发还是零售，但允许登记的纳税人抵扣购进货物和服务的进项税额。因此，增值税是对生产和流通中取得的增值额征税"。② 有可能依据其计税依据而命名为"增值税"，也有可能依据其征税对象——商品和服务而命名为"商品与服务税"，还有可能依据其税收负担归宿而命名为"消费税"，此外，还有个别国家称为其他税种。凡此种种，皆可概称为"增值税"，其共同特征是：允许经济流转每一环节的纳税人在计算应纳税额时从其销项税额中抵扣进项税额。"在增值税范围内，允许每个纳税人将与其交易有关的已支付的进项增值税，在其所承担的总的增值税中抵扣。增值税范围内的交易且被据此征收增值税的交易通常叫做销项，据此征收的增值税叫做销项税。产生销项的交易通称为进项，当得到进项时，所支付的增值税就叫进项税。国内增值税就等于一个人得到的销项税减去一个人支付的进项税后的余额。"③ 增值税的计税原理看上去不甚复杂。"增值税进项税可抵扣的权利是增值税制度里非常重要的要素"，"从原理上说，增值税应当由最终消费者承担"，因此，要"确保增值税税负不能由企业纳税人承担，除非法律另有明确规定"。④

基于商品和服务的消费而设计的增值税制，有别于传统上基于商品和

---

① 参见孙南翔《全球数字税立法时代是否到来——从法国数字税立法看全球数字经济税制改革》，《经济参考报》2019 年 8 月 7 日，第 8 版。

② 〔英〕詹姆斯·莫里斯、英国财政研究所：《税制设计》，湖南国税翻译小组译，湖南人民出版社，2016，第 165 页。

③ 〔美〕V. 图若尼主编《税法的起草与设计》（第 1 卷），国家税务总局政策法规司译，中国税务出版社，2004，第 183 页。

④ 经济合作与发展组织：《消费课税趋势：增值税/货物服务税和消费税的税率、趋势以及管理问题》（2012 年版），财政部税政司译，中国财政经济出版社，2014，第 1~2 页。

服务的销售而创设的销售税制，增值税纳税义务通过限定总体税收负担上限，进而按照商品和服务于每个经济流转环节的增值额而公平分配给诸环节的销售方。增值税法的设计同样要符合实质的合理性和形式的合理性，前者是指"正义（公平）与效率、税源丰富（包括弹性）"，后者是指"非显著性（包含便利性）、可行性（包括明确性、透明性、简单性、廉价性）"。① 增值税法的起草与设计，理应遵循法定性、绩效性、适度性的建制原则。法定性的要求是显而易见的，依据我国《立法法》第 11 条第 6 项的规定，税种的设立、税率的确定和税收征收管理等税收基本制度，只能制定法律。绩效性原则强调，增值税法应充分实现其最引以为傲的、堪称安身立命的筹集财政收入功能。适度性原则要求，增值税的税收负担的总体规模应适度，上述税收负担在消费者间分配要确保实现公平。此外，增值税制设计亟须解决"经营活动"概念的缺失问题，即便是在应税给付和纳税人的基本定义中也未曾提及。这一概念的重要作用在于：其一，确定个人的销售是否应缴纳增值税；其二，确定采购中缴纳的进项税是否可获得抵扣或退税。无论是确定应税销售还是可抵扣进项采购的范围，经营活动都起到一定的限制作用。②

增值税法叙事③可以从基本脉络、分配格局、续造进路等层面渐次展开，从宏观上梳理、解析、提炼增值税法的基本原理。具体而言，增值税法叙事的基本脉络始于对增值税制发轫及其变革、协调的梳理，增值税制作为现代税制的典型范例，其变革具有渐进性与阶段性的特征，而各国增值税之间的协调问题则需要置于经济治理的视域下予以解决。增值税以商品和服务在经济流转环节各个链条的增值额为计税依据，由销售方承担纳税义务，其应纳税额从销项税额中抵扣进项税额计算而得，其税收负担层层转嫁直到最后转移给终端消费者。"消费征税在中立对待'现在的消费'和'现在的储蓄'（将来的消费）方面优于所得征税。在发达国家，围绕最

---

① 陈清秀：《税法各论》（上），元照出版公司，2014，第 2~4 页。

② 参见〔美〕艾伦·申克、维克多·瑟仁伊、崔威《增值税比较研究》，熊伟、任宛立译，商务印书馆，2018，第 498~499 页。

③ "叙事"一词，参见〔美〕罗伯特·希勒《叙事经济学》，陆殷莉译，中信出版集团，2020。

佳税基的议论、平衡所得税与消费征税的议论，一直是税制改革的重要论点。"① 增值税在税收稽征效率上的表现毋庸置疑，这是其迅速成为全球性主流税种的根本原因，然而，基于课税公平原则，根据纳税主体的差异和征税客体的特质所作的制度安排，旨在实现税收负担的公平分配与税收利益的合理分配，使得各国增值税法的复杂程度与日俱增。至于国家为了促进特定区域的发展和税法规范体系的完善而专门制定的特制税法规范，则要遵循特制税法规范的生成及其权限和三重逻辑进路，既要促进发展，又要规制竞争。

增值税法的建制应遵循量能课税原则，以合理设定且公平分配税收负担，主要有两种思路：侧重于税收中性和侧重于公平课税。增值税法起草时，若在税制设计上着重考量公平课税的因素，更加契合当前"建立规范的消费型增值税制度"的税制改革目标，但是，其以税收立法直接引领税制改革的做法，技术难度相当之大，且实施效果难以预料。增值税法起草时，若在税制设计上采取以税收立法确认现行税制的做法，在立法上没有太大的技术难度，且实施效果尽在掌握之中，麻烦之处在于，想要在立法完成后继续推行税制改革，需要通过修改法律的方式来实现；继而，可以从纳税主体、征税客体、税率结构等基本课税要素，以及一般计税方法、特别措施等专有制度安排渐次展开，从微观上梳理、解析、提炼增值税法的基本原理。除了适用于一般纳税人的一般计税方法和标准税率外，实行适用于小规模纳税人和特定应税交易的简易计税方法，以及设定适用于列举商品和服务的低税率，均是基于课税公平原则的考量因素所作的特殊制度安排。"增值税是对私人消费课税的税种。增值税对消费本身不征税，而是对购买消费的开支征税，或者对该产品的公允市场价值征税。按照增值税发票抵扣法，这是通过将税款搭在销售上实现的。"② 在增值税的基准税制下，一般纳税人享有抵扣权，可以在计税时从销项税额中抵扣进项税额；

---

① 〔日〕中里实等编《日本税法概论》，西村朝日律师事务所西村高等法务研究所监译，法律出版社，2014，第255页。
② 〔美〕罗伯特·F. 范布莱德罗德编《增值税中对不动产的处理方法：全球比较分析》，国家税务总局税收科学研究所译，中国财政经济出版社，2015，第1页。

在特别措施中，尽管纳税人不享有抵扣权，但可以适用简易计税方法——按照销售额乘以征收率的方法来计算应纳税额。

增值税纳税义务的基本制度构造可以从义务构造基础、税额抵扣机制、植入权利因素等层面渐次展开，梳理、解析、提炼增值税法中的实体性规范。增值税纳税义务一般由发生应税交易的单位和个人履行，其所支付或负担的增值税额可以通过抵扣链条层层转嫁给消费者。增值税纳税义务是基于经济流转链条的各个环节而构造的，在这个意义上说，流转环节是增值税法建制的基础。销售方的销售额未达到增值税起征点的，可能免征增值税或不列为增值税纳税人。增值税的征税对象包括发生应税交易和进口货物，应当按照一般计税方法计算缴纳增值税，另有规定的除外。增值税税额抵扣机制的法律表达主要阐述不得抵扣进项税额的法定项目和拟制抵扣进项税额的法定规则，前者包括适用简易计税方法计税的项目、免征增值税项目、用于集体福利或者个人消费的、购进并直接用于消费的、购进贷款服务及与之直接相关的其他金融服务等。而植入权利因素改造增值税纳税义务则主要论证减轻增值税税收负担的选择权和期末时退还留抵税额的专属权，前者是指纳税人可以选择放弃税收优惠，也可以不选择适用简易计税方法，以保留行使增值税抵扣权的权利；后者是指符合规定条件的纳税人可以在规定期限届满时，行使申请退还未抵扣完的（留抵）税额的权利。此外，消费税纳税义务确定中的解释规则，可以反映出从增值税征税范围中筛选出部分消费品课征更重的税收负担时最需要解决的问题——怎样识别出哪些消费品需要课以重税。

增值税课征规则的特殊制度安排可以从金融服务增值税课征规则、税收重课措施与纳税义务的规避、增值税纳税义务确定中的解释规则等层面渐次展开，梳理、解析、提炼增值税法中的程序性规范。金融服务增值税课征规则主要剖析了金融服务如何课征增值税、对金融服务免征增值税的传统规则、金融服务增值税免税规则的突破、我国的金融服务增值税课征规则和金融服务增值税课征规则之改进等问题。各国都在积极探讨如何更好地解决金融服务如何课征增值税的难题，当然，这仍然是各国基于税收主权自主创制和调整金融服务增值税课征规则的范畴。尽管我国宣布对金融服务全面征收增值税，但是，当前设定的大量轻免课税措施意味着金融服务课征增值税难题仍未得到彻底解决。想要解决这一难题，增值税法设计的重点是怎样改进适用于核心金融业务的简易计税方法和不得抵扣进项税额的免税规则。增值税的税收重课措施主要是指增值税高税率和在增值税的基础上另行加征消费税。增值税纳税义务的规避是指进项税额抵扣过度的行为，亟须法律规制。此外，在增值税法中明确列举的项目豁免履行增值税纳税义务，而适用简易计税方法、按照征收率计征增值税，事实上与缴纳其他税种无异，都不能进入增值税抵扣链条。在这个意义上说，增值税免税项目和适用简易计税方法计税项目，其适用范围同样应以明确列举的方式呈现，同时在立法上加以定义和执法中予以解释，促使税务机关准确认定应税事实、作出征税决定。

结　论

作为现代市场经济国家的主流税种，最纯粹的增值税仅仅对最终的消费课征，然而，各国增值税制的设计不尽相同、各有侧重，增值税法的复杂烦琐程度亦不一而足。这一税种在实现财政收入筹措功能上的表现出类拔萃，而增值税的税收轻免课措施在实现宏观调控功能和改善税收负担公平程度上的配合称得上恰到好处。制定增值税法是国家落实税收法定原则的收官大作，是实现税收制度现代化的关键举措。"规范的消费型增值税制度框架"已然通过系列改革措施而逐步建立，这是增值税立法的重要制度基础。[①] 虽然增值税制改革仍未臻于完善，但丝毫不影响立法的紧迫性、重要性和必然性，增值税立法完成后依然要继续推进税制改革。在"十四五"规划纲要实施过程中，要聚焦支持稳定制造业、巩固产业链供应链，进一步优化增值税制度。[②] 增值税法建制理应以引导、发展和优化规范的消费型增值税制为宗旨，促使适度的总体税收负担在经济流转链条诸环节之间进行合理分配，进而使其在不同的消费者群体之间实现公平分配。在数字经

---

① 参见《全国人民代表大会财政经济委员会关于第十三届全国人民代表大会第四次会议主席团交付审议的代表提出的议案审议结果的报告》（2021）。

② 参见《国民经济和社会发展第十四个五年规划和 2035 年远景目标纲要》（2021）。

济情境下制定增值税法，当然需要与时俱进、全面更新增值税制，不断改
进增值税税收负担分配的公平程度。

Structure, Foundation and Digital Economy Situation in the Establishment of Value-added Tax Law

(Ye Shan)

Abstract: In terms of VAT, which is the best tax to raise fiscal revenue, the importance of the legislation of VAT law cannot be overemphasized. However, the establishment of VAT law is a very important and complicated technical problem. The specific legal problems determine the special research objectives, approaches and methods, and also indicate the possible theoretical breakthroughs and institutional innovations. Under the consumption-based value-added tax system, the VAT tax obligation is mainly fulfilled by the sellers of all links of the economic circulation chains, and the buyers of the terminal retail link bear the sum of the VAT tax burden of all the above-mentioned links. The establishment of the VAT law should fully consider the institutional demands of adapting to or even promoting the development of the digital economy and then improving the ability of macroeconomic governance. In its legislative purpose clause, it is clear that the main purpose of leviting value-added tax is to effectively raise fiscal revenue and simultaneously have certain macro-control functions, and follow the institutional principles of legalization, performance and moderation. As far as possible, the basic elements of taxation are clearly set out, and the tax system is designed to maximize compliance or make it almost impossible for taxpayers to decide not to comply. Therefore, the establishment of VAT law should focus on setting the establishment requirements and determining procedures of VAT tax obligation, so as to adapt to the new situation of digital economy and promote its effective development.

Keywords: Value-added Tax Law; The Principle of Statutory Taxation; Digital Economy Situation; Institutional Foundation; Systematic Structure

袁达松

北京师范大学法学院教授、博士生导师。主要研究领域为经济法总论、商法总论、金融法与证券法、企业与公司法、法治理论、孙中山法律与法治思想等；主要讲授经济法总论、法学前沿理论、商法专题、金融法（双语）、公司法（双语）、证券法（中英文）等课程。

中山大学法学学士、经济法学硕士、经济法与政府经济管理博士，北京大学法学院访问学人，中国人民大学经济法学博士后，清华大学法学院与美国天普大学法学硕士，澳门大学杰出访问学者。

兼任中国经济法学研究会常务理事兼副秘书长、中国证券法学研究会常务理事、北京市经济法学会副会长、北京市金融服务法研究会副会长、中国人民大学美国法研究所研究员、中山大学北京校友会常务副会长兼秘书长、中国法学会立法咨询专家、中山市青年人才工作促进会会长兼京津冀中山青年人才促进会会长，以及仲裁员、执业律师。

在《中国法学》《法学研究》《前线》等刊物发表代表性论文多篇，出版《金融稳定法论》《金融危机管理法论》《证券市场风险管理法论》《包容性法治论》等著作，主持科研课题多项。

世界经济法的学理、体系、范式与宪章[*]

袁达松[**]

摘 要：现今国际经济治理体系尚不能解决世界经济发展的难题，难以实现世界经济的包容性发展，需要构建和推进包容性的世界经济规则和制度。在学理上论证世界经济法产生的必要性、可能性并阐述其基本内容，在体系上加强包容性法治的理论和实践的规则和制度总结，倡导建立在学术研究、法治机制和治理成果基础上的世界经济法，推动构建世界维度的经济法"善治"。受中国与世界经济格局发生重大变化的冲击和挑战，经济法研究也要突破现有的范式，探讨开放包容经济体系的中国—世界经济法则问题与研究范式，或称为"中国—世界范式"经济法研究范式。基于学理、体系和范式，世界经济法应对世界经济法治问题作出回应，改变从纯粹国家视角解决世界经济法治问题的思路，启动"世界经济宪章"的制定，推动世界经济的高效、包容、协调、可持续发展。

关键词：世界经济法；世界经济法学；世界经济宪章；中国—世界；范式

近年来，发展中国家在经济规模上稳步扩大、经济增速上稳步提高，

---

[*] 本文系作者近年来已发表和待发表相关主题论文的再整理。包括但不限于袁达松、张志国：《世界主义视角下的经济法治与经济法学》，载张守文主编《经济法研究》2018年第1期，北京大学出版社，2018，第3~11页；袁达松、赵雨生：《包容开放的世界经济法体系构建》，载郑文科主编《首都法学论坛》第16辑，中国政法大学出版社，2020；袁达松、黎昭权、沙子缇：《经济法研究的中国—世界范式转换》，载郭锋主编《金融服务法评论》第11卷，中国法制出版社，2021，第288~298页。北京师范大学博士研究生常欢对此文亦有贡献。

[**] 袁达松，北京师范大学法学院教授、博士生导师。

在当前全球经济结构中所处的地位不断提升，在世界经济治理体系中发挥着越来越重要的作用。但经济全球化进程遭遇严重挑战，单边主义、贸易保护主义不断抬头，英国脱欧、中美贸易战、美欧贸易战、世界贸易组织上诉机构正式"停摆"等事件对世界经济的发展造成极大冲击。与此同时，原来以WTO为典型代表的多边经贸合作停滞不前，许多国家或地区开始与自己经贸联系紧密的国家或地区进行经贸合作。[①] 区域经济一体化进程不断加快，2020年11月15日，东盟10国和中国、日本等共15个亚太国家正式签署了《区域全面经济伙伴关系协定》。12月30日，中国和欧盟领导人共同宣布中欧投资协定谈判如期完成。由此观之，世界经济发展格局发生了明显变化。

世界经济发展格局的发展、变化必然带动世界经济治理体系的变革，现有世界经济治理体系主要是由以美国为首的发达国家主导建立的，并未能够充分反映发展中国家的合理经济诉求，也不能反映目前的全球经济力量对比。此外，当前各国基于自身利益考量，对外进行经济活动时，往往忽视他国利益和世界整体利益，经济合作减少，经济冲突频繁，甚至出现贸易战等极端现象。究其原因，就在于现行经济治理体系对于世界的整体利益关注不够，相关制度设计缺失。对此有学者指出，在思考和处理密切联系、相互依赖的国际制度以及国家间合作问题时，不能只是局限在国家之间的私人利益（国家利益）相互作用上，务必更多地重视世界的整体利益和公共利益。[②] 对此，必须倡议和推动从整体性、全局性的维度对现有世界经济治理体系进行修正，回应现实需求。

本文以世界经济大变局为背景，探讨世界经济法相关学理问题、体系构建、范式转换，提出世界经济法应从世界性、整体性、包容性角度对世界经济治理和发展问题作出回应，制定"世界经济宪章"，推动和促进世界经济治理规则的制度化、体系化。

---

① 参见余淼杰、蒋海威《从RCEP到CPTPP：差异、挑战及对策》，《国际经济评论》2021年第2期，第130页。

② 参见苏长和《全球公共问题与国际合作：一种制度的分析》，上海人民出版社，2000，第125页。

一 世界经济法的学理问题

（一）有没有世界经济法？

该问题的核心是在国别经济法、涉外经济法和国际经济法的概念和实践之外，世界经济法产生的必要性、可能性。从世界经济发展来看，经济全球化和新兴市场国家的崛起要求实现世界经济法治。经济全球化使得生产的各个要素在世界范围流动，亦要求发展的成果由全球共享，这就需要一套可以保障世界经济包容性发展的法律制度，以推动世界经济法治的实现。

有学者认为，包容性发展要求各国共同发展，发展成果惠及各国人民，这加剧了"全球经济治理"与"国内治理"关系紧张，表明国际经济法在实现"包容性发展"上的不足；尽管可以通过发挥国际经济"软法"和改善国际经济立法与决策程序来缓解这个问题，但依旧无法根除。① 人类命运共同体理念，不仅要求一国经济法促进国内经济包容性发展、国际经济法促进国际经济合作，亦要求世界经济法促进世界经济包容性发展。所以，要构建符合"人类命运共同体"理念的包容性发展制度，就必须构建包容性的世界经济法治，在此过程中势必催生"世界经济法"。

从世界经济治理来看，"亚投行"和"一带一路"倡议是中国应对世界经济变化，寻求世界更加合理、公平和公正的国际经济秩序方案。人类命运共同体理念下"中国方案"的认同和推进在于其法治化，构建和推进包容性的世界经济规则和制度则是关键之举，构建包容性、普遍性和权威性的世界经济法治，将催生"世界经济法"。②

全球经济治理向规则化演进，民主性和透明度也不断提升。但新兴市场国家扩容到国际经济治理机制之中以及以规则化演进为代表的国际经济治理体系，尚不能解决世界经济发展的难题，难以实现世界经济的包容性

---

① 参见李万强《国际经济法存在与发展的新视角》，《吉林大学社会科学学报》2017 年第 1 期。
② 参见袁达松、姚幸阳《命运共同体、"中国方案"与包容性法治》，载卢建平主编《京师法律评论》第 11 卷，中国法制出版社，2018，第 265~278 页。

发展。有学者认为，规则化改革的国际经济治理机制效果欠佳。[①] 现有机制难以构建包容性的国际经济法治，难以实现世界经济的包容性发展，需要进一步拓展国际经济法治的世界研究视野即加强世界经济法研究。

从世界经济法治来看，"人类命运共同体"和"一带一路"都是促进世界经济法治和改善全球治理体系的"中国方案"。人类命运共同体建设需要全球参与，这是对国际经济法的经济主权原则的某种超越。有学者指出，法律趋同化成为人类命运共同体建设的国内法路径。[②] 同时，在"一带一路"建设中推进兼具普遍性和包容性的世界经济法治，要避免陷入零和思维和博弈思维，放弃"以实力界定收益"并对国家主权与内政充分尊重，推进国际合作并改善全球治理规则。[③] 可见，世界经济治理中的"中国智慧""中国方案"也为催生世界经济法提供了一定基础。

（二）什么是世界经济法？

1. 世界经济法的内涵和外延

首先，世界经济法应以世界经济风险防控和治理为核心，追求世界经济的包容性发展，促进更加公平、公正、合理经济秩序的形成；其次，世界经济法应是适用于国际上或是全世界的经济法律。[④] 有学者认为，世界经济秩序历经了"实力导向""规则导向"的国际经济秩序，正在走向以"公平价值"为导向的国际经济秩序。[⑤] 笔者认为，世界经济秩序的形塑应在法治的基础上，即离不开世界经济法。世界经济法的内涵是构建能够实现世界经济包容性发展的世界经济法律制度，即实现世界经济包容性法治。就世界经济法的外延而言，应当包括世界经济增长的法治和经济发展成果分配的法治，即构建保障世界经济包容性增长并由全人类共享发展成果的世

---

① 参见赵骏《"皇冠上明珠"的黯然失色——WTO 争端解决机制利用率减少的原因探究》，《中外法学》2013 年第 6 期。

② 参见李赞《建设人类命运共同体的国际法原理与路径》，《国际法研究》2016 年第 6 期。

③ 参见何志鹏《国际法治的中国方案——"一带一路"的全球治理视角》，《太平洋学报》2017 年第 5 期。

④ 参见〔德〕沃尔夫冈·费肯杰《经济法》（第 1 卷），张世明、袁剑、梁君译，中国民主法制出版社，2010，第 51 页。

⑤ 参见车丕照《国际经济秩序"导向"分析》，《政法论丛》2016 年第 1 期。

界经济法治。

经济法以维护整体利益和自由公正的社会经济秩序为目标，是法发展史上一次历史性的进步。① 世界经济法以促进世界经济包容性发展为核心，将会促进法学的发展和进步。"经济法现象的生成，促使学者对经济法现象进行研究；集中的经济法研究，则会催生经济法学。"② 故本文所称的"世界经济法学"亦是指对世界经济法现象、世界经济法学规律进行集中研究的学问。

2. 世界经济法的主要内容

世界经济法治的形成和运行离不开世界经济法，因此，世界经济法的内容应当包括保障世界经济运行的基本规则与制度，如全球贸易、货币金融等多方面制度，亦应当包括世界经济纠纷解决机制，即世界经济法包括世界经济实体法和世界经济程序法。

世界经济实体法是贯穿于世界经贸活动的各个环节，保障世界经济法治、促进世界经济包容性发展的基本法制安排；世界经济程序法是解决世界经济纠纷的依据和可靠路径，对化解人类命运共同体建设过程中产生的纠纷意义重大，有利于促进世界经济的包容性发展。随着"一带一路"建设的推进，纠纷与摩擦的发生无法避免，将会催促新型世界经济法治保障的形成，即"一带一路"纠纷解决机制。③ 由此可见，"一带一路"纠纷解决机制是世界经济程序法的基本法制。

3. 世界经济法的价值和基本原则

经济法价值的"二元结构"构成了经济法价值体系的基本框架。④ 经济法首要的法益目标在于追求和实现社会公共利益，以实现经济上的公平。⑤ 世界经济法亦追求全球化下的社会本位。世界经济法旨在寻求世界经济法治，促进良好世界经济秩序的形成。尽管世界经济法价值是多元的，亦可

---

① 参见史际春《探究经济和法互动的真谛》，法律出版社，2002，第30~31页。

② 袁达松：《风险经济法学举隅——"风险社会""世界主义时刻"视角的经济法学》，载陈云良主编《经济法学丛》2017年第1期，社会科学文献出版社，2017，第37页。

③ 参见袁达松、张志国《"一带一路"纠纷解决机制论析——一种包容性的世界经济法治模式》，"第十八届全国经济法前沿理论研讨会"会议论文，浙江杭州，2017年6月24日。

④ 参见张守文主编《经济法学》（第6版），北京大学出版社，2014，第33页。

⑤ 参见王保树《论经济法的法益目标》，《清华大学学报》（哲学社会科学版）2001年第5期。

用"二元结构"的经济法价值模式去分析其价值。其一，世界经济法的价值在于促进世界经济稳定、可持续的增长；其二，世界经济法能够调节世界经济，促进经济发展成果的全球共享，有利于减少区域、国别之间发展的不对称性，实现全球化的社会本位，促进世界经济的包容性发展。

世界经济法基本原则的确立需要标准，确立经济法基本原则要坚持"高度标准""普遍标准""特色标准"三个基本标准。[①] 笔者认为，世界经济法原则的确立亦应坚持这些标准。有学者研究得出，学界普遍认可"适度干预"原则和"社会本位"原则是经济法的基本原则。[②] "一带一路"倡议与世界经济法相辅相成，这就要求世界经济法首先是开放的、包容的，保障所有国家公平地参与全球经济治理、共享全球经济成果。其次，世界经济法应确立"社会本位"原则。通过世界经济法消减全球治理赤字、缩小南北差距，促进世界经济公平、合理的分配和发展机会上的平等。再次，世界经济法应确立共同的"适度干预"原则，全球经济风险的应对需要全球共同治理；正确处理市场与"协同调控"是实现全球经济良性治理的重要课题。最后，要确立自由与公平兼顾的原则，"以自由促动发展、以发展引领自由是世界经济法治的基本价值尺度"。[③] 但是，完全自由之下势必导致势力导向的世界经济秩序。因此，要强化对于世界经济的调控，同时调控要重点实现发展机会和成果分配上的公平，以此促进世界经济包容性发展。

二 开放包容的世界经济法体系构建

（一）现有中国—世界经济治理体系的不适应性

随着金融危机的爆发和经济全球化发展，中国和世界各国经济交往不断深入，彼此经济依存度攀升，保护主义频繁抬头，同时新兴经济体在世界经济中的占比不断提升。2018 年，以金砖国家（BRICS）和 11 个新兴市

[①] 参见张守文《经济法基本原则的确立》，《北京大学学报》（哲学社会科学版）2003 年第 2 期。

[②] 参见蒋悟真、詹国旗《现代经济法基本原则的梳理与提炼》，《江西财经大学学报》2010 年第 4 期。

[③] 何志鹏、孙璐：《以自由促进发展：国际经济法治的价值尺度》，《法治研究》2011 年第 2 期。

场国家（E11）为代表的新兴经济体集团分别占据世界 GDP 份额的 23% 和 30.4%。中国更是占据世界 GDP 份额的 15% 以上。[①] 2024 年 1 月，金砖国家扩容，规模扩大 1 倍。金砖国家合作加速了国际秩序变革，推动全球经济治理向多极化发展。而现有的世界经济治理体系，即建立在第二次世界大战后经济体系上的世界贸易组织、国际货币基金组织以及世界银行等国际组织为主导的治理模式，[②] 虽然在一定的历史时期促进了全球经济治理，推动了世界经济的恢复与发展，但时至今日已经不能反映当下的世界经济力量对比，更缺乏很好地解决新出现的国际经济问题的能力，世界经济治理体系和治理能力均出现短板，亟待规则调整法治变革。

有研究机构认为，全球经济体系已经逐渐从"中心—外围"模式转变为"双循环"模式，中国处于产业链的中心位置，联系上游的日本、美国和欧洲，承接下游的亚洲、非洲和拉丁美洲发展中国家，是国际经济贸易体系中的纽带。[③] 随着中国经济实力的提升，中国参与世界经济治理日益频繁，中国在世界经济治理体系中的分量也在增加，在世界经济治理规则调整过程中也发挥着特有的作用。有学者认为，中国由此成为全球经贸循环当中必不可少的枢纽性存在。[④] 但是，一方面是中国在世界经济总量中份额的增加，并没有带来规则制定和决策权的相应变化；另一方面，中国开始遭受前所未有的遏制或者孤立，旧有世界经济秩序面临强烈的分裂主义和孤立主义的冲击。首先，国际经济规则的制定权掌握在拥有相对话语权的发达国家利益集团手中，新兴国家难以获取与自身体量相当的话语权。诸如跨太平洋伙伴关系协定（TPP）和 2018 年 9 月美、日、欧三方贸易部长

[①] 参见《博鳌亚洲论坛新兴经济体发展 2018 年度报告》，对外经济贸易大学出版社，2018，第 7~15 页。其中 BRICS 和 E11 的国家部分重复，中国 GDP 数据来自国家统计局。

[②] 参见沈伟《后金融危机时代的国际经济治理体系与二十国集团——以国际经济法—国际关系交叉为视角》，《中外法学》2016 年第 4 期。

[③] 参见英国国际战略研究所（IISS）在其 2018 年 2 月号《全球政治与战略》发布的《全球化与中国大战略》研究报告，Aaron L. Friedberg, "Globalisation and Chinese Grand Strategy," *Global Politics and Strategy*, https://www.iiss.org/en/publications/survival/sections/2018-9a32/survival-global-politics-and-strategy-february-march-2018-926c/60-1-02-friedberg-35ad, July 31, 2018。

[④] 参见施展《枢纽：3000 年的中国》，广西师范大学出版社，2017，第 547~550 页。

发布的联合声明等，① 均体现了发达国家利益集团对世界经济治理规则进行"另起炉灶"或重新制定的要求。中国现有的理论和国际实践很难撼动其格局。其次，中国现时还难以在大范围主导和承担世界经济治理之重任。中国在亚洲基础设施投资银行与"一带一路"倡议中的地位和作用不言而喻，但是其规模和建设进展还处于起始阶段，② 所推进的法律规则尚欠缺和世界经济体系相衔接，中国参与世界经济治理所发挥的作用还相对较小，并且面临不同程度的杯葛或抵制，彼此之间时或出现摩擦乃至冲突，亟待推动包容互利的规则体系构建。

（二）回应中国—世界经济格局变化的包容性法治

1. 定位于中国—世界包容性发展的法治新秩序

面对层出不穷的风险全球化问题，部分国家选择抵制全球化趋势（"逆全球化"），而不是参与法治状态下有序的全球治理。有学者提出"风险社会"概念，认为借由全球化的深入、加速到来，形成了"风险社会"的"世界主义时刻"，从而导致经济危机、金融危机、能源危机，而自然灾害所造成的影响都会辐射全球，国家作为世界经济的主体构成无法独善其身，严防死守的保护主义则会导致危机进一步放大。③ 抵制全球化的保护主义不仅是对世界法治秩序的挑战，更不利于全球经济的包容性发展。因此，为了应对上述问题，需要变革和构建新的世界经济治理体系。同时，新的世界经济治理应当不能仅由发达国家利益集团主导，而需要由能够代表各国利益诉求、代表世界各阶层人民呼声的国家或者国际组织共同主导，才能在世界范围内实现发展机会和发展权的公平和正义。有学者认为，在经济全球化加深、各国力量再平衡和霸权主义转型的新国际格局下，处理国际

---

① 美、日、欧三方贸易部长联合声明在应对非市场导向政策、制定关于产业补贴和国有企业新规则等问题上进行了公告，虽然没有点名，但是其用意在于限制新兴市场国家。

② 根据公开数据计算，"一带一路"沿线 64 个国家（不包括中国）GDP 总量还不及七国集团（G7）的 1/3。

③ 参见袁达松《风险经济法学举隅——"风险社会""世界主义时刻"视角的经济法学》，载陈云良主编《经济法论丛》2017 年第 1 期，社会科学文献出版社，2017，第 25~40 页。

问题的方式逐渐由权力决定的政治手段转变为规则框架下的法律手段。① 由此，为了促进世界包容性发展，回应中国—世界格局变化下的法治新秩序，需要推动构建世界经济发展的包容性法治秩序。

为促进世界经济实现包容性发展，平衡各经济利益体对发展机会的要求，需要在新秩序中体现民主化和法治化的原则。有学者认为，全球化条件下国家之间相互依存逐渐紧密，新兴国家崛起与发达大国之间发展的渐趋均衡，共同利益、共同挑战的增多和随之而来的全球文明意识、共存观念的发展，使国际民主法治与合作的加快发展出现了新的可能。② 因此，构建中国—世界经济法治新秩序要充分借助国际民主法治合作的趋势，在各国之间凝聚共识，在大方向上促使发展理念向包容性发展转变。同时通过制定有代表性和权威性的世界经济法则，为全球经济治理的良法善治打下基础。

2. 中国—世界包容性发展的法治进路

在中国—世界经济格局面临重大变化的背景下，世界经济亦需进一步形成相应依法而治的格局，促进世界经济秩序朝着更加公正合理的方向发展。

改革开放40多年以来，中国的发展面临着经济和政治上的多重考验。党的十八大以来的"改革顶层设计"从理论上解决了国内效率、分配、民主和法治问题，全面深化经济体制改革、政治体制改革以及国家法治化，降低了包容性法治国家建设的阻力。③ 缩小各群体之间的发展差距，统筹经济社会协调发展，促进了中国经济在近年的发展和腾飞。

随着逐步从外围走向世界经济舞台的中心，中国积极参与全球治理，加入二十国集团（G20）、区域全面经济伙伴关系协定（"10+6"即RCEP）以及推动"一带一路"和亚洲基础设施投资银行的建设。在致力于解决好自身发展问题的基础之上，通过深化合作推进世界各国共同发展，助推世

---

① 参见何志鹏《国际法治：一个概念的界定》，《政法论坛》2009年第4期。
② 参见李杰豪《国际民主法治的特质要求与发展趋势——兼论国际体系转型背景下国际法律秩序的重塑与发展》，《湖南科技大学学报》（社会科学版）2014年第5期。
③ 参见袁达松《走向包容性的法治国家建设》，《中国法学》2013年第2期。

界经济平衡，让中国追求的"共同富裕"理念进入国际事务处理之中。对此，中国提出了人类命运共同体理念下的"中国方案"，期待在其法治化的基础上推动世界经济包容性发展。[①] 通过积极参与国际经济治理的实践，中国在承担国际责任的同时，向外传达了包容开放、互利共赢的法治理念。

通过将世界包容性发展从理念推向现实，中国积累了大量国际治理经验，使得新的世界经济法则的产生和形成具备了必要性和可行性，并促使世界经济法的生成，将形成以世界经济法为研究对象的世界经济法学。这是中国的法学研究对世界经济法治理论的一大贡献。[②]

从中国—世界经济格局的变化来看，世界经济法的生成已经具备了经济基础，并持续向下一个阶段发展，即推动新的世界经济法则与世界经济治理体系的诞生。由于世界大部分国家对经济法治的内涵达成了共识，这些共识可以构成世界经济治理标准的最低限度，并由此出发推动新的世界经济法治理体系的构建。

（三）推动世界经济法治新秩序的制度构建

1. 顶层设计

构建世界经济法治顶层设计，要具备世界视野。既然名为世界经济法治，则意味着和每个国家都息息相关，既要平等对待单个国家的利益和诉求，亦要顾及世界各国之间的共同利益。有学者认为，"全球善治"的理想中，规则的制定既是中国这样负责任大国的权利也是需要承担的义务。[③] 顶层设计中需要解决的问题，往往关乎全球，影响世界的投资、贸易以及消费。解决相应问题的策略，也要从国际经济发展格局和治理状况出发进行博弈，并充分考虑国际利益的公平合理分配。另外，顶层设计中要特别重视对重大问题的处理。国际经济社会发展中，包括经济发展、科技水平和自然环境在内的多个领域，存在复杂而重要的国际社会矛盾，因此顶层设

[①] 参见袁达松、姚幸阳《命运共同体、"中国方案"与包容性法治》，载卢建平主编《京师法律评论》第 11 卷，中国法制出版社，2018，第 265~278 页。

[②] 参见袁达松、张志国《世界主义视角下的经济法治与经济法学》，载张守文主编《经济法研究》2018 年第 1 期，北京大学出版社，2018，第 3~11 页。

[③] 参见俞可平《全球善治与中国的作用》，《学习时报》2012 年 12 月 10 日，第 2 版。

计要从影响世界经济法治的根本和重大问题入手，分析其深层的原因，找出处理路径，以包容互利的理念解决背后的经济治理矛盾。同时，为了保障顶层设计的具体落实，要推动建立统合全球且具有最高经济法律地位的世界性经济组织，进一步制定和落实顶层设计的各项配套公约。

现阶段世界经济法治的顶层设计在西方发达国家主导的规则体系下，另起炉灶的难度比较大，但是不可否认类似"世界经济宪章"会对世界经济的秩序化和体系化产生重要影响。作为全球化的受益方，中国要主动推进"世界经济宪章"的制定，完善世界经济法治的顶层设计。

2. 治理机制：添加世界之维

在明确顶层设计的基础上，世界经济法治新秩序的构建要拟定相应的实施路径，确保顶层设计的推进。可以先由具体规则制定入手，扩展到合作机制，继而批判继承旧有秩序，建立或升级出世界之维的新秩序。

在规则制定层面，要加强世界经济法则制定，进而触及世界经济治理体制层面。在包容性法治理念的框架下，具体制定有利于经济全球化深入发展的、普惠各国经济发展的和能够解决现实性世界经济问题的法律规则。同时，随着具体法则的制定和实施，进一步兼容和升级当下由西方主导的经济治理体系，实现更高层级的世界经济秩序化和规范化。

在合作机制层面，推动世界各国和各区域经济体层级广泛参与，增强世界经济治理动力和水平。康德曾经提出"永久和平"的价值追求，他指出"世界永久和平状态是基于正义之上、受世界大同主义法权体系规范的太平和合状态"，"由此世界主义法律体系应由国内法、国际法和世界公民法三位一体组成"。① 同理，通过世界经济的包容性发展追求永久和平也是世界贸易组织的由来，基于对经济正义的渴望从而进行国内法、跨国法乃至世界法的相互作用。推动世界各国和各区域经济体的参与和互动，可以形成共同追求全球普遍经济正义的理想法治环境，进而打破由发达国家利益集团主导的不公平现状。

新秩序的构建要在不适合包容开放的方面进行扬弃，而不能完全推倒

---

① 〔德〕康德：《永久和平论》，载〔德〕康德《历史理性批判文集》，何兆武译，商务印书馆，1990，第 121 页。

重来。詹姆斯·米德认为"国际冲突的原因，在性质上是经济性的"，主张"一个建立在稳定、公正和有效经济基础上的国际组织，才能实现其确保持久和平的职责"。① 现阶段，WTO 协定在范围和广度上远超各区域协定，以此为基础的经济规则仍然具有相当的实际意义，需要继续保证实施，一个升级版的 WTO 规则和治理体系，可能是恰当的选择和努力方向。

三　中国—世界经济法研究范式

研究范式是指学术范围以及学术方法。在中国与世界经济格局发生重大变化的冲击和挑战下，经济法研究要突破现有的范式，探讨开放包容经济体系的中国—世界经济法则问题与研究范式，或称之为"中国—世界范式"经济法研究范式。国内法方面，在经济市场全球化的背景下，我国应进一步完善经济法治机制，加强对国内市场和国际市场的监管配合，完善我国的涉外经济法治体系；在国际法层面，可以国内法治的功能和定位为基础，通过现有重要的国际组织以及"一带一路"倡议等新平台，促进我国国内法向世界公认的国际规则转化。在中国法（含涉外经济法）、国际法（含跨国经济法）的研究基础上，加上整体性的"世界之维"，并从中国法贯通至世界法，即经济法研究的"中国—世界范式"。

（一）中国经济法研究范式的变革挑战

当前，中国与世界经济格局已发生重大变化，随着中国等发展中国家在经济市场、技术等领域逐步接近发达国家，传统发达国家在国际市场上的优势受到了威胁。以美国为首的发达国家引发了"经济逆全球化"的运动，冲击了传统国际经济秩序。相反，"人类命运共同体理念"和"一带一路"倡议的提出，表明了我国在维护"经济全球化"以及尊重传统的国际秩序的决心，同时我国也在倡导构建一个开放、包容、互利、共赢的国际环境。对此，我国不仅需要进一步完善国内经济法治，实现国内法和国际法治的衔接，也要积极探讨并推动现有国际秩序的进一步完善。为实现上

---

① 〔英〕詹姆斯·E. 米德：《持久和平的经济基础》，高歌译，中国人民大学出版社，2017，第 2~3 页。

述目标，为国家政策提供合理的理论支撑，学界要突破传统国内法和国际法的区分，从宏观上、整体上探求国内经济法和国际法的关系和衔接，经济法学界也要突破现有的范式，探讨开放包容经济体系的中国—世界经济法则问题与研究范式。

国内法方面，在经济市场全球化的背景下，我国应进一步完善经济法治机制，加强对国内市场和国际市场的监管协调，完善我国的对外援助法和对外投资法等涉外法治体系。① 面对国际经济大环境的复杂性和不确定性，中国作为全球产业链的重要部分，难以独立于国际社会。因此，我国需进一步完善涉外经济法律体系，保障涉外经济活动有法可依，保障国内经济的稳定和可持续发展。此外，通过建立健全涉外经济法律，建立更为透明、公平的涉外经济环境，能更好地回应国际社会的质疑，推动国内市场的国际化。当前，西方国家否认我国市场经济地位，它们认为我国市场经济在透明度、法治化水平上存在欠缺。② 美国甚至以此为借口，与我国展开了贸易战。③ 对此，我国应进一步通过立法和司法等手段，进一步完善我国市场经济的法治化，为涉外经济关系的良性运转创造更良好的法律环境，以公开、公平的法治方式回应西方国家质疑。国际法方面，过去我国经济法学范式研究通常停留于国内法领域，虽于国际法方面有所涉及，但侧重于国内经济法与国际法的衔接。有学者提出，在全球经济治理开放时代，推进治理现代化，经济法研究范式面临规则整合的革命趋势。④ 在中国与世界经济格局变化的情况下，我国经济法范式更应积极探讨我国如何参与国际经济法治。世界经济的包容性发展是"人类命运共同体"理念的核心价值利益，这需要我国与世界各国共同努力。我国在完善国内涉外经济法的同时也要探讨如何推动世界经济秩序的变革，从而在"中国—世界范式"下，以国内法治的功能和定位为基础，进一步提高我国在国际经济法治建

① 参见袁达松、黎昭权《对外援助法、对外投资法与"一带一路"法治》，载吴志攀主编《经济法学家》第 12 卷，北京大学出版社，2017。

② "European Union Files WTO Complaint against China's Protection of Intellectual Property Rights," https://www.wto.org/english/news_e/news18_e/ds549rfc_06jun18_e.htm, June 27, 2018.

③ "Statement by thePresident Regarding Trade with China," https://www.whitehouse.gov/briefings-statements/statement-president-regarding-trade-china/, June 27, 2018.

④ 参见程信和《硬法、软法的整合与经济法范式的革命》，《政法学刊》2016 年第 3 期。

设中的参与度和话语权。对此，学界应有理论自信，积极总结我国经济法治的优秀经验，并积极探讨其在国际规则运用中的合理性，实现我国从国外经验输入到国际经验输出的转变。

（二）开放包容导向的中国涉外经济法研究范式探讨

1. 我国涉外经济法学理和体系研究重述

涉外经济法所调整的是特定的涉外经济关系，它不调整所有的涉外经济关系，而是只调整在国家协调的本国经济运行过程中发生的涉外经济关系，主要包括纵向涉外经济管理关系和横向涉外经济交往关系。① 纵向涉外经济管理关系主要是主管涉外经济活动的国家管理机关对各种涉外经济活动进行组织、协调、监督和管理而形成的关系，例如外商投资管理、涉外金融管理等。横向涉外经济交往关系主要指在平等互利的基础上，中外当事人在经济交往中产生的关系，例如国际服务贸易活动、货物进出口活动等。其是连接我国国内经济与国际经济的重要保障。我国涉外经济法为对外经济的发展起着不可磨灭的作用，其发展可大致分为以下四个阶段。（1）初始阶段，相关立法以及学术研究伴随着改革开放经济的发展而发展，相关的法律规范作用有限，相关研究仍处于起步阶段。（2）1978 年至 2001 年改革开放阶段，在这一阶段，结合我国国情并借鉴域外的相关经验，初步建立了我国的涉外经济立法体系，对我国对外经济的发展起到了重要作用。（3）2001 年至今的 WTO 阶段，2001 年中国加入了 WTO，这是我国涉外经济法研究的一个新转折点，要求我国的涉外经济法律体系进一步与国际规则接轨。② 根据 WTO 的要求，我国对部分涉外经济立法进行了修改或制定新的法律，学界也进一步研究我国涉外经济法与国际经济法的衔接关系，这推动了我国对外经济的进一步发展。（4）当前，随着"一带一路"倡议的展开以及"命运共同体"理念的提出，我国涉外经济法学也进入了一个新时期。一方面，我国要进一步完善国内的涉外经济法治体系，进一步完

---

① 参见赵秋雁《论涉外经济法的地位和作用》，《苏州大学学报》（哲学社会科学版）2009 年第 2 期。

② 参见袁碧华《加入 WTO 与我国涉外经济法的走向》，《中山大学学报论丛》2001 年第 6 期。

善与全球金融秩序的衔接，推动我国经济与全球经济的共同发展；另一方面，要总结国内经济法治的优秀经验，通过各种国际舞台输出我国的法治经验，从过往借鉴域外立法经验的阶段进入总结国内外立法经验并参与到国际社会的全新阶段，这需要我们进一步从整体上检视涉外经济法与国际经济法关系。

2. 涉外经济法与国际经济法关系检视

跨国经济问题往往涉及国内法和国际法两个方面，涉外经济法虽然是国内经济法的重要组成部分，[①] 但其更是国内法与国际法的重要联系。由于涉外经济法与国际经济法存在千丝万缕的关系，也有学者认为涉外经济法是国际经济法的国内法渊源，如姚梅镇认为"调整国际经济关系的国内法规范——涉外经济法"；[②] 甚至还有学者指出，涉外经济法是国际法的组成部分之一，如韩德培指出，"国际私法还包括国际直接适用于包括涉外经济法律在内的涉外民事关系的法律"。[③] 笔者认为，从法律渊源以及调整对象来看，[④] 涉外经济法是国内法，但在经济全球化的背景下，涉外经济法必然和国际经济法存在某种程度的交叉或者重合，学界有必要从整体上检视其与其他国内经济法和国际经济法间的关系。一般而言，国际经济法是调整私人、国家和国际组织在国际经济交往中所形成的各种经济关系的法律规范的总和。[⑤] 由于国际经济法与涉外经济法的调整对象具有一定的重合性，并且两者都包含"国际"因素在内，在现实生活中国际经济法的相关规范通常为一国的涉外经济立法所借鉴，一国的涉外经济立法的相关规范也转化为国际规则。事实上，随着经济全球化的逐步深入，除了相关国际组织的强制性

---

① 参见潘静成、刘文华主编《中国经济法教程》，中国人民大学出版社，1995，第36页。

② 姚梅镇主编《国际经济法概论》，武汉大学出版社，2004，第28页。

③ 韩德培主编《国际私法新论》，武汉大学出版社，1997，第9页。

④ 涉外经济法与国际经济法的主要区别有二。第一，调整方法不同。涉外经济法通过实体法方法调整涉外经济关系；而国际经济法是法律适用法，特有的调整方法是冲突法调整方法，即间接调整，通过指定相应的实体法来决定当事人之间的权利义务。第二，法律渊源不同。涉外经济法的渊源主要包括一国的国内立法和该国缔结或参加的国际条约及认可的国际惯例；而国际经济法的渊源相对比较广泛，包括各国的国内立法、国际条约和国际惯例，在一些国家还包括司法判例。参见赵秋雁《论涉外经济法的地位和作用》，《苏州大学学报》（哲学社会科学版）2009年第2期。

⑤ 参见曹建明、陈治东主编《国际经济法专论》（第1卷），法律出版社，2000，第7页。

要求外，① 为了与国际接轨，各国的涉外经济立法也会主动以成熟的相关国际规则为蓝本，这有利于一国促进国内经济的发展。在加入 WTO 以后，我国重视国内涉外经济立法与国际经济规则的衔接，对我国涉外经济立法进行了调整，在借鉴域外立法经验的同时，也立足于中国国情的现状，逐步完善了我国的社会主义涉外经济法律体系，体现与国际接轨以及维护国家经济安全的平衡。在下一阶段，我国除了要进一步完善相关立法建设外，也应该总结自身经验，通过 WTO、G20 重要国际平台以及通过"一带一路"倡议向国际社会介绍我国的涉外立法经验，推动我国涉外经济立法转化为国际规则。

3. 开放包容导向的中国涉外经济法研究前瞻

当前，在"人类命运共同体"的理念下，中国涉外经济法研究进入了一个全新的阶段，我国不仅要构建和完善包容性的涉外经济法体系，更要在此基础上向外推广我国的法治成果，推动国际经济治道的完善。事实上，伴随着经济改革开放的进程，我国经济法治的建设也取得了傲人的成果。我国在完善涉外经济法体系进程中，在吸收国外的优秀法治经验的同时，结合我国国情形成了一套具有中国特色的涉外经济法治体系。由此，有必要在我国推进涉外经济法研究的基础上，进一步探讨经济法研究的中国—世界范式。在"人类命运共同体"的理念下，我国不仅要加强涉外经济法学研究，更要在此基础上，推动国内经济法治经验的对外传播。习近平总书记指出，我国法学学科建设"要按照立足中国、借鉴国外，挖掘历史、把握当代，关怀人类、面向未来的思路，着力构建中国特色哲学社会科学，在指导思想、学科体系、学术体系、话语体系等方面充分体现中国特色、中国风格、中国气派"。因此，我国不仅要加强对传统国际经济秩序、规则以及发达国家涉外经济法的研究，总结成功经验以及不足，还要结合我国经济法治的经验成果，探究全球法治秩序变革。事实上，自改革开放以来，我国经济建设取得了令世界瞩目的成就，伴随着我国经济发展的便是经济法治体系

---

① 如 WTO 在创制法律环境方面，有两项基本原则。一是法律统一实施原则。WTO 要求成员国一揽子接受其全部规则，不允许对其中部分规则或条款实施保留。二是透明度原则。各成员国实施的有关贸易的政策、法令及各成员国间签订的影响国际贸易的现行协定，都必须公布，使之具有透明度，企业和个人都容易了解到。

及其理论的构建和完善。对此，下一阶段的涉外经济法学研究要立足于现在，又面向世界、面向未来，不仅要继续吸收域外的法治经验，亦要总结自身经验，实现从学习输入到向世界输出的交互共进。此外，可结合"一带一路"倡议、组建亚投行、金砖银行等"中国方案"的法治经验，探究以我国倡导的新型经济秩序的构建与完善，推动和催生中国—世界经济法研究范式的形成。当前，我国的涉外经济法研究不能仅仅停留于完善国内法治或协调国内法和国际法的层面，更应该在现有基础上探究中国—世界经济法研究范式的建构，探讨我国在新的国际经济秩序构建中的定位和作用，例如通过"一带一路"倡议，将中国改革开放的成功模式复制到其他国家和地区，实现世界各国的共同发展。[①] 对此，我国的涉外经济法研究要从更宏观的角度进行探讨，在理论研究层面，要敢于超越：一方面，超越西方法学中心主义，走中国特色社会主义的经济法学理论发展道路，发出我国的经济法学声音话语；另一方面，敢于超越现有的理论框架。我国改革的全面深化以及"一带一路"倡议的纵深推进，需要新的经济法学理论支持，要在现有的理论基础之上积极创新，结合新现象、新问题创新理论。

（三）中国—世界经济法研究范式的建构

1. 包容性的中国—世界经济法则体系

有学者指出，全球化时代各类跨国经济法律规范之间显现了越来越紧密的联系，在应对跨国经济法律问题时国内法和国际法这两类法律规范的关联性，足以将它们融合在一起，成立一个独立的"国际经济法"法律部门。[②] 也有学者指出，国际经济法与国内法相互联系，但并不等于可以综合形成一个独立的"国际经济法"法律部门。[③] 笔者认为，国际经济法与涉外经济法不可能成为统一的法律部门，但不妨碍整体性的、世界主义维度的、

---

① 参见袁达松、姚幸阳《命运共同体、"中国方案"与包容性法治》，载卢建平主编《京师法律评论》第 11 卷，中国法制出版社，2018，第 265～278 页。

② 参见姚梅镇《国际经济法是一个独立的法学部门》，《中国国际法年刊 1983》，中国对外翻译出版公司，1983，第 373～385 页。

③ 参见徐崇利《走出误区的"第三条道路"："跨国经济法"范式》，《政法论坛》2005 年第 4 期。

综合性的"世界经济法"研究。事实上，在经济全球化时代，跨国经济法律问题不断显现和蔓延，更加呼唤一个综合性的"世界经济法学"学科的诞生。随着国际经济法律规范与各国涉外经济法律规范之间联系的日益紧密，如果仍然沿用传统的做法，区分国内法以及国际法研究，难以有效解决纷繁复杂的跨国经济法律问题。因此，法学研究应突破国内法以及国际法的约束。

世界经济法应是世界经济风险防控和治理的良法体系。有学者认为，世界经济秩序历经了"实力导向""规则导向"的国际经济秩序，正在走向以"公平价值"为导向的国际经济秩序。① 梅斯特梅克教授认为，新的世界经济秩序是一种以法律形式表现的政治要求，即实现发达国家和发展中国家的共同发展。② 可见，新的世界经济秩序的形塑离不开世界经济法。如前文所述，世界经济法的内涵和宗旨是实现世界经济包容性法治，外延是构建保障世界经济包容性增长并由全人类共享发展成果的世界经济法治。

随着世界经济格局的变化和世界经济的发展，国际经济法的内容也在不断丰富。"一带一路"倡议作为世界性的公共产品，极大促进了世界经贸、投融资等经济活动，推动了人类命运共同体理念的实践；也势必加速世界经济规则的改变与重塑。有学者认为，"一带一路"建设能够推进落实共同体法治，有利于探索全球治理新范式、开辟全面一体化的法治新路径，将催生公平、高效的法治新公共产品。③ 笔者认为，这个法治新公共产品应当是世界经济法治。世界经济法治的形塑和运行离不开世界经济法。世界经济法应当包括保障世界经济运行的基本规则与制度如全球贸易、货币金融等多方面的制度，亦应当包括世界经济纠纷解决机制，即世界经济法包括世界经济实体法和世界经济程序法。

2. 中国法—跨国法—世界法的逻辑结构

在明确顶层设计的基础上，世界经济法治新秩序的构建要拟定相应的实施路径和总体框架结构，从总体上探究中国法、跨国法、世界法的逻辑

---

① 参见车丕照《国际经济秩序"导向"分析》，《政法论丛》2016年第1期。
② 参见〔德〕E.-J.梅斯特梅克《经济法》，王晓晔译，《比较法研究》1994年第1期。
③ 参见肖金明、张晓明《"一带一路"与国际法治：机遇、新课题与互动之策》，《理论探索》2017年第3期。

结构。在国内层面，通过对国内法治经验的总结和域外优秀法治经验的学习与转化，进一步完善我国涉外经济法治体系，加强我国国内经济法与国际法的衔接。在国际层面，在借鉴域外经验的同时总结我国的经验，通过现有重要的国际组织如 WTO、G20 等，以及由"一带一路"倡议等所产生的新平台向外传播我国的立法经验以及相关理论，促进我国国内法向世界公认的国际规则转化，可以先由具体规则制定入手，扩展到合作机制，继而批判继承旧有秩序，建立或升级出世界之维的新秩序。

在理论层面，我国经济法学界乃至全法学界应积极总结我国经济法治的优秀经验，以及其与当前国际秩序的契合性，并且积极吸收国际学界的相关建议，完善一套被国际社会普遍认可的理论体系。对此，要实现我国法治经验的对外输出，加强对其他国家的了解，以探究我国法治经验输出的路径与模式。以"一带一路"倡议为例，"一带一路"沿线国文化传统差异巨大，若对这些国家的历史传统、生活方式和价值观念缺乏深刻了解，法律移植几乎难以成功。换言之，我国要积极探讨一套为国际社会所认可的理论体系，才能让我国所主张的"新型国际秩序"为国际社会所认可。此外，我国在探讨并主张新型国际秩序时，既要突破固有理念，又要维护现有成果。世界经济法治应建立在对现有经济治理体系的批判继承上。[1] 包括中国在内的新兴国家在现有经济治理体系中确实存在话语权、规则制定权较小的问题，但是这不意味着要对现行体系进行颠覆性重构。发达国家"另起炉灶"的设想一时也难以全盘实现，更不必说经济实力相对较小的新兴国家。另外，现有体系的稳定性也是中国—世界经济格局形成的重要外部因素，维护其主体框架对中国和其他新兴国家均有益处。有学者认为，中国的成功模式是建立在吸收西方先进经验的基础上改进的。[2] 因此，完全抛弃现有西方体系也是不符合自身发展规律的。概言之，经济法研究的"中国—世界范式"并不是游离于当前的国际秩序之外的，而是在中国法（含涉外经济法）、国际法（含跨国经济法）的研究基础上，加上整体性的

---

① 参见袁达松、赵雨生《包容开放的世界经济法体系构建》，载郑文科主编《首都法学论坛》第 16 辑，中国政法大学出版社，2020。
② 参见郑永年、张弛《"一带一路"与中国大外交》，《当代世界》2016 年第 2 期。

"世界之维"，并从中国法贯通至世界法，就是经济法研究的"中国—世界范式"。

四 "世界经济宪章"的制定

（一）启动"世界经济宪章"的必要性

如前所述，康德曾经提出"永久和平"的价值追求，指出世界永久和平状态是基于正义之上、受世界大同主义法权体系规范的太平和合状态，世界主义法律体系应由国内法、国际法和世界公民法三位一体组成。当前世界经济中的贸易战、经济制裁等现象是非战争时期国家之间的不正当竞争，严重损害了经济正义，因而需要改变从纯粹国家视角解决世界经济法治问题的思路，从世界法的维度追求世界经济秩序的"永久和平"。前南斯拉夫国际法学者米兰·布拉伊奇曾提出"国际发展法"的概念，他指出，国际发展法是普遍国际法的重要组成部分，是对国际关系进行经济和法律改革的工具，应当赋予一切国家真正平等地参与国际生活的机会。它是一部以建立国际经济新秩序为目的的过渡性法律。体现为一套调整国际关系的规则，注重促进公平，加强合作、实现平等。[①] 该学者进一步指出："在现代国际法的发展中，最理想的目标是建立一部可以对所有国际法主体具有约束力的普遍性的法律。"[②] 由此可见，伴随着国家之间、区域之间的经济联系日益密切，经济依存度持续增强（以"三链"[③] 的形成为表现），"人类命运共同体"的理念与倡议应运而生，在此背景下，亟须从整体视角来推动世界经济治理。

在世界经济格局发生重大变化、世界经济治理问题越发复杂的背景下，为应对世界经济的碎片化治理，应推动从整体维度进行布局，制定世界经

---

① 参见〔南斯拉夫〕米兰·布拉伊奇《国际发展法原则：有关国际经济新秩序的国际法原则的逐渐发展》，陶德海等译，中国对外翻译出版公司，1989，第46页。

② 〔南斯拉夫〕米兰·布拉伊奇：《国际发展法原则：有关国际经济新秩序的国际法原则的逐渐发展》，陶德海等译，中国对外翻译出版公司，1989，第47页。

③ 随着经济全球化进程的推进，国家之间以及区域之间的经济联系日益频繁、紧密，经济全球化深入发展的结果是形成了"三链"（全球产业链、供应链和价值链），而"三链"也成为当前世界经济领域最明显的时代特征。

济治理规则和制度。在国际发展法和国际经济法的法律制度基础上，从世界性、整体性、包容性的角度对世界经济治理的基本问题进行阐述、推演、确定。从这一角度，应启动"世界经济宪章"，将其理解为经济层面的"联合国宪章"，也有学者将其命名为"国际经济合作宪章"。① 有学者指出，国际社会的经济现实决定了国际经济新秩序的建立。但是，假如在为建立国际经济新秩序而努力的同时，不创设和完善新的国际法律体系，那么，在政治和经济等领域方面所做出的所有努力都将毫无意义。② 因此，应对世界经济治理与发展问题，离不开具有世界范围与世界视野的"世界法"的支撑和保障。

（二）"世界经济宪章"的具体建构

1. 制定主体的选择

面对全球价值链、经济全球化发展过程中层出不穷的风险问题，部分国家为维护自身利益，选择抵制全球化的路径，而不是积极参与法治状态下有序的全球治理。"风险社会""世界主义时刻"之下，包括经济风险在内的社会风险的转移和传递已然全球化，各种风险扩散、传播、蔓延的速度更快、影响范围也更加广泛。不管是世界经济风险或者经济危机的预防、应对，全球环境的保护，还是全球贫困问题的消解等，单个国家都不能够独立解决。应当建立世界治理体系，每个国家或区域的经济治理、社会治理都应当成为世界治理体系的重要组成部分。③ 因此，风险的全球化需要世界之维的经济治理方案来预防、化解、应对。

任何世界经济治理方案的有效实施，世界经济治理体系的有效运转，都离不开法律、制度层面的保障与支持。这就要求世界各国在共同商议、广泛合作的基础上，基于共同认可的发展目的，制定运行有效、成果共享的世界经济治理规则。"客观上，既然是'世界经济治理规则'，那么制定

---

① 参见刘敬东《全球经济治理新模式的法治化路径》，《法学研究》2012 年第 4 期，第 199 页。
② 参见〔南斯拉夫〕米兰·布拉伊奇《国际发展法原则：有关国际经济新秩序的国际法原则的逐渐发展》，陶德海等译，中国对外翻译出版公司，1989，第 2 页。
③ 参见袁达松《风险经济法学举隅——"风险社会""世界主义时刻"视角的经济法学》，载陈云良主编《经济法论丛》2017 年第 1 期，社会科学文献出版社，2017，第 39~40 页。

权应当属于全世界而不是某一个或某几个国家,至少应当由能够代表世界各国不同利益诉求的主要经济体或权威国际平台来商讨、确定。"① 由此,制定主体的选择成为启动"世界经济宪章"可行性分析所需要解决的首要问题。

一方面,作为专业型的世界经济组织,世界贸易组织、国际货币基金组织、世界银行等在各自的功能范围和专业领域内发挥了积极且富有成效的作用,但由于其专业特点突出、规制范围有限,不适宜成为制定涵盖综合性内容的"世界经济宪章"的主体。另一方面,欧洲联盟、亚太经合组织等区域性的经济组织,其成员主要为本区域内的经济体,因而欠缺世界范围内的代表性。而 G20 议题设置广泛,涵盖世界经济发展的多个领域,成员构成多元,就区域分布来讲,世界各区域均有代表性国家加入;就发展程度而言,发达国家、新兴经济体和发展中国家均被囊括在内。总体上,G20 的代表性与多元性更为充分。因此,G20 可能是适合推动"世界经济宪章"制定的主体。

G20 在推动"世界经济宪章"的制定时,应当充分提升成员的参与度、民主化、包容性,由于各个国家在传统文化、经济体系、政治制度等方面不尽相同,在较多方面存在分歧,达成共识难度较大,然而,在制定新型世界经济规则时应当尽量平衡不同国家的合理诉求与利益需求,以"共同但有区别"的责任为原则。通过公平的投票机制、平等的协商机制,尽可能地促使各国达成共识。② 此外,还应"在不影响其决策效率的前提下引入更多的利益方(国家或者在一定区域有影响力并受到认可的国际组织)",③共同参与"世界经济宪章"的制定,寻求对世界经济的全球治理。在此过程中,注重各国政府之间及其与国际组织间的合作与协调,兼顾各国、各区域经济利益的同时,更加注重世界整体经济利益的维护。为避免遭遇在

---

① 袁达松、姚幸阳:《命运共同体、"中国方案"与包容性法治》,载卢建平主编《京师法律评论》第 11 卷,中国法制出版社,2018,第 277 页。

② 参见袁达松、黎昭权《构建包容性的世界经济发展与环境保护法治框架——以"人类命运共同体"理念为基础》,《南京师大学报》(社会科学版)2019 年第 2 期,第 118 页。

③ 沈伟:《后金融危机时代的国际经济治理体系与二十国集团——以国际经济法—国际关系交叉为视角》,《中外法学》2016 年第 4 期,第 1028 页。

世界经济中被遏制或被孤立的困境，"事实上，中国应该……加入、参与和推进以'三零'为原则和纲领的国际贸易体系的建立和发展。在某种意义上，这相当于第二次'入世'"。[①] 中国在参与、推进的进程中，应对注意把握底线、防范潜在风险，发出中国声音，提供中国方案。

2. 价值目标的设定

当前世界经济治理体系中，广大发展中国家和新兴经济体参与度不够，大部分发展中国家被排除在决策体系之外；以美国为首的发达国家经常利用自身的政治、经济和科技等优势，与发展中国家和新兴经济体进行不正当竞争；国家之间并未获得均等的经济发展机会，也未能够共享经济发展成果。因此，在此基础上，"世界经济宪章"应设定平等参与、公平竞争、包容发展等价值目标，促进世界经济均衡、包容、持续发展。

（1）平等参与

"世界经济宪章"第一位的价值目标是平等参与。在以往的世界经济治理体系中，发达国家主导建立了国际经济组织、制定了相关规则以及通过了相关重要决策。广大新兴的发展中国家则处于被动参与或者"被治理"的地位，缺乏相应的话语权、决策权、规则制定权；或者受到遏制、孤立，直接被排除在了该体系之外。对此，有学者指出，资本主义世界经济体系是以世界范围的劳动分工为基础而建立的，形成"中心—边缘—半边缘"的国际阶层结构，阶层的区分导致了国际权力分配的不平等。[②] 这一局面必须得到改善，在世界经济发展过程中，各个国家和地区，无论人口多少、领土大小、经济规模大小、经济发展程度高低，都能够平等地参与全球经济治理，对相关规则的制定和决策的通过均可以发表自己的意见以及建议，积极主动地参与到世界经济新秩序的构建中，而不只是做一个旁观者或被动参与者。"这种平等不是西方意义上的同质性的排他性的平等，而是费孝通所言'各美其美，美美与共'意义上的平等，保持差异，又能保持统一。

---

① 黄奇帆：《新时代国际贸易新格局、新趋势与中国的应对》，《第一财经日报》2019年10月9日，第A11版。

② 参见〔美〕伊曼纽尔·沃勒斯坦《现代世界体系》（第1卷），郭方、刘新成、张文刚译，社会科学文献出版社，2013，第429~431页。

它既有法律上的形式平等，也有发展机会与权利上的实质平等。"① 经济全球化之下，经济风险的应对、经济秩序的新建，都不是单个国家所能够独立解决的。"世界经济宪章"的启动与完成是一项颇具规模的系统工程，其构建需要各个国家的积极参与。各国通过平等参与世界经济活动，共同制定世界经济发展规则，解决世界经济发展过程中的种种困难，共享世界经济发展成果。

（2）公平竞争

市场机制发挥其基本功能的首要条件是竞争，而竞争功能能否充分发挥，则主要取决于法律对于各经济主体适用的公平性。因此，保证市场主体的市场地位平等和竞争机会均等是非常重要的。伴随着经济全球化的持续进行，国家之间的经济合作日益密切，随之而来的是愈发激烈的国家竞争。国家之间的正当、合理竞争是推动国家发展、提高综合国力的重要途径。正当的国家竞争能够促进国家经济发展，提高国民收入，推动科技进步，促进资源在世界范围内的合理流动与分配。国家基于自身利益考量，有时会实行民族主义、贸易保护主义等，采用诸如贸易战等不正当的国家竞争手段，这些措施会增加国际贸易成本，破坏世界贸易分工体系，降低世界经济效率，扰乱世界经济秩序。如同一国内部的个人或企业等享有发展权一样，在世界经济框架下，每个国家也都享有发展权，应当持续优化世界经济治理规则，保障各国的发展权与发展利益，提高发展能力。从经济法维度看，无论哪一个国家都不应该滥用自身政治、经济等优势，采取贸易战或其他类似方式阻碍、限制相关、其他国家的发展，不然就是不公平的国家竞争，就应当被追究责任。② 在一国国内经济发展过程中，经济法主要聚焦并规制企业等市场主体的竞争问题，然而在世界经济发展过程中，"世界经济宪章"则要着重关注国家竞争的问题。

（3）包容发展

"包容性发展"这一理念的形成，经历了从"亲贫式增长"到"包容性

---

① 袁达松、姚幸阳：《命运共同体、"中国方案"与包容性法治》，载卢建平主编《京师法律评论》第11卷，中国法制出版社，2018，第269页。

② 参见张守文《贸易战、全球经济治理与经济法的完善》，《武汉大学学报》（哲学社会科学版）2019年第5期，第12页。

增长"，进而上升至"包容性发展"的过程，并在国内乃至国际社会引发热议。包容性发展应当包含两个层次的内容：一方面，强调一国国内发展机会平等、发展成果共享以及经济、社会的协调可持续发展；另一方面则聚焦于国家之间发展机会均等、发展模式包容、发展成果共享以及发展条件的可持续。[①] 从世界维度观之，包容性发展应当促进包含发达国家和发展中国家在内的所有国家经济增长，互利共赢，并且着重关注保障弱势区域、弱势国家以及弱势群体的利益。在世界经济发展过程当中，以往攫取式的、剥削型的、不公平的、非均衡的经济发展模式已经暴露出了种种弊端，因此，在"世界经济宪章"中要实现包容性发展的价值目标，无论每个国家的经济规模大小、经济发展程度高低，都要给予每个国家和经济体均等的发展机会，尊重每个国家的主权以及适合自身的不同的经济发展模式，建立共商共建共赢的经济增长机制，共享世界经济的发展成果，最终实现世界经济的包容、协调及可持续发展。

3. 开放包容的调整框架

随着科学技术的进步、商业模式的创新、世界经济的发展、经济格局的变动，世界经济法的内容也在不断变动、日益丰富。这就要求"世界经济宪章"具有相当程度的前瞻性，设置相关制度，以及时有效应对世界经济发展中出现的重大崭新问题。

世界经济法应当包含保障世界经济法治化运行的基本框架、规则与制度，例如世界贸易、知识产权、货币金融、消费者权益保护等多方面的制度，同时，世界经济纠纷解决机制也不可或缺，也就是说，世界经济实体法和世界经济程序法共同构成了世界经济法。[②] 世界经济法的责任追究程序和权利救济程序对于确保世界经济法主体的实体法权利的有效实现、实现程序正义，具有重要作用。因此，"世界经济宪章"既要能够涵盖世界经济实体法的制定、修改、完善，也要能够为世界经济纠纷解决机制的建立、有效运行和完善提供指导。

[①] 参见袁达松《走向包容性的法治国家建设》，《中国法学》2013年第2期，第6页。

[②] 参见袁达松、张志国《世界主义视角下的经济法治与经济法学》，载张守文主编《经济法研究》2018年第1期，北京大学出版社，2018，第8页。

世界各国政府不仅仅是经济、法律和社会规则的实施者，同时也是相关国家资产的一个最大拥有者以及市场经济的一个最大参与者和统御者。[①]因此，"世界经济宪章"的调整范围不应再局限于某个区域、某个国家的市场，而是应当从影响世界经济发展的市场与政府两个关键因素进行调控和规制，以推动形成良好的世界经济新秩序。全球市场规制以及各国政府、世界经济组织所进行的宏观调控是贯穿于"世界经济宪章"的基本思想和理论基点，需要注意的是，在世界层面的宏观调控上要更加注重各国政府之间以及各国政府与世界经济组织之间的相互协调与深化合作。

4. 灵活升级的经济争端解决机制

自 20 世纪 60 年代起，为了维护国家主权、独立发展经济，摆脱发达国家对广大发展中国家的经济剥削、经济掠夺与经济控制，打破旧的国际经济结构，促进发达国家和发展中国家在平等、互利、共赢的基础上开展经济合作，联合国发动了建立国际经济新秩序的运动，并通过了《各国经济权利和义务宪章》。但是，"《各国经济权利和义务宪章》的主要缺陷，就在于其确认经济权利和义务的同时没有提供一个切实的法律和制度保障，这是今天国际社会，特别是发展中国家所应努力争取的"。[②] 因此，"世界经济宪章"在确认各主体经济权利和义务的同时，应当提供一个切实可行的法律体系和制度保障，构建、完善经济争端解决机制。"在国际体系改革过程中，包容式改进比'另起炉灶'的零和式改进更有助于国际体系在有序的轨道上进行，它有助于国际体系渡过权力转移的风险期。"[③] 综合各方面考虑，对世界贸易组织规则升级特别是对其纠纷解决机制进行改革可能是目前成本最小、收益最高的可行路径。

WTO 的改革、升级是一项系统性工程，不可能一蹴而就，应当在世界各国广泛参与、共同商议的基础上循序渐进、达成共识。此外，近年来国际贸易形成了新格局，以"三零"原则为背景和基础的 FTA（Free Trade

---

① 参见韦森《大转型：中国改革下一步》，中信出版社，2012，第 51 页。

② 张泽忠：《〈各国经济权利和义务宪章〉国际法效力之反思》，载陈安主编《国际经济法学刊》第 15 卷第 3 期，北京大学出版社，2008，第 165 页。

③ 苏长和：《共生型国际体系的可能——在一个多极世界中如何构建新型大国关系》，《世界经济与政治》2013 年第 9 期，第 15 页。

Agreement，自由贸易协定）谈判，已经成为主要发达国家之间在贸易谈判原则以及贸易谈判体系方面的第一选择。WTO 在世界贸易体系中似乎有被边缘化的趋势。对此，当今世界以"三零"原则为基础的 FTA 的发展和讨论，是对 WTO 的丰富和发展，而不是颠覆和脱离。未来，WTO 在自身的改革中，也应当积极地推进和"三零"原则有关的机制及体制改革，如此，其全球化的功能方能有效发挥。[①] 因此，应通过法治化的机制完善，寻求国际贸易一体化新格局与 WTO 现有体系的矛盾解决与和谐共存。除了推动 WTO 的改革升级之外，还应推动"世界经济宪章"的制定，建立和完善其他经济领域的争端解决机制，进一步涵盖国际投资、国际援助、跨国公司、货币金融、环境治理、互联网经济、数字经济等领域。世界经济争端解决机制的管辖范围应是包容开放的，随着科学技术的进步、商业模式的创新、各国经济合作的深化，管辖范围应及时扩张更新，有效回应新兴经济领域治理难题，避免出现法律空白。

同以往相比，当前世界经济发展格局已经发生明显变化，新兴经济体和广大发展中国家经济实力日益增强，一些合理经济诉求并未得到有效回应。"三链"的产生与发展对世界经济治理体系提出了全新而严峻的挑战。部分国家片面强调国家利益最大化，世界经济发展中民族主义、单边主义、贸易保护主义频繁抬头，国家之间经济合作减少，不正当竞争增多，造成世界经济发展进一步失衡，全球贫富差距加大。因此，应变革从纯粹国家视角解决世界经济法治问题的思路，从世界维度出发，既考虑单个国家利益的诉求，又兼顾他国利益的实现，并且注重世界整体利益的维护。"世界经济宪章"构想的提出，就是对片面强调国家利益优先观念的一种应对。应制定一部整体性、开放性、包容性、推动实践"三零"原则的"世界经济宪章"，对世界经济体系予以规范和引导，同时推动世界经济争端解决机制的优化、升级，为世界经济的协调、包容发展提供法治保障。

[①] 参见黄奇帆《新时代国际贸易新格局、新趋势与中国的应对》，《第一财经日报》2019 年 10 月 9 日，第 A11 版。

The Theoretical Basis, System, Paradigm and Charter of the World Economic Law

(Yuan Dasong)

Abstract: The prevailing global economic governance framework falls short of addressing the challenges faced by global economic development, failing to foster an inclusive growth model. This necessitates the formulation and advancement of inclusive world economic norms and institutions. This paper substantiates the essentiality and feasibility of constituting world economic law and delineates its fundamental premises. It emphasizes reinforcing the theoretical and practical underpinnings of inclusive legal governance, advocating for the establishment of world economic law predicated on scholarly research, legal frameworks, and governance outcomes. This initiative aspires to cultivate "good governance" within the world economic legal domain. Amidst significant shifts and challenges in the economic interplay between China and the global economy, there's an imperative to transcend existing paradigms, exploring the China-World economic law nexus within an open and inclusive economic framework-a paradigm referred to as the "China-World Paradigm". Anchored in theoretical, systemic, and paradigmatic considerations, world economic law responds to global legal governance issues, shifting away from purely nationalistic resolutions towards the formulation of a "World Economic Charter", aiming to propel the world economy towards a trajectory of efficient, inclusive, coordinated, and sustainable development.

Keywords: World Economic Law; World Economic Law Jurisprudence; World Economic Charter; China-World; Paradigm

杜 宇

中山大学法学学士、法学硕士，北京大学法学博士，中美富布莱特高级访问学者。现任复旦大学法学院院长，教授，博士生导师。兼任全国法律专业学位研究生教育指导委员会委员、中国法学会刑法学研究会常务理事、中国法学教育研究会常务理事、上海市法治研究会副会长、上海市法学会学术委员会委员、案例法学研究会副会长、复旦大学法学分学位委员会副主席，法学院教学指导委员会副主任，法学院学术委员会委员。

主持国家社科基金重点项目与一般项目等国家级、省部级项目10项。获得上海市法学优秀成果奖、上海市哲学社会科学成果奖等省部级学术奖励6项。在北京大学出版社、法律出版社、中国政法大学出版社出版个人学术专著4本。在《中国法学》《法学研究》等期刊发表论文近70篇。其中，近1/5的论文被《中国社会科学文摘》《人大复印报刊资料》全文转载。入选上海市优秀中青年法学家、上海市浦江人才计划、上海市曙光学者、中国法学创新网"新秀100"、上海市晨光学者。

程序性犯罪构成要素的性质[*]

杜　宇[**]

摘　要：在当下的中国刑事立法上，存在一系列具有程序性特征的实体构成要素，可称之为"程序性犯罪构成要素"。其与诉讼条件、行政前置性条件等既存范畴之间存在一定区别，具有独立的概念化空间。此种要素绝非仅具证明指示功能的程序性要素，而是在犯罪成立体系中具有实体裁判机能的要素。立足于阶层论的体系背景，此种要素既参与构成要件行为的定型化塑造，又具有明显的行为指引与呼吁功能，同时事关法益侵害的规范评价，且需要行为人一定程度的认知。因此，它与不法具有直接的关联性，是客观不法的内在构成要素，不能将其归入客观处罚条件之中；而如立基于四要件的犯罪构成体系，此种要素则应被归入客观方面要件中加以整饬。与此种要素的性质定位紧密相关，在既遂、共犯认定等犯罪形态领域，应进行贯穿性思考，同时妥善协调其与责任主义之间可能的紧张关系。

关键词：程序性犯罪构成要素；客观处罚条件；客观构成要件要素

实体与程序的两分，可谓法学知识体系中最为坚固的堡垒之一。然而，如果认真考察晚近以来的刑事立法，就会发现一个饶有意味的现象：越来越多的程序性要素在刑法条文中被确立，并成为实体上左右犯罪成立的关键要

---

[*]　本文曾发表于《中国法学》2022 年第 5 期，系 2018 年度国家社科基金重点项目"犯罪构成的程序向度研究"（项目批准号：WRH3457011）和 2021 年度上海市教委科技创新重大项目"中国超大城市新型社会冲突的数据地图与共治化解"（项目编号：2021-01-07-00-07-E00124）的阶段性成果。

[**]　杜宇，复旦大学法学院教授，博士生导师。

素。例如，在拒不支付劳动报酬罪中，"经政府有关部门责令支付仍不支付的"；在信用卡诈骗罪中，"经发卡银行催收后仍不归还的"；等等。这些立法带给人们的整体印象是，行为人单纯实施前行为（不支付劳动报酬、不归还信用卡贷款等），并不足以追究刑事责任；只有在紧随而来的补正性程序中拒不履行相关义务，才可能成立犯罪。如此一来，是否依法发动相关程序，发动程序后行为人是否履行相关义务，均成为控制刑罚权发动的重要因素。

法学研究的使命在于，直面本土语境中独特的法经验并予以学理化阐释，以推动学术概念、理论与体系的发展。在此意义上，上述立法例也对中国刑法学提出了重大挑战：（1）应如何整体性地理解此种立法现象，并予以概念化地提炼和阐释？（2）这些程序性的犯罪构成要素与现存的教义学范畴，如诉讼条件、客观处罚条件、行政前置条件等，应如何细致辨析和区分？其是否存在独立的范畴化契机与空间？（3）在概念化工作的基础上，应如何对这类要素予以正确的体系定位？亦即，这种要素到底是一种实体性的构成要素，还是一种以诉讼证明为基本指向的程序性要素？[1] 如果是一种实体要素，它在犯罪成立判断体系中处于何种位置与角色？特别是这种要素到底归属于构成要件阶层，还是归属于客观处罚条件？[2]（4）体系定位问题具有牵一发而动全身的效果。对此类要素规范性质的准确理解，既需要在既遂与未遂区分、共犯认定等犯罪形态领域进行贯穿性思考，又需要妥善处理其与责任主义之间可能的紧张关系。

本文将聚焦于程序性犯罪构成要素的性质与定位这一论题，并尝试在体系性思考与问题性思考的往返穿梭中完成对其的交错考察。

一 程序性犯罪构成要素的发现

（一）程序性犯罪构成要素的经验梳理

在中国现行刑事立法中，程序性犯罪构成要素的设置并非孤例，相反，呈现集群化、类型化的样态。经初步整理，笔者认为，《刑法》以下条文中

---

[1] 参见赵运锋《论刑法条文中的"程序性要素"》，《法学》2021年第7期，第130~138页。

[2] 参见张明楷《恶意透支型信用卡诈骗罪的客观处罚条件——〈刑法〉第196条第2款的理解与适用》，《现代法学》2019年第2期，第155~156页。

均含有程序性犯罪构成要素（见表1）。

表1　《刑法》中含有程序性犯罪构成要素的条文

刑法条文	具体罪名	程序性犯罪构成要素
第139条	消防责任事故罪	经消防监督机构通知采取改正措施而拒绝执行
第196条	信用卡诈骗罪	经发卡银行催收后仍不归还的
第201条	逃税罪	经税务机关依法下达追缴通知后，补缴应纳税款，缴纳滞纳金，已受行政处罚的
第276条之一	拒不支付劳动报酬罪	经政府有关部门责令支付仍不支付的
第286条之一	拒不履行信息网络安全管理义务罪	经监管部门责令采取改正措施而拒不改正
第290条	扰乱国家机关工作秩序罪	经行政处罚后仍不改正
第296条	非法集会、游行、示威罪	又拒不服从解散命令，严重破坏社会秩序的
第330条	妨害传染病防治罪	拒绝按照疾病预防控制机构提出的卫生要求，对传染病病原体污染的污水、污物、场所和物品进行消毒处理的；拒绝执行县级以上人民政府、疾病预防控制机构依照传染病防治法提出的预防、控制措施的
第395条	巨额财产来源不明罪	可以责令该国家工作人员说明来源，不能说明来源的

值得注意的是，1997年《刑法》中还存在其他类似设定，但在此后的刑法修正案中被删除。例如，1997年《刑法》原第288条"扰乱无线电管理秩序罪"中，"经责令停止使用后拒不停止使用"是必要条件，但它在2016年《刑法修正案（九）》中被删除；类似地，2011年《刑法修正案（八）》也对原第343条"非法采矿罪"予以修订，删除了"经责令停止开采后拒不停止开采"这一规定。同样值得注意的是，上述规范中所涉及的程序类型并不完全相同。例如，《刑法》第201条、第290条涉及行政处罚程序；第196条涉及发卡银行的民事催收程序；第276条之一、第296条所规定的则是行政命令程序。其中，《刑法》第276条之一所规定的"行政责令"实际上是行政命令的一种。

（二）程序性犯罪构成要素的范畴凝练

1. 程序性犯罪构成要素的概念提出

如果仔细观察，大部分的程序性犯罪构成要素显现为"经……，仍不……""经……，拒不……""经……，拒绝……"的表述形式。除上述较典型的表述形式外，也存在一些非典型的、需补充的表述形态。例如，在《刑法》第 296 条中，"拒不服从解散命令"应当被完整理解为，经相关主管机构发布解散命令，而拒不服从该命令的；第 330 条也属于类似情形。由此观之，无论是典型的、完整的要素形态，还是非典型的、需补充的要素形态，都可以被统一把握为"经……，而拒不履行……"的罪状结构。这一结构表明，行为人单纯实施前部的违法行为，并不成立犯罪。立法者在行为人前部违法的基础上，施加某种程序性措施以期纠正，并结合行为人在此程序中的表现——是否履行了法秩序所期待的后续行为来决定是否成立犯罪。就此而言，此类因素是犯罪成立条件中的必要构成部分，不经此要素的判断，则无法获得最终的实体认定结论。因此，本文将此类要素称为"程序性犯罪构成要素"。

在既有研究中，有学者已关注到上述立法现象，并尝试概念化地提炼。例如，赵运锋教授将之称为"程序性要素"，① 卢勤忠教授则称为"程序性构成要件要素"。② 赵运锋教授之所以将其称为"程序性要素"，是因为可通过这种要素，对犯罪故意、主观超过要素等主观事实进行推定和说明，以有效降低诉讼程序上的证明难度。③ 可见，他强调的是此类要素在证据法上的程序性价值，同时否认其实体法上的裁判功能。而在笔者看来，尽管此类要素的确具有一定的程序性价值，如程序流程的动态引导、追诉时效的附随确定等，但如下文所述，其对于主观要素的证明指引功能难以被肯定。更为紧要的是，此类要素具有实体法上决定行为可罚性之关键意义，是达致最终实体判断结论时不可逾越的判断要素，因此，在根底上应归属于犯罪成立的实体判断框架。就此而言，它绝非程序性要素，而是实体性要素，其程序性价值仅仅构成实体法机能之反射而已。而卢勤忠教授已注意到此类要素的实体法性质，并以"构成要件要素"的表述加以肯认。不过，构成要件概念源于德日刑法教义学，常常与违法、责任等范畴对照展开，与

---

① 参见赵运锋《论刑法条文中的"程序性要素"》，《法学》2021 年第 7 期，第 131~133 页。
② 参见卢勤忠《程序性构成要件要素概念的提倡》，《法律科学（西北政法大学学报）》2016 年第 6 期，第 62~63 页。
③ 参见赵运锋《论刑法条文中的"程序性要素"》，《法学》2021 年第 7 期，第 130 页。

阶层论的理论土壤与话语体系难以脱离。考虑及此，笔者更倾向于以"程序性犯罪构成要素"来概括此种中国刑法上的独特立法现象。

2. 程序性犯罪构成要素的基本特征

在笔者看来，程序性犯罪构成要素具有如下特质。(1) 程序性。所谓"程序性"，意味着某种过程性的中间处置。一方面，包含此类要素的犯罪绝非行为一经实施即告完成的即成犯，而是在前部的违法行为完成之后、整体犯罪成立之前，置入一种过程性的中间安排，如果不经过此种中间性的处置，行为就无法最终成立犯罪；另一方面，还要看到，这一中间安排本身也具有程序性的特征，需由相关主体以特定的决策程序作出，并符合相应的程序样式。例如，拒不履行信息网络安全管理义务罪中的"责令改正"，实质上是监管部门的一种行政命令，其必须依托相关监管权限、经由特定的行政决策程序、通过法定的通知形式作出。除行政责令外，行政处罚、税务追缴等也具有类似的程序性质。当然，所谓的"程序性"，未必仅指行政程序，也可能包含如银行催收等民事性的程序行为。(2) 补正性。所谓"补正性"，即就程序性犯罪构成要素的规范意图而言，具有恢复、修正的意味。诚然，在程序性犯罪构成要素充足之前，行为人已实施某种先行违法行为，但仅此并不构成犯罪。立法者试图通过此种要素的设置，给予行为人一次补正机会，敦促其履行相关法律义务，修复违法状态，并重返合法的轨道。(3) 复合性。所谓"复合性"，即就行为结构而言，程序性犯罪构成要素往往同时包含两种不同行为：一种行为是相关政府机构或行业部门所实施的程序性处置，如行政责令、追缴、催收等行为；另一种行为是面对上述程序性处置，行为人会进一步实施/不实施支付、履行、改正等行为。这两种行为均成为程序性犯罪构成要素的必要组成部分。

由此，设有程序性犯罪构成要素的犯罪在整体上呈现如下行为结构：行为人的前部违法行为+另一主体的程序性处置行为+行为人的后续履行/不履行行为。在此结构中，可进行某种中间项的切割，即将程序性处置行为及行为人的后续行为视为相对独立的整体，而与行为人前部的违法行为区分开来。之所以进行这样的切割，至少有两点理由：从形式上看，行为人后续的履行或不履行行为是对程序性处置的反应，两者相对紧密地联系在一起；而从实质上观察，则是因为这里存在违法性的二元构造：行为人的前部行为是对法秩序的第一次偏离或抵触，而后续的程序性处置及行为人的回应行为，则构成对法秩序违反状态的进一步强化或恢复。在共同塑造、确证违法最终状态的意义上，程序性处置与行为人的后续行为应被作为整体来看待。

当然，即便承认此点，也不能忽略这两种行为之间的差异：首要的差异在于行为主体，即程序性处置由第三方主体来实施，而后续的应对行为则由行为人直接实施；这种差异进一步导致两者在行为样式上的区别，即前者具有较为严格的程序性要求，后者则较为宽松自由，两者类似于要式行为与非要式行为的区别；更为紧要的是，如果说行为人的后续行为仍处于前部行为的延伸线之上，并仍可归属于行为人自身，那么，程序性处置则是由另一方主体来完成，其法律效果却直接及于行为人。而在通常的行为构成中，构成要件行为则完全由行为人自己来成就。这使得包含此类要素的犯罪在行为结构上显著区别于其他犯罪，也使得程序性犯罪构成要素与客观处罚条件间的界限变得暧昧不明。

二　程序性犯罪构成要素的识别

对此种要素的承认，势必关涉它与既存教义学范畴之间的关系，特别是其与客观处罚条件、诉讼条件、行政前置性条件等概念之间的差异。由于客观处罚条件具有体系论的意义，其与构成要件阶层的关系仍存在重大争议，因此，本文拟在第三部分中对此问题详加讨论。此处仅探讨程序性犯罪构成要素与诉讼条件、行政前置性条件之间的区分问题。

（一）与诉讼条件的区别

在诉讼法上，常常规定了存在管辖权、合法起诉等诉讼条件。而在实体刑法中，也存在"告诉才处理""追诉时效"等诉讼条件。整体观之，诉讼条件是追诉开展的前提，是诉讼程序得以有效组织、运作的基础。然而，一方面，程序性犯罪构成要素与诉讼条件类似，都具有程序性的特征；另一方面，即便是纯粹的程序组织条件，也会对实体形成产生投射性的影响。

因此，诉讼条件与程序性犯罪构成要素之间较易混淆。

不过两者的区别仍然存在。（1）程序性犯罪构成要素是决定行为实体可罚性的要素，如欠缺此种要素，只能作出无罪判决。而诉讼条件是追诉程序得以开展和组织的条件，如缺乏此种条件，则应当中止诉讼。显然，无罪判决与中止诉讼的宣示价值和社会感受迥异，前者意味着规范意义上的正名与清白，而后者只是阻碍了追诉程序的进一步开展，并非法律声誉的正面恢复。（2）因欠缺程序性犯罪构成要素而形成的无罪判决，是案件的最终实体结论。这一判决已经穷尽了追诉权，在不考虑审级制度的前提下，具有确定力、拘束力和执行力。与此相对，诉讼条件的缺乏只是形成了诉讼障碍，并不能导致整个追诉权的耗尽。在后续的发展中，如果诉讼条件再度满足，诉讼障碍得以消除，追诉之路就可以重新开启。（3）两者在证明标准上有明显差异。对于诉讼条件而言，通常适用自由证明的标准；而程序性的犯罪构成要素无论在犯罪论体系上如何定位，都必须适用严格证明的标准。[①]

（二）与"未经行政审批""未经行政许可"的区别

基于刑法的保障法地位，在许多罪名的设置中，出现了"未经行政审批""未经行政许可"等前置性要素。例如，《刑法》第336条非法行医罪中的"未取得医生执业资格的人非法行医"；第225条非法经营罪中的"未经许可经营法律、行政法规规定的专营、专卖物品"；等等。应当看到，无论是行政审批还是行政许可，均具有程式性的特征，且同时关涉行政主体与相对人之行为，因而有必要与程序性犯罪构成要素加以区分。

在笔者看来，两者的主要区别在于：（1）就行为的违法性而言，是前置性因素还是嗣后性因素？不难看到，"未经行政审批""未经行政许可"是行为违法的前提与根据。质言之，在这些罪名中，行为的违法性正是建立在违反行政审批、行政许可的基础之上，如事先已通过行政审批或行政许可，则并无违法性成立之余地；而对于程序性犯罪构成要素而言，行为

[①] 参见杜宇《犯罪构成与刑事诉讼之证明——犯罪构成程序机能的初步拓展》，《环球法律评论》2012年第1期，第102、104页。

人的前行为已事先抵触法秩序，其违法性并不依赖此种要素的充足。当然，这并不意味着程序性犯罪构成要素对违法性不产生影响，而只是说这种影响是在行为已违法基础上的进一步塑造。对于前行为所产生的违法性而言，程序性犯罪构成要素并无参与性的影响，构成了某种嗣后性因素。（2）就行为的刑事可罚性而言，到底构成积极根据还是消极根据？显然，"未经行政审批""未经行政许可"是作为一种正面的、支撑可罚性的条件，是产生可罚性的积极根据。而程序性的犯罪构成要素则具有补正性的特征，其试图通过程序性措施修正已造成的违法状态，并重建法和平。就此而言，它对可罚性的加工，主要体现为回溯性地挽回与排除，从而控制刑罚权的最终发动，也因此构成刑事可罚性的消极根据。

（三）与"行政处罚后又实施"的区别

所谓"行政处罚后又实施"的，即指经过一定次数的行政处罚后仍实施类似行为，因而引起刑事处罚的情形。例如，《刑法》第153条规定，"一年内曾因走私被给予二次行政处罚后又走私的"；2017年，《最高人民法院、最高人民检察院关于办理组织、利用邪教组织破坏法律实施等刑事案件适用法律若干问题的解释》第2条规定，"曾因从事邪教活动被追究刑事责任或者二年内受过行政处罚，又从事邪教活动的"。[①]

应当看到，在走私普通货物物品罪等相关罪名中，"行政处罚后又实施的"通常只是选择性的行为构成之一：符合数额要求的可以独立成罪；不符合数额要求，但具备"行政处罚后又实施的"，也可以构成犯罪。如果单独观察，行政处罚后再次实施的行为可能并不符合数额要求，因此，孤立来看，不具备刑事可罚性，而仅仅构成再一次行政处罚的对象；而综合来看，即便对其前后数行为的犯罪数额进行相加，也可能未达数额要素之门槛。由此推断，立法者之所以赋予后续行为刑事可罚性，绝不仅仅是因为这一行为本身的客观不法程度，也不仅仅是因为数次行为在累积后达到可

---

① 《刑法》第201条逃税罪中规定的"五年内因逃避缴纳税款受过刑事处罚或者被税务机关给予二次以上行政处罚的除外"并不属于此类情形。这一规定仅意味着，五年内因逃税受过二次以上行政处罚后又实施逃税行为的，不能适用初犯免责条款而已，未必便一定构成犯罪，因而有明显差别。

罚的客观不法程度，而是因为行为人反复实施类似行为，且即使已通过行政处罚加以警告，行为人仍然冥顽不化地站在法秩序对立面的主观不法属性。[①]

如上述理解正确，那么，经历过一定次数的行政处罚，正是再次实施的后续行为具备刑事可罚性的基础。如果不存在前部的行政处罚经历，就缺乏与后续行为相对照的客观基础，也无法以此种持续性的不法行为为根据和界限，去观察和抽象出行为人主观的不法人格。就此而言，经历过一定次数的行政处罚，正是刑事可罚性的积极根据而非消极根据，是主观见之于客观的根据，而非纯粹的客观根据。这也构成了它与程序性犯罪构成要素的根本区别。

与上点相连，另一衍生性的区别是，是否允许以司法解释的形式来规定相关内容。于"行政处罚后又实施"而言，饱受诟病的一点就是，如以司法解释的形式加以设置可能违反罪刑法定原则。例如，在《刑法》第175条中，高利转贷罪的构成要件是"以转贷牟利为目的，套取金融机构信贷资金高利转贷给他人，违法所得数额较大"的行为。立法者并未规定"数额较大"标准之外的其他行为构成。然而，2010年《最高人民检察院、公安部关于公安机关管辖的刑事案件立案追诉标准的规定（二）》第26条规定，"虽未达到上述数额标准，但两年内因高利转贷受过行政处罚二次以上，又高利转贷的"，也应立案追诉。显然，当立法中缺乏设置时，单纯以司法解释的形式加以规定，可能意味着超越解释限度，而进行了实质性的立法修改。更为关键的是，作为某种刑事可罚性的积极根据，"行政处罚后又实施"这一罪状的新设，是一种不利于行为人的刑罚扩张。它意味着，在立法规定的"数额较大"这一标准之外，又增加了某种新的入罪途径与可能，因而难以令人接受。相较而言，程序性犯罪构成要素是一种刑事可罚性的消极根据，如通过司法解释来设置，即使其一定程度上超越了解释权限，也构成有利于行为人的法律续造。

---

① 这一思路已被学者注意，并称之为"人的主观不法"。如在"蚂蚁搬家式"的走私中，往往单次数量较少，但多次实施，行为人具有特殊的主观不法属性。参见胡剑锋《"行政处罚后又实施"入罪的反思及限缩》，《政治与法律》2014年第8期，第45页。

三 程序性犯罪构成要素的体系定位

（一）既有学说的归纳与反思

作为一种影响犯罪实体认定结论的要素，程序性犯罪构成要素不应成为体系上的游魂。由此，如何在犯罪成立判断体系中对其进行妥当归位，就成为不可回避的问题。对这一问题的理解，学界存在激烈争议，主要有"构成要件要素说""客观处罚条件说""标识说""程序性要素说"等代表性观点。

1. 构成要件要素说

在中国刑法学界，卢勤忠教授较早讨论了程序性构成要件要素的概念与体系定位问题。他在 2016 年发表的论文中指出，尽管在"程序性"方面有其特色，程序性构成要件要素仍具有类似于客观处罚条件的性质。然而，由于我国犯罪构成体系与大陆法系不同，在我国刑法分则罪状中规定的所有内容都必然是犯罪构成要件要素，而不可能存在犯罪构成要件之外的要素。① 由此，立基于不同的体系背景，卢勤忠教授对该要素进行了差异化定位：在我国四要件体系下，该要素是犯罪构成要件要素；而在大陆法系的阶层论体系下，该要素则可定位于客观处罚条件。在新近发表的论文中，卢勤忠教授的观点似乎发生了较大转变。他明确指出，客观处罚条件应当是行为成立犯罪的条件，而不是一种处罚阻却事由。尽管程序性附加条件也具有限制处罚的功能，体现了刑法的谦抑性，但它与客观处罚条件仍有本质的不同。它应被理解为犯罪客观要件的内容，不能被理解为刑罚论内容。② 在他看来，之所以不能将程序性附加条件理解为处罚阻却事由，主要基于三点理由：一是程序性的附加条件在整体上依附于客观行为要素；二是将其理解为处罚阻却事由不符合公众的心理感受；三是将其理解为处罚

---

① 参见卢勤忠《程序性构成要件要素概念的提倡》，《法律科学（西北政法大学学报）》2016 年第 6 期，第 65 页。

② 参见卢勤忠《程序性附加条件与客观处罚条件之比较》，《法学评论》2021 年第 1 期，第 71 页。在概念使用上，卢勤忠教授也从"程序性构成要件要素"转换为"程序性附加条件"，但并没有对这两种概念间的关系加以阐明。

阻却事由会导致追诉时效起算的提前。经前后对比不难发现，在四要件体系中，卢勤忠教授始终将此类要素定位于客观的构成要件要素，定位于犯罪论而非刑罚论的内容，且逻辑一贯。但是，在阶层论体系中，此类要素与客观处罚条件间到底是"类似性质"还是存在"本质不同"则显得观点游移。不过，卢勤忠教授虽然在这一问题上较为犹豫，但将此类要素置于犯罪成立的判断体系之内，始终为其所坚持。而从论证逻辑上看，尽管其论文详尽分析了程序性附加条件与处罚阻却事由的差异，但其同样将客观处罚条件定位在犯罪成立体系之内，并与处罚阻却事由明确区分。这样一来，程序性附加条件与处罚阻却事由的区别，并不能直接等同于程序性附加条件与客观处罚条件的区别。相反，由于程序性附加条件与客观处罚条件同处于犯罪成立体系之内，两者的关系不是更为疏远，而是更为紧密，因而需要更为细致的辨析。这一辨析既涉及程序性附加条件与客观处罚条件间的关系，也涉及程序性附加要件与构成要件间的关系。只有在上述两个维度上加以清晰阐明，才能最终明确程序性附加条件在阶层论体系中的基本定位。但遗憾的是，在上述两个维度上，卢勤忠教授均未充分展开与详尽说明。

2. 客观处罚条件说

张明楷教授是"客观处罚条件说"的提倡者。《刑法》第 201 条第 4 款规定，"有第一款行为，经税务机关依法下达追缴通知后，补缴应纳税款，缴纳滞纳金，已受行政处罚的，不予追究刑事责任"。对此，张明楷教授主张，只要行为人的逃税行为符合《刑法》第 201 条第 1 款的规定，并具备其他责任要素，其行为就成立逃税罪，只是尚不能发动刑罚权而已；只有在不符合第 201 条第 4 款所规定的"不予追究刑事责任"的条件时，才能追究刑事责任。职是之故，《刑法》第 201 条第 4 款具有消极的客观处罚条件的性质。而所谓消极的客观处罚条件，实际上就是处罚阻却事由，即对已经成立的犯罪阻止发动刑罚权的事由。同时，张明楷教授明确反对将该款视为逃税罪的构成要件要素。在他的理解中，处罚阻却事由常常是在犯罪行为实施之后才出现，并可以回溯性地消除已经成立的可罚性。它只是阻止刑罚权的发动，却并不影响犯罪本身的成立。[1] 相反，构成要件与违法

---

[1]　参见张明楷《逃税罪的处罚阻却事由》，《法律适用》2011 年第 8 期，第 38~39 页。

性、责任一起，是决定行为是否成立犯罪的前提条件。在《刑法》第196条第2款的讨论中，张明楷教授继续坚持类似观点。[①] 但是，无论在阶层论体系下，还是在我国刑法理论体系下，"客观处罚条件说"都存在论理上的缺陷。

第一，立基于阶层论的体系背景，这一观点对客观处罚条件之体系位置、功能定位的理解存在失误。张明楷教授认为，根据刑法理论的通说，客观处罚条件是基于一定的政策理由而设，与犯罪的成立要件没有关系。[②] 换言之，客观处罚条件只是决定刑罚是否发动的因素，即使欠缺客观处罚条件，也只是阻止了刑罚的实际发动，并不影响犯罪本身的成立。然而，如果认真梳理客观处罚条件在阶层论中的体系地位争议就会发现，争论主要发生在构成要素说、独立的第四阶层说及二分说之间。换言之，争议的焦点在于客观处罚条件与构成要件阶层之间的关系，即到底是将客观处罚条件还原为构成要件要素，还是将其视为独立于构成要件、违法性与有责性的第四阶层，抑或进行分配性的处理。值得注意的是，尽管存在上述争议，但潜藏于后的公允性共识是：客观处罚条件始终是一种决定犯罪是否成立的条件，应当在犯罪论而非刑罚论之内加以定位。由此，德国学界一般认为，客观处罚条件是可罚性的实质前提，如缺乏客观处罚条件，则应排除行为的可罚性。这里的"排除可罚性"或"不可罚"，并不是单纯阻断刑罚的意思，而是犯罪在根本上不成立，应对行为人作无罪判决。在德国，即便在使用构成要件该当性、违法性、有责性的框架来判断犯罪时，也同样是以"是否可罚"为最终结论的。这意味着，德国的可罚性概念相当于中国的犯罪成立概念，客观处罚条件并不是犯罪成立后对刑罚起作用的客观事实，而是决定犯罪是否成立的实质要素。[③]

第二，立基于中国的实定法规定与理论体系，客观处罚条件说也不妥当。虽然在德国刑法上，犯罪成立与刑罚发动间的分离观念并不普遍，但就中国刑法而言，这种分离的可能性为立法与理论所广泛承认。张明楷教

---

① 参见张明楷《恶意透支型信用卡诈骗罪的客观处罚条件——〈刑法〉第196条第2款的理解与适用》，《现代法学》2019年第2期，第147页。

② 参见张明楷《逃税罪的处罚阻却事由》，《法律适用》2011年第8期，第38页。

③ 参见王钰《罪责原则和客观处罚条件》，《浙江社会科学》2016年第11期，第50页。

授将处罚阻却事由明确区分为两种情形："阻却刑罚处罚"与"阻却刑事责任追究"。这一区分的基准在于：在"阻却刑罚处罚"的情形中，依然可能启动刑事诉讼程序，但不得对行为人科处刑罚，此即免予刑罚处罚的事由；而在"阻却刑事责任追究"的情形中，则不得启动刑事诉讼程序（不得立案、起诉和审判），《刑法》第 201 条第 4 款的规定就是如此。[①] 但问题是，根据中国刑法学界的通说，犯罪一旦成立，行为人便在实体上负有刑事责任；犯罪如果不成立，则在实体上不负刑事责任。质言之，犯罪与刑事责任在实体法上是某种共生关系，不存在犯罪成立却不成立刑事责任的逻辑空间。由此可以看到：在"阻却刑罚处罚"的情形中，犯罪仍可能成立，也完全可能以单纯宣告有罪、非刑罚方法等其他方式来追究刑事责任，当然不能阻断追诉程序的开展；而在"阻却刑事责任追究"的情形中，则是因为行为在实体上不成立犯罪，因而在程序上不予追诉。职是之故，《刑法》第 201 条第 4 款规定的"不予追究刑事责任"，不仅意味着程序上不得立案、起诉和审判，而且在实体上不具备犯罪的成立条件。在中国刑法的语境中，"不予追究刑事责任"实质上就是一种"犯罪阻却"，其既不能被理解为"刑罚阻却"，也不能被理解为犯罪在实体上成立，却在程序上阻断刑事责任的追诉（"追诉程序之阻却"）。因为在后一维度的理解中，不仅可能与诉讼条件相混淆，而且会打破犯罪与刑事责任间的实体连接关系。

3. 标识说

有观点认为，程序性处置的规范功能在于，对构成要件行为及责任身份加以标定，本文称为"标识说"。在对构成要件要素说与客观处罚条件说加以反驳的基础上，这一学说认为，行政程序性条件的实体功能有二：（1）在不法层面，行政程序性条件并不为行为的违法性提供根据，而是对犯罪的构成要件行为加以标识；（2）在责任层面，行政程序性条件标明了行为人的责任身份，为行为人的可非难程度的升高提供基础。[②] 具体而言，一方面，行政程序性条件是两种不同性质行为的分界：行政执法之前的行为是一般违法行为，行政执法之后的行为是犯罪的违法构成要件行为。换言之，行政执

[①] 参见张明楷《逃税罪的处罚阻却事由》，《法律适用》2011 年第 8 期，第 39 页。

[②] 参见高磊《论犯罪成立的行政程序性条件》，《东方法学》2020 年第 3 期，第 130 页。

法之前的行为尚未进入刑法评价的范围，不属于违法构成要件的内容。作为刑法范畴的构成要件行为需要从行政执法之后开始"起算"，此即对构成要件行为的标识功能。另一方面，行政程序性条件也标识着行为人的身份，即受过行政处理之身份。行政执法之后的行为，乃行为人以受过行政处理之身份为之，而行政执法之前的行为却并非如此。在该学说看来，此种受过行政处理之身份应定位为一种责任身份而非违法身份，具有止于一身之效果，并且可以较为顺畅地解决共犯认定问题。[①] "标识说"具有一定新意，且致力于提供体系性的解决方案。但这一学说的缺陷也是明显的。

第一，这一学说割裂了行为的整体结构。在"标识说"看来，只有行政处置之后的不履行行为才是真正的构成要件行为，而行政处置之前所实施的行为则只构成一般违法行为。此种观点与客观处罚条件说恰恰相反。在后者看来，前行为已经构成完整意义上的违法构成要件行为，后行为则完全与违法构成无关，仅仅是基于刑事政策的考量而设置的处罚阻却事由。而在笔者看来，在包含此类要素的犯罪中，通常呈现为前行为+程序性处置+后续的不履行行为之三段式结构。不难发现，标识说的问题在于，只重视后续的不履行行为，彻底忽略了前行为的违法构成意义，进而对犯罪的整体行为结构有所误认。一方面，应当看到，对于刑法而言，不可能对一种无关刑事不法的、纯粹的一般违法行为加以规定。只要被规定在刑法之中，前行为就具有刑事违法性上的构成性价值。另一方面，更应当看到，前行为是行为违法性的基础与重要来源，如果不存在这一行为，就不可能存在相应的行政责令或行政处罚，也不可能存在后续的不履行行为。就此而言，前行为是行为不法的先导性、奠基性因素，是整体行为不法的基本组成部分。

第二，这一学说忽视了前行为本身的类型性意义。事实上，前行为对于整体的违法构成而言并非无关紧要，而是具有形塑构成要件行为轮廓之价值。例如，就拒不支付劳动报酬罪而言，并不是任何不支付劳动报酬的行为都构成犯罪，而是必须"以转移财产、逃匿等方法逃避支付劳动者的劳动报酬"或者"有能力支付而不支付劳动者的劳动报酬"的，才有可能构成犯罪。这里，无论对"转移财产、逃匿等方法"与"有能力支付而不

---

① 参见高磊《论犯罪成立的行政程序性条件》，《东方法学》2020年第3期，第130~132页。

支付"的关系如何解读，① 这些要素对于本罪的行为方式均有不可或缺的加工意义。离开这些要素，本罪的行为类型将不可避免地变形。此外，在逃税罪、恶意透支型信用卡诈骗罪等其他犯罪中，这一加工价值也可获得印证。例如，对于逃税罪而言，其行为构成绝非仅由是否"补缴应纳税款、缴纳滞纳金、已受行政处罚"来决定，相反，"纳税人采取欺骗、隐瞒手段进行虚假纳税申报或者不申报"的行为，才是逃税行为的本体，其对于逃税行为的定型性建构至关重要。

第三，这一学说将行政程序性条件作为责任身份之标识也存在问题。（1）在该学说看来，行政程序性条件的满足，意味着后续行为是以"受到行政处理之身份"而为之，这是一种责任身份而非违法身份。但事实上，责任身份与违法身份的区分主要在共犯认定中有其价值，而此处首先需要解决的是程序性条件在单独犯中的体系定位问题。（2）这一学说将责任标识与责任要素本身相混淆。在该说看来，程序性条件是一种责任身份的"标识"。亦即，通过"受到行政处理之身份"下的不作为，可识别出行为人特殊预防必要性的增加与责任程度的提升。但问题是，如采取功能责任论，则预防必要性与罪责一起构成责任阶层的两根支柱，它是责任的实体构成部分而非仅为其"标识"；② 如果不采取功能责任论，预防必要性就是外在于犯罪论的因素，仅在刑罚论中发挥作用，无论如何，都与责任"标识说"的理解不符。而从后文的论述观察，论者排斥"量刑要素说"，并认为行政程序性条件的实施表明行为人责任程度的提高。这里，论者阐述中的程序性条件已不再是一种"标识"或责任判断的间接资料，而本身已成为一种责任要素，表明责任程度之高低。（3）如将程序性条件视为责任要素会违反责任的性质与基本原理。这是因为，无论是程序性条件的实施还是行为人的不作为，都应归属于客观意义上的行为范畴，难以被直接理解

---

① 参见王海军《拒不支付劳动报酬罪的规范性解读——基于"双重法益"的新立场》，《法学评论》2013 年第 5 期，第 124 页。

② 雅科布斯和罗克辛采取了不同构造的功能责任论，在其功能化的责任观中，不仅功能的指向与任务有所不同，而且预防必要性的内部构成也有明显区别。在雅科布斯那里，责任阶层仅关注一般预防的必要性，特殊预防并非其构成部分；而在罗克辛那里，特殊预防与一般预防均不可舍弃。但共同点在于，预防必要性均被作为责任论的构成内容来加以把握。

为责任要素。即便认为客观行为对于责任程度具有判断上的表征价值，也难以否认这些客观行为的首要意义仍应归于不法层面，因为它对本罪的行为构成具有定型性的价值，对不法及其程度具有说明意义。而从时间维度考量，程序性处置及行为人的不作为均晚于前部的违法行为。如果前行为作为构成要件行为的意义不可否认，就难以认为构成要件行为实施之后再浮现出责任要素，这明显违反了"行为与责任同时存在"的原理。

第四，即便认为行政程序性条件属于违法构成要件要素，也不会产生故意规制机能上的失调和犯罪形态认定上的不合理。关于这两个问题的分析，将在本文第四部分详尽展开。

4. 程序性要素说

赵运锋教授认为，有些刑法条文罪状中的法律要素既不是构成要件，也不是客观处罚条件，而属于"程序性要素"，需要从诉讼程序的角度对其进行研究。这种"程序性要素"并不是犯罪的成立要素，而是对主观要件的证明。① 如果说，"构成要件要素说""客观处罚条件说""标识说"等均立基于实体层面来探讨此类要素的体系定位，那么，"程序性要素说"则独辟蹊径，将这种要素的性质定位于纯粹的程序性侧面。质言之，设定这类要素的立法目的在于，对犯罪主观要素的证明途径加以指引。例如，在恶意透支型信用卡诈骗罪中，立法者之所以规定"经发卡银行催收后仍不归还"，是为了以此证明行为人主观上具有"非法占有目的"。尽管难以否认，诉讼证明在间接意义上也服务于犯罪成立的实体判断，但是，此类要素的直接功能指向仍然是程序性的证明问题。然而，在笔者看来，此种定位可能面临下述疑问。

第一，针对"非法占有目的"这样的要素，为什么需要在立法上指示其证明途径？诚然，构成要件并非罪状的全部内容，客观处罚条件、诉讼条件等都可能在罪状中被描述。② 但是，在实体刑法上单独设置纯粹的证明性要素，并以此指示主观要素的证明路径，还是相当罕见和突兀的。一方

① 参见赵运锋《论刑法条文中的"程序性要素"》，《法学》2021年第7期，第132~133页。
② 参见高仕银《罪状、构成要件与犯罪构成——概念梳理、关系考察与性质厘清》，《政治与法律》2010年第8期，第88页。

面，如果将此种要素仅理解为证明指示要素，将使得主观要素与相应程序性要素之间的界限在实质上消失，因而有违构成要件解释的"禁止消融原理"。亦即，当程序性要素的存在仅仅是为推定"非法占有目的"而服务时，就会使得这两种要素形成实质的重叠关系，也会使得程序性要素失去独立存在的价值。根据"去界限之禁止规则"，对特定要素的解释，不能使其完全消融在其他要素之中，从而导致在其他要素实现时，此要素也必然跟着实现。① 这样的解释方案，实际上使得特定要素作为要素的意义被消解，亦使得立法者通过特定要素所构筑的禁止界限在实质上被取消。另一方面，即便立法上不设置这样的证明指引要素，对"非法占有目的"的证明也没有特别困难。根据 2018 年《最高人民法院、最高人民检察院关于修改〈关于办理妨害信用卡管理刑事案件具体应用法律若干问题的解释〉的决定》之规定，"对于是否以非法占有为目的，应当综合持卡人信用记录、还款能力和意愿、申领和透支信用卡的状况、透支资金的用途、透支后的表现、未按规定还款的原因等情节作出判断"。其后，又紧接着规定了可推定存在"非法占有目的"的六种具体情形。② 其中，前两项足以证明持卡人在透支时就具有非法占有目的，后四项则将行为人透支后的表现、透支资金的用途等作为基础事实，来推定非法占有目的的存在。毋庸置疑，"非法占有目的"存在于行为人的内心，是较难证明的主观心理情状。但是，其仍然可以通过上述各种客观资料的综合判断来加以证明。因此，即使认为"经发卡银行催收后仍不归还"可作为"非法占有目的"之判断依据，但如果其他基础事实也足以完成这一推定性证明，就未必需要"经发卡银行催收后仍不归还"这一特别的立法规定。

第二，以所谓的"程序性要素"推定性地证明行为时具有"非法占有

---

① 参见薛智仁《刑法明确性原则之新定位：评介德国联邦宪法法院之背信罪合宪性裁定》，《台大法学论丛》2015 年第 2 期，第 608~609 页。
② 规定："具有以下情形之一的，应认定为刑法第一百九十六条第二款规定的'以非法占有为目的'，但有证据证明持卡人确实不具有非法占有目的的除外：（一）明知没有还款能力而大量透支，无法归还的；（二）使用虚假资信证明申领信用卡后透支，无法归还的；（三）透支后通过逃匿、改变联系方式等手段，逃避银行催收的；（四）抽逃、转移资金，隐匿财产，逃避还款的；（五）使用透支的资金进行犯罪活动的；（六）其他非法占有资金，拒不归还的情形。"

目的"，是否存在时间错位与效度失灵？依照"程序性要素说"的观点，程序性措施的实施及行为人后续的不履行行为仅具有程序意义上的证明指引功能，并非实体意义上的构成要件行为。如此一来，行为人前部实施的违法行为，如偷税行为、透支行为等，便是完整意义上的构成要件行为。基于"行为与责任同时存在"的原理，"非法占有目的"指向的应是前部的构成要件行为，即需要证明在前部的透支行为发生时行为人具有"非法占有目的"。但显而易见的是，在发卡银行发起催收程序后，行为人的支付/不支付是某种嗣后行为。此种嗣后表现对于透支行为发生时是否具有非法占有目的难有证明价值：一方面，行为人事后的归还行为并不能说明行为人透支时不具有非法占有目的，完全可能存在透支时意图非法占有，但透支后基于对刑罚的恐惧、后悔等动机而归还贷款的可能；另一方面，行为人事后的不归还行为也不能说明透支行为发生时便具有非法占有目的，行为人完全可能在透支时意图归还贷款，但事后基于各种变故失去还款能力而难以归还。将事后的归还/不归还行为作为透支行为时是否具有"非法占有目的"的证明基础，不仅存在时间上的错位，而且存在效度上的失灵。

第三，所谓的"程序性要素"，是否仅具有证明性的程序功能？换言之，即使承认其具有指示证明路径、减轻证明负担之功能，是否就无须考虑其他的程序法价值或实体性功能？在笔者看来，一方面，在程序流程的动态引导、追诉时效的附随确定等方面，此类要素同样具有重要价值，应对其程序性机能有更全面的理解和把握；另一方面，更为重要的是，此种要素在根本上仍定位于实体法要素。在"程序性要素说"那里，此类要素仅仅是对主观要素之证明途径的指示，不具有独立的、影响犯罪成立的实体性价值。但毫无疑问的是，如果行为人在程序性处置后积极地履行了相关义务，就不可能成立犯罪。因此，此类要素实际上具有决定行为可罚性之关键意义，是达致最终的实体裁判结论时不可逾越的判断要素。

（二）本文的观点

1. 实体性要素而非程序性要素

在笔者看来，此种要素首先是实体性要素。考夫曼教授曾指出，判断一个要素是归于程序法还是实体法，要依据以下标准："刑罚的发生或者不发生，在没有诉讼的前提下，必须依赖于这些法律性质有疑问的要素，还是跟这些要素无关。"① 秉持这一"除去式"的判断方式，我们需要思考：假设去除程序开展的因素，行为的实质可罚性是否与这一要素相关？

第一，应当承认，当行为人在程序性处置中及时、充分地履行了相关义务时，刑罚权不可能发动。此时，并不是因为存在追诉障碍而暂停程序的开展，而是应明白无误地作出无罪判决，这是对行为在实体上不具有实质可罚性的明确宣告。

第二，此类要素尽管具有程序性的外观，但其核心仍然是实体上的可罚性判断。应当承认，无论是行政处罚、行政命令还是民事催收，均需要由特定主体以相应决策程序作出，因而均具备一定的程序性特征。但是，这些程序均是以实体性问题的处置为旨归，程序本身不过是作出实体处置的过程与经过而已。进一步地，在行政命令、行政处罚或监管整改等处置程序中，行为人的拒不履行也可能意味着某种新的实质可罚性根据的确立。这是因为，经由相关的程序性处置，一方面确认了前部行为的违法状态，另一方面更向行为人明确了特定的作为义务。而程序性处置中，行为人的不履行行为实际上具有双重的违法属性，即同时构成对前置法义务的违反与对行政规制本身的违反。例如，在《刑法》第 286 条之一拒不履行网络安全管理义务罪中，当监管部门责令采取改正措施时，实际上具有强制性的行政合规意味。行为人拒不履行的行为，不仅是对网络安全管理义务的继续违反，而且是对此种具体行政规制行为的直接对抗。这种对行政命令、行政规制的违反与对抗，不仅使得法益侵害的类型有所增加，而且使得违法程度进一步攀升。也因此，其构成了发动刑事制裁时不可忽视的实质根据之一。

第三，对这一要素是否具备而言，需要运用相关证据加以严格证明。诸如有效的行政责令或银行催收是否存在，行为人在期限内是否履行了相关义务等，都需要通过适格证据并排除合理怀疑地加以证明。诚然，待证

---

① Hilde Kaufmann, Strafanspruch, Strafklagrecht: die Abgrenzung des materiellen vom formellen Strafrecht, 1968, S. 134.

对象不仅仅包含实体性事实，也包含程序性事实。但作为待证对象的程序性事实，如涉及回避、强制措施、诉讼期限的事实，并不涉及对案件实体的直接探知，而只是对合理组织诉讼程序具有意义，本文所讨论的程序性犯罪构成要素显然不属于此。① 而就证明标准来看，程序性事实的证明通常较之构成事实有所缓和，并不需要严格程度的证明，这与程序性犯罪构成要素的证明要求亦有明显差异。因此，从此类要素的待证属性及证明程度考量，也应定位于实体性要素，而非程序性要素。

2. 客观的构成要件要素

如果承认，尽管此类要素具有程序性的外观，但其核心仍然是实体上的可罚性判断，那么，它就应当定位于犯罪论体系之内，并作为一种犯罪成立的判断要素。由此，以下问题便不可回避：此种要素与不法之间到底是何种关系？它是一种与不法评价直接相关的要素，还是一种与不法评价相分离的要素？在阶层论的语境下，这涉及到底是将其作为构成要件要素还是客观处罚条件来理解的问题；而在四要件体系下，则涉及归位于何种具体构成要件之中的问题。在笔者看来，程序性犯罪构成要素是一种客观的构成要件要素。这主要是基于以下考量。

第一，这一要素在整体上体现为行为人的客观行为。如上所述，在包含此种要素的犯罪中，通常呈现三段式的行为结构。其中，程序性犯罪构成要素包含了程序性处置及行为人的后续行为。表面来看，程序性处置是第三方实施的行为，其不能归属于行为人。但实际上，此种程序性处置与行为人的行为具有高度依存性。因为，一方面，程序性处置由行为人前部违法行为所引发，是一种在事理与规范上均属相当的应对措施；另一方面，此种程序性处置又构成我们理解行为人后续行为的必要参照，使得其不履行行为的规范属性得以显现。就此而言，程序性处置既构成了前行为的自然结果，又构成了后行为的义务违反根据，在犯罪行为的发展过程中，实际上起到了承上启下的桥梁作用。应当承认，程序性处置的确是由第三方所实施，并不能将其直接视为行为人本人的行为；但是，一旦脱离了行为

---

① 此外，对于证据事实是否属于证明对象亦存在争议。即便认为程序性犯罪构成要素所对应的事实是一种证据事实，多数说也认为，证据事实并不属于证明对象。

人的行为，此种程序性处置将变得毫无依凭，其规范意义也将被彻底遮蔽。此外，需要指出的是，此种程序性处置不能被理解为第三人的"中介行为"，特别是异常的介入因素。因为，无论是从前行为所创设的法益侵害风险来考察，还是从前行为与程序性处置间的相当关系来考虑，抑或从程序性处置之于后续法益损害的作用力来判断，都无法得出上述结论。

第二，这一要素与客观行为的定型性高度相关。在上述的行为结构中，以程序性处置为中点，行为人的行为被区隔为前后两段。后部行为以前部违法行为的存在为前提，不可能单独存在；前部行为尽管可独立实施，但单纯实施前部行为并不能成立犯罪。此处，程序性处置的施加，不仅意味着某种程序意义上的节点，而且意味着某种实体意义上的分岔点：行为人既可能改变之前的行为样态与因果历程，朝着法秩序所期待的方向履行义务；也可能维持之前的法敌对状态，以不作为的方式继续偏离法规范之期待，并使得法益侵害风险进一步发展与现实化。这种实体上的不同发展样态，对最终的行为定性与规范评价而言将产生完全不同的结论。由此可知，程序性犯罪构成要素的存在具有分殊化、具体化的行为描述机能，对整体行为构成的轮廓确定具有定型意义。

当然也存在对立观点。例如张明楷教授立基于违法类型说，认为只有表明违法行为类型的特征才属于构成要件要素。如就恶意透支型信用卡诈骗罪而言，张明楷教授认为仍然是信用卡诈骗罪的一种，应具有诈骗罪的客观行为结构，即"欺骗行为—陷入错误认识—基于错误认识而处分财物——方获益、另一方受损"。当行为人怀着非法占有之目的，隐瞒自己不想归还的内心事实而透支借款时，就已经符合上述行为结构，而"经发卡银行催收后仍不归还"则完全不属于诈骗罪客观行为结构的内容。[①]

不难发现，这一观点是将普通诈骗罪的客观行为结构奉为一尊，并将之视为信用卡诈骗罪行为类型之模板。但问题是，恶意透支型信用卡诈骗罪是一种特殊的诈骗罪类型，其行为定型完全可能有所偏离。事实上，在原来的客观行为类型的基础上，再添附新的要素或条件，以形成修正的行

---

① 参见张明楷《恶意透支型信用卡诈骗罪的客观处罚条件——〈刑法〉第196条第2款的理解与适用》，《现代法学》2019年第2期，第150页。

为类型与形象，乃特别法上的常态。这种特殊要素的添加，并不局限于行为对象、手段、结果等要素之上，① 而是完全可以在行为样态或方式上有新的创设。就本罪而言，透支是信用卡的基本功能，也是其商业经营与使用的常态。在透支获取贷款时是否具有非法占有目的，虽然在主观上存在区别，但在客观行为上具有一致性。与之相较，在规定的时间内归还贷款，却是发行信用卡的预期目标与安全保证。同时，行为人是否归还贷款，不仅在行为样态上有明显区别，而且对于发卡银行财产法益的保护具有关键意义。在前部透支行为具有外观相似性的前提下，通过是否如期归还的后部行为加以分殊处理，不仅与信用卡的商业运作模式契合，而且有利于区分和限制处罚范围。因此，有必要将后部行为视为其行为定型的必要部分来加以把握。上述分析亦表明，实行行为的类型轮廓依赖于立法上的描绘而具体形成。与普通类型相比，特别犯的行为定型完全可能具有一定程度的相对性。

第三，与上点相连，这一要素的设置具有明显的行为指引功能。构成要件是立法者所设定的命令或禁止规范的体现，具有指引公民日常行为、划定自由边界的重要功能。如上所述，立法者通过程序性犯罪构成要素的设置，试图呼吁行为人及时履行义务，再次返回法和平的轨道。这具有明显的命令规范特征。只是这种命令规范是一种补充性的命令规范，与基础性的命令规范有一定区别。其主要差异如下。（1）义务的来源存在区别。对未设置该类要素的犯罪而言，如遗弃罪，其作为义务的来源是婚姻家庭法等前置法上的规定。而在设置了该类要素的犯罪中，不论其命令义务的渊源可最终追溯至何处，程序性犯罪构成要素的设定至少表明，这一命令规范具有刑法上的直接根据。（2）规范适用的前提不同。对于基础性的命令规范而言，一旦存在义务违反行为，其直接后果就是刑罚制裁。如遗弃罪，只需要存在单纯的遗弃行为即可构成。而对于补充性的命令规范而言，其适用前提恰在于基础性命令规范的失灵。亦即，只有在规范发出的第一次命令失败，行为人存在前部违法行为这一前提时，补充性的命令规范始

---

① 参见张明楷《恶意透支型信用卡诈骗罪的客观处罚条件——〈刑法〉第 196 条第 2 款的理解与适用》，《现代法学》2019 年第 2 期，第 151 页。

克登场，并再一次尝试指引行为人回到正确的行为轨道。就此而言，程序性犯罪构成要素的设置，实际上是对基础性命令规范的补充与救济，具有"二次命令"的特征。这一特征亦表明，法秩序试图对行为人进行再一次的呼吁，具有明显的行为指引功能。

第四，这一要素也与法益侵害的规范评价相关。在不法的本质论上，纯粹的行为无价值论已逐渐被学界抛弃。而无论是结果无价值论还是二元的行为无价值论，都必须考虑法益侵害之于违法性的影响问题。事实上，在设有程序性犯罪构成要素的犯罪中，判断是否造成法益损害，存在教义学上特殊的二阶构造。也即，前部违法行为所造成的法益损害具有暂时性、中间性的特征，需要通过后部的程序性犯罪构成要素是否充足来进行补充的、终局的判断。当行为人在程序性处置后履行了相关义务时，法益的暂时受损已得到修复，并重返法和平之状态。当行为人未履行相关义务时，前部违法行为所形成的法益损害则进一步坚固化和现实化。可见，程序性犯罪构成要素的评价，实质上关涉前行为所造成的法益侵害的恢复或固化，对法益损害的终局性评价有着决定性影响。

第五，这一要素也需要行为人有所认识。如上所述，程序性犯罪构成要素包含了程序性处置及行为人的后续行为。那么，行为人是否需要认识到程序性处置的存在？又是否需要认识到自己的不履行行为的性质及其可能后果？对上述问题的回答，与此类要素的体系地位密切相关。如果认为它是一种客观的构成要件要素，则必然要求行为人对此加以认识，这是责任主义的基本要求；而如果认为它是一种客观处罚条件，即外在于不法的构成要件，则并不需要行为人的特别认知，也将游离在责任主义的规制范围之外。笔者认为，行为人需要认识到程序性处置的存在，也需要对后续行为的性质与后果有所认识。需要指出的是，是否要求上述的认识，对于此类要素行为指引功能的发挥也起着重要作用。因为，只有在存在一定程度认知的前提下，才可能进一步形成意志决定，也才可能发挥行为呼吁与指引功能。

综合以观，笔者认为，此类要素是一种构成要件要素，同时在性质上具有客观性。在与不法直接关联的意义上，它不能被理解为客观处罚条件，理由如下。(1) 此种要素尽管不能完全归属于行为人，但就其基本部分而言，仍然主要是行为人的行为。程序性处置的规范意义，也只能从依存于行为人的角度来把握。与之相对，客观处罚条件则通常表现为某种外在客观事由的充足，而非行为人本人的行为。(2) 此种要素在实质上参与了构成要件行为的塑造。无论从行为的定型化机能思考，还是从行为规范的功能发挥来考虑，这一要素均是典型的不法要素。与之相对，客观处罚条件尽管对最终的处罚范围有所影响，但并不涉及对行为举止的命令或禁止，也难以对行为人在一定认知的前提下形成意志决定上的动机引导，因而无法在行为规范的面向上加以证立，也无法被纳入构成要件的范畴。(3) 就不法的实质而言，此种要素关涉对法益侵害的规范评价，是保护法益是否形成终局性侵害判断中不可逾越的要素。而就客观处罚条件而言，其设置通常无关处罚的实质妥当性，而主要是从刑事政策性考量的角度来限制处罚范围。

如果回到四要件的犯罪构成体系，此种要素是属于不法阶层还是客观处罚条件当然不成为问题，但是，还是存在应将其归入哪一具体构成要件的问题。从前述的分析可知，这一要素在形式上涉及行为人的客观行为，在实质上则关乎法益侵害的规范评价，似乎同时具有客观方面与客体要件的关联性。但是，鉴于该要素主要关乎对义务履行行为的命令与呼吁，与前部行为一起形塑着实行行为的整体样态，还是将其作为客观方面的危害行为要素较为妥帖。至于其对法益侵害的评价性影响，则可以通过对危害行为的实质解释透析得出。

四　关联性问题的展开

在上述学说的争鸣中，一些问题若隐若现，但均与程序性犯罪构成要素的性质定位紧密相关，值得展开讨论。

(一) 既遂的认定

对"构成要件要素说"的主要批评之一在于，它会在既遂认定上产生不合理结论。例如，有学者指出，就拒不支付劳动报酬罪而言，其行为对象是"劳动者应该获得的劳动报酬"。只要行为人依照约定应该支付劳动报酬而不支付的，就已经发生了法益侵害结果，行为就已经既遂。① 而如果将"经主管部门责令支付而拒不支付"视为构成要件要素，就将不当地延迟犯罪既遂的成立时间。在恶意透支型信用卡诈骗罪的相关讨论中，也存在类似观点。②

不难发现，在既遂认定上的理解差异，根源于不法构造上的认识分歧。在"构成要件要素说"与"标识说"看来，程序性犯罪构成要素是行为不法的必要组成部分。两者的区别仅在于，前者并不排斥前行为作为构成要件行为的定型性意义，而后者则完全否认此点，认为只有后续的不履行行为才是构成要件行为。与之相对，"客观处罚条件说"则将此类要素从不法构成中切割开去，将其把握为与犯罪成立无关却控制刑罚实际发动的要素。而"程序性要素说"则将此要素的功能定位于证明指引，事实上也达致了将此要素与不法阶层相分离的效果。上述对不法结构的理解分歧，将对既遂的认定产生直接影响：如果此类要素是不法构成要件的组成部分（甚至是唯一组成部分），那么，其是否齐备将直接影响法益侵害的实现，进而决定犯罪既遂的判断；而如果此类要素是外在于不法构成要件的要素，就不会影响法益侵害的危险及其现实化，因此也与既遂的判断无关，应当以前行为是否产生法益侵害的结果为标准来认定既遂。

此处，需重点分析的是"客观处罚条件说"的观点。在该说看来，此类要素是决定刑罚是否发动的条件，应以前行为是否实施终了为标准区分既遂与未遂。如欲实现这一效果，论理上只能作如下阐释：客观处罚条件只是决定刑罚权发动的事由，但并不承担犯罪形态的区分作用，此种作用交由前行为来实现。如果客观处罚条件不具备，就不能对行为进行处罚，也不存在应受处罚的未遂行为；如果具备客观处罚条件，而前行为本身没有实施终了的，可认定为犯罪未遂。③ 但问题是，上述观点的立论基础在

---

① 参见黄继坤《论拒不支付劳动报酬罪的几个重要问题——对〈刑法修正案（八）〉的解读》，《当代法学》2012年第3期，第52页。

② 参见张明楷《恶意透支型信用卡诈骗罪的客观处罚条件——〈刑法〉第196条第2款的理解与适用》，《现代法学》2019年第2期，第151页。

③ 参见周光权《论内在的客观处罚条件》，《法学研究》2010年第6期，第131页。

于，客观处罚条件一定程度上独立于构成要件行为，两者具有逻辑分离的可能，也存在分别成立与判断的可能。然而，就此处讨论的程序性犯罪构成要素而言，在前行为没有实施完毕的情况下，程序性处置就不可能启动，程序性处置具有依附于前行为的性质。两者不但具有时间上的先后顺序，而且具有逻辑上的因果之势。因此，不可能存在此类要素已具备而前行为尚未实施终了的情形，也就不存在以此类要素单独具备为前提，根据前行为是否实施完成来区分既遂与未遂的可能性。

实际上，应当承认程序性犯罪构成要素作为不法的必要构成部分，并在此基础上讨论既遂的认定基准。在中国刑法学界，既遂的认定存在目的说、结果说、构成要件齐备说等不同方案，笔者赞同以构成要件规制范围内的法益侵害结果是否发生为判定标准。这样一来，如何判断构成要件结果的实现就成为问题的关键。在"客观处罚条件说"看来，如把程序性犯罪构成要素是否具备作为认定既遂的标志，将导致既遂认定的延迟。这实质上是认为，在前行为实施终了之际，构成要件结果已经完整地出现了，而程序性犯罪构成要素是否充足，并不影响构成要件结果的发生。但问题是，程序性犯罪构成要素真的不参与构成要件结果的塑造与实现吗？

在笔者看来，在包含着程序性犯罪构成要素的犯罪中，前行为的确已造成一定的法益侵害结果，此种结果也处于规范目的的保护范围之内。但是，此类要素的设置表明，立法者希望通过行为人后续的积极作为来挽回与修复这一法益侵害的结果，并重返法和平的状态。如果形式化地观察，前部违法行为所造成的结果，如不支付劳动报酬、透支信用卡等，与经由程序性处置后行为人仍不履行的结果几无二致，似乎结果完全是由前行为所造就。但如果实质化地判断，在后续的程序性处置中，行为人面对刑法所给予的补正机会而顽固地予以拒绝，使得本可有效恢复的法益侵害得以持续和坚固化。那么，应当将前行为所造成之法益侵害结果视为某种暂定的、初始状态之结果，它完全可能经由后续的回转性程序而得以修正或继续形成。而程序性犯罪构成要素的设置，实际上就是对某种中间不法状态的最终确认，是对前行为造成的初始结果的规范过滤，应当以最终的、整体性的结果为标准，来衡量是否造成了构成要件结果，进而判断是否既遂。

（二）共犯的认定

在含有程序性犯罪构成要素的犯罪中，存在两种基本的共犯参与类型：部分参与和全部参与。其中，部分参与是指，只参与前部行为或只参与后部行为，全部参与则是完整地参与整个犯罪的实施过程。这里，特别成为问题的是部分参与时的共犯认定问题。兹举两例。例1：甲劝说乙不要支付工人的劳动报酬，乙听从之。然而，在监管部门责令乙支付后，乙及时支付了工人工资。例2：丙恶意透支信用卡，且没有按时归还透支款。其后，发卡银行向丙进行催收，丙遂产生还款意图。但此时，丁劝丙不要归还透支贷款，丙听从劝说没有按时还款。

在例1中，行为人参与了前部的违法行为，而正犯却在程序性处置后履行了相关义务。那么，仅参与和加工前部行为的人是否构成共犯？这一问题的处理，实质上取决于对此类要素体系地位的把握。如果认为此类要素是一种客观处罚条件，前部行为已构成完整意义上的构成要件行为，则甲的劝说就是对构成要件行为的教唆与惹起。于是，问题便定格在：在客观处罚条件出现之前实施教唆行为，如果正犯事后不具备客观处罚条件，对构成要件行为的教唆能否以共犯处罚？学界对这一问题存在不同理解：一种观点认为，对于在客观处罚条件出现之前实施的帮助、教唆行为，只要正犯事后存在事实的排除处罚事由，对帮助和教唆的人就不能进行处罚；[1]另一种观点则认为，在某些缺乏处罚条件的情况下也有成立共犯的可能。[2]一方面，从通说出发，共犯对于正犯具有"限制的从属性"，共犯的可罚性建立在正犯行为的构成要件符合性与违法性之上，但并不要求其具备有责性与客观处罚条件。就此而言，违法是连带的，责任是个别的，客观处罚条件亦是个别的；另一方面，按照"客观处罚条件说"的观点，客观处罚条件是反面的刑罚阻却事由，而刑罚阻却事由具有止于一身的特性，因此，也无法将其效果扩张地适用到共犯之上。如此一来，乙在行政责令后及时

[1] 参见〔德〕李斯特《德国刑法教科书》，徐久生译，法律出版社，2006，第324页。
[2] 参见〔韩〕李在祥《韩国刑法总论》，〔韩〕韩相敦译，中国人民大学出版社，2005，第62页。

支付了工人工资，因不具备客观处罚条件而不予处罚，但其构成要件行为已实施终了，且不具备违法阻却事由；甲则因实施了对构成要件该当的、违法行为的教唆，应以教唆犯加以处罚。如果认为此类要素是一种构成要件要素，则结论完全不同。据此观点，前部行为与程序性犯罪构成要素一起，均参与到对构成要件类型的加工之中。程序性犯罪构成要素并非外在于不法、单独控制刑罚必要性的因素，而是内在于不法的不法构造要素。由此，正犯乙在程序性处置后履行了相关义务，其行为并未满足构成要件，因而不能成立犯罪；而从"限制从属性说"出发，尽管甲对部分构成要件行为予以了教唆，但由于正犯并不具备完整意义上的构成要件该当性，甲的行为亦不具有可罚性。

在例2中，涉及的则是后部行为的参与问题。对这一问题的处理，关键的问题同样在于如何理解程序性犯罪构成要素的体系地位。如果认为此类要素只是一种客观处罚条件，前部行为已构成完整意义上的构成要件行为，那么，在丙怀着恶意透支信用卡时，诈骗行为即已完成。其后，当发卡银行进行催收，而丁劝说丙不要归还透支款的行为，就只是对客观处罚条件的参与，而非对构成要件行为的参与。此时，无论是基于"完全犯罪共同说"还是"部分犯罪共同说"，均无法肯定丁与丙之间成立共犯。因为两者没有在任何构成要件行为上形成重叠。与之相对，如果认为此类要素是一种构成要件要素，结论将迥异。此时，尽管丁并未参与前部违法行为，却对后部违法行为予以了加工，两人在部分构成要件行为上存在分担关系。因此，立足于承继的共犯原理与"部分犯罪共同说"，两人至少在重叠的范围内具有成立共犯的可能。

如果从实质的处罚必要性来考量，"构成要件要素说"得出的结论具有妥当性。在例1中，尽管甲的行为惹起了乙的前部违法行为，但这一违法状态只是一种暂时的中间状态。尽管不支付行为已造成对劳动者财产法益的侵害，也形成了对劳动市场经济秩序的威胁，但此种侵害并非终局之结果，而是具有可逆性的特征。当乙在行政责令程序后及时履行了相关义务时，上述法益便完全得以修复。对于前部违法行为的参与人而言，其行为之作用力仅及于中间违法状态的形成，并未及于终局违法状态的形成。最终的违法修正机会始终面向正犯开放，也未被参与人干扰。参与行为虽对中间违法状态有加工作用，但并未对法益侵害造成终局性的威胁。只有当行为人在后续的程序性处置中不履行相关义务时，法益侵害的危险才变得现实化和紧迫化。由此，前部参与行为并不具有实质的可罚性。

与之相较，对后部行为的参与则具有不同的规范意义。这是因为，与前部行为相比，后部行为处于更接近法益侵害最终结果的位置，是法益侵害现实化过程中的最后一环。在行政责令后教唆或帮助行为人不履行相关义务，使得法秩序所期待的法益修复过程被截断，本可修复的法益招致难以逆转的损害。比如，在例2中，当发卡银行向丙进行催收后，丙已经产生了还款意图。如果不是因为丁的教唆，最终的法益侵害状态将截然不同。由此可见，后一阶段的犯罪参与行为，对法益侵害的现实化和终局化施加了关键性的影响，是最终违法状态的塑造性力量，因而具有实质的可罚性。

（三）与责任主义的关系

另一重要问题在于，对于程序性犯罪构成要素而言，行为人是否需要相应的认识？具体而言，行为人是否需要认识到程序性措施的存在？对于自己的不履行行为及其结果应否具备一定的认识？上述问题的实质在于，程序性犯罪构成要素是否处于责任主义的规制范围之内。而对此问题的回答，同样与此类要素的体系地位密切关联，即到底是将其理解为客观处罚条件，还是理解为客观构成要件要素。

关于客观处罚条件与责任主义的关系，学界已有充分讨论。德日刑法学界的主流观点认为，客观处罚条件是可罚性的实质前提，但既不归属于不法，也不归属于责任。由于责任是以不法为评价基础与界限，要求行为人对"不法行为负有罪责"，因此，如果客观处罚条件是外在于不法的构成要件，它就并不需要行为人的特别认知，也游离在责任主义的规制范围之外；[①] 相反，客观构成要件要素具有故意规制机能。基于责任主义的要求，行为人应当对所有客观构成要件要素具有一定程度的认识方能成立故意。由此观之，将此类要素定位于客观处罚条件还是客观构成要件要素，将对

---

① 参见王钰《罪责原则和客观处罚条件》，《浙江社会科学》2016年第11期，第55页。

其是否处于责任主义的覆盖范围、是否需要具备相应的认识与意欲产生关键影响。在此维度上，需要回答的具体问题是：行为人是否需要认识到相关的程序性处置措施的存在？这一问题在实践中常常引发争议。例如，在恶意透支型信用卡诈骗罪中，银行出于成本考虑，一般会使用短信催收、电话催收或信函催收，极少上门催收。若被告人在庭审中提出异议，辩称从未收到过相关催收信息，就会对上述催收方式是否有效以及是否需要行为人实际认识到催收存在等问题产生疑问。一种意见认为，有效催收不以持卡人收到催收信息为必要条件；[①] 另一种意见则认为，对有效催收的性质应作实质解释，即应为透支人现实、确定性地收到催收信息。[②]

在笔者看来，行为人应认识到催收行为的存在，有效催收方能成立，行为人方对后续的不履行行为负有罪责。这是文义与体系解释必然得出的结论。[③] 如上所述，在程序性犯罪构成要素的立法规定中，"经……，拒不……""经……，仍不……""经……，拒绝……"的表述形式较为常见。这里，"拒不""仍不""拒绝"等表述形式明确显示了行为人的反对意志。而此种反对意志的形成，是以行为人的必要认知为前提的。也即，只有对前部"经……"的事实获得一定认识，才谈得上对其加以反对与拒绝，应当将两者结合起来，并基于整体语境进行体系性阐释。同时，尽管程序性措施是由第三方主体所实施，但是，对此种行为的认知要求并不违反责任主义。因为，只有当存在程序性措施这一前提和参照时，行为人对自身不作为的意义与后果方能有清晰认识。也就是说，对程序性措施的认识，实际上构成了行为人对自身行为性质予以认知的必要组成部分。

当然，在行为人存在逃匿等故意逃避催收的情形时，是否存在行为人

---

① 参见樊辅东《恶意透支型信用卡诈骗罪中"催收"问题研究》，《河北法学》2012 年第 3 期，第 188 页。

② 参见刘宪权、庄绪龙《"恶意透支"型信用卡诈骗罪若干问题研究——兼评"两高"〈关于办理妨害信用卡管理刑事案件问题的解释〉之有关内容》，《当代法学》2011 年第 1 期，第 67 页。

③ 事实上，司法解释也表明过类似立场。根据 2018 年《最高人民法院、最高人民检察院关于修改〈关于办理妨害信用卡管理刑事案件具体应用法律若干问题的解释〉的决定》中第 2 条的规定，"催收应当采用能够确认持卡人收悉的方式，但持卡人故意逃避催收的除外"。可见，在通常情况下，只有在透支人认识到相关的催收行为时，才能理解为有效催收。

对催收行为的认知，需要单独阐释。2013 年《最高人民法院关于审理拒不支付劳动报酬刑事案件适用法律若干问题的解释》第 4 条第 2 款规定："行为人逃匿，无法将责令支付文书送交其本人、同住成年家属或者所在单位负责收件的人的，如果有关部门已通过在行为人的住所地、生产经营场所等地张贴责令支付文书等方式责令支付，并采用拍照、录像等方式记录的，应当视为'经政府有关部门责令支付'。"根据这一规定，在当事人逃匿或故意逃避的情形中，允许通过变通的方式来责令支付或催收。此时，责令支付或催收的信息并不一定被本人实际接收。对此，能否理解为程序性处置并非总是处于故意的认识范围之内，[①] 并因此引起与责任主义之间的紧张关系？在笔者看来，此种逃匿或故意逃避的行为，本身就意味着行为人已经认识到责令支付或催收的实际可能性，却刻意地选择无视或回避。因此，逃匿或故意逃避的行为，在性质上类似于英美刑法中的"有意的无视"（Willful Blindness），正属于一种特殊的明知（Knowing）情形。[②]

结　论

作为中国刑法上的某种独特经验，程序性犯罪构成要素的出现对刑法学提出了一系列挑战。例如，程序性处置中可能出现的程序违法或瑕疵，将对程序性犯罪构成要素的充足判断产生怎样的影响？程序性犯罪构成要素应如何加以证明？这些研究的开展均奠基于对犯罪构成要素性质的准确把握。就此而言，本义构成了某种基础性、前序性的研究。透过本文的考察，可以获得以下基本结论。（1）尽管此类要素具有一定的程序性特征，但就本质而言，它还是应作为实体违法的必要构成部分来把握，不能被理解为纯粹的程序性要素。（2）与前部行为一起，程序性犯罪构成要素参与着构成要件行为的定型化塑造。此种要素不仅具有分殊化、具体化的行为描述意义，还具有对行为人的行为指引与呼吁机能，且需要行为人一定程度的认知。因此，此种要素与不法具有直接的关联性，是客观不法的内在构成部分，应当与客观处罚条件明确区分开来。（3）由于程序性犯罪构成

---

① 参见高磊《论犯罪成立的行政程序性条件》，《东方法学》2020 年第 3 期，第 128 页。

② 参见 Richard Card, *Card, Cross & Jones Criminal Law*, Oxford University Press, 2006, p. 107。

要素的加入，在违法结构上将呈现"二阶违法"的独特样态。前部行为仅造成了某种暂定的、初始的违法，它可以经由后部的处置性程序而得以修复或继续形成。程序性犯罪构成要素的设置，实际上就是对初始不法状态的规范过滤与最终确证。对这种违法结构的承认，将在既遂、共犯认定等领域产生体系性与贯穿性的影响。

On the Nature of the Procedural Constituent Elements of a Crime

(Du Yu)

Abstract: In the current Chinese criminal legislation, there exist a series of substantive elements with procedural characteristics, which are called 'procedural constituent elements of a crime'. They are different from the existing categories such as litigation conditions and administrative prepositive conditions, and have independent onceptual space. The element is not merely a procedural element with the function of proof and instruction, but an element with substantive judgment function in the crime establishment system. Based on the system background of stratification theory, such elements not only participate in the shaping of the act in constituent elements, but also have obvious behavioral guidance and appeal functions. At the same time, they are related to the standard evaluation of legal interest infringement and require a certain degree of cognition of the actor. Therefore, it is directly related to lawlessness and is an inherent component of objective lawlessness, which cannot be included in the objective punishment conditions; however, if it is based on a crime constituent system of four elements, the element should be included in the objective element. In the field of criminal forms such as completion and accomplice identification, we should think throughout and properly coordinate the possible tension between it and the principle of responsibility.

Keywords: Procedural Constituent Elements of a Crime; Objective Punishment Conditions; Objective Constituent Elements

秦宗文

南京大学法学院教授、博士生导师。中山大学学士、硕士，四川大学博士，西南政法大学博士后，美国西北大学访问学者。曾在南京市人民检察院挂职（"双千"计划），南京市玄武区人民法院陪审员。任南京大学法学院证据法研究中心主任、诉讼法研究中心主任；中国刑事诉讼法学研究会常务理事、江苏省刑事诉讼法学研究会副会长、江苏省检察学研究会副会长。在《法学研究》《法学家》《法制与社会发展》《现代法学》《法律科学》《法商研究》等法学类核心刊物上发表论文 60 余篇，多篇文章被《中国社会科学文摘》、《人大复印报刊资料》转载，2016~2018 年"人大复印报刊资料重要转载来源作者"。主持国家社科基金课题 2 项（其中重点课题 1 项，一般课题 1 项），省部级课题 3 项（教育部、司法部、江苏省社科基金课题各 1 项），其他课题多项。荣获南京大学 2021 年度"我最喜爱的研究生生涯导师"荣誉称号。

刑事隐蔽性证据规则研究[*]

秦宗文^{**}

摘　要：隐蔽性证据规则的确立既有经验层面的支持，也与我国特殊的刑事司法环境有关。隐蔽性证据规则是以定罪为导向，相关司法解释虽然设立了严格的保证条件，但仍潜存虚假补强的风险。隐蔽性证据规则的实施情况，一方面证实这一规则确有深厚的经验支持，另一方面显示实践部分地偏离了规范，如补强程度把握的分化、适用范围的扩张等。同时，口供污染路径的多样化、司法人员的过分自信以及实际发现污染的困难等，挑战着相关规范防范虚假补强风险的保证条件。隐蔽性证据规则在实践中呈现的样态，既有司法人员认识心理方面的原因，也与刑事司法的印证证明模式、规则本身的模糊、录音录像供给与需求的双重动力不足等因素相关。考虑到不同类型案件中防范虚假补强风险与促进效率之间的价值权衡，隐蔽性证据规则的实施应以多元化的方式进行。

关键词：隐蔽性证据；隐蔽性证据规则；口供；口供补强规则；虚假补强

引　言

我国刑事诉讼法中确立了口供补强规则，即"只有被告人供述，没有其他证据的，不能认定被告人有罪和处以刑罚"。从该规定看，关于补强证据的范围、补强强度等都缺乏清晰标准，由此导致执行尺度不一。《关于办

　＊　本文曾发表于《法学研究》2016 年第 3 期，略有修改。
＊＊　秦宗文，南京大学法学院教授、博士生导师。

理死刑案件审查判断证据若干问题的规定》（以下简称《死刑案件证据规定》）第 34 条规定："根据被告人的供述、指认提取到了隐蔽性很强的物证、书证，且与其他证明犯罪事实发生的证据互相印证，并排除串供、逼供、诱供等可能性的，可以认定有罪。"这一规定被认为是对口供补强规则的细化和完善。① 该规定可称为隐蔽性证据规则。2012 年公布的《最高人民法院关于适用〈中华人民共和国刑事诉讼法〉的解释》（以下简称 2012 年《刑事诉讼法解释》）第 106 条基本沿袭该规定，指出"根据被告人的供述、指认提取到了隐蔽性很强的物证、书证，且被告人的供述与其他证明犯罪事实发生的证据相互印证，并排除串供、逼供、诱供等可能性的，可以认定被告人有罪"。② 据此，隐蔽性证据规则被扩展适用于包括死刑案件在内的所有刑事案件。

隐蔽性证据规则有两个突出特点。其一，它是证明力规则。在过去，什么证据可作补强证据，其证明力如何，均由法官自由裁量。隐蔽性证据规则强调了隐蔽性证据的证明力，一旦有该类证据出现，法官一般可认定被告人有罪。其二，它具有明确的定罪导向。限制特定证据证明力的现象在其他国家也存在，如大陆法系国家对口供证明力的限制，英美法系国家曾限制儿童证言的证明力。但是，基于无罪推定原则，从促进定罪的角度肯定证据证明力的现象极为罕见。而隐蔽性证据规则明确指出，当隐蔽性证据补强口供时，法官一般应认定犯罪成立，从而使其成为"带有'定罪公式'色彩的证据规则"。③

隐蔽性证据规则符合人们的直观认识，因此，该规则确立后，对之关注者和质疑者甚少。④ 但是，应当看到，隐蔽性证据潜藏着虚假补强的风险。在美国的一些错案中，法官基于对隐蔽性证据的信赖，甚至否定了与

---

① 参见张军主编《刑事证据规则理解与适用》，法律出版社，2010，第 257 页。

② 2021 年公布的《最高人民法院关于适用〈中华人民共和国刑事诉讼法〉的解释》（以下简称 2021 年《刑事诉讼法解释》）第 141 条沿用了这一规定。

③ 陈瑞华：《以限制证据证明力为核心的新法定证据主义》，《法学研究》2012 年第 6 期，第 160 页。

④ 仅有一篇报刊文章进行了专题探讨，参见万毅《"隐蔽性证据"规则及其风险防范》，《检察日报》2012 年 6 月 6 日，第 3 版。

之相矛盾的 DNA 鉴定意见。[①] 我国将经验层面的隐蔽性证据规则上升为显规则，可能导致放大虚假补强风险，并进而加剧无辜者入罪的风险。近年来，国内学界对虚假口供，特别是对催生虚假口供的刑讯逼供关注甚多，但对虚假口供为何被轻易采信则研究不足，对隐蔽性证据的虚假补强风险则基本缺乏研究。

基于上述情况，本文拟对隐蔽性证据规则的生成背景、内涵、运行状态以及成因进行分析，并针对实践中出现的问题探讨可能的解决方案。

一 隐蔽性证据规则的生成背景

以隐蔽性证据补强口供，是各国刑事司法实践中的普遍做法。但将其规则化，并赋予其特殊的证明力，据可查阅的资料，我国可能是第一个。该规则出现在我国的司法解释中，并以定罪为导向，这与我国特殊的刑事司法环境有关。

第一，强化证明力规则的证据立法导向。各国证据法的发展一般以证据能力规则为核心。此模式以司法中心主义为基础，法官对证据发挥实质性的审查作用。但在我国当下，以审判为中心的诉讼制度改革正在进行中。目前，证明力规则对于我国法官规避责任风险、摆脱干预干扰，对于法院规范法官心证以保证案件质量，对于上级法院进行行政化管理和统一司法，均具有重要意义。[②] 这些因素使建构证明力规则成为我国证据法发展的特色。

第二，对"铁案"目标的追求。隐蔽性证据规则首现于《死刑案件证据规定》，而该规定的出台服务于"把每一起刑事案件都办成铁案"的目标。[③] "铁案"思维更多关注事实判断的准确性，相对忽视证据的正当性。正如有司法实务工作者称："通过刑讯逼供找到了物证所在的地点，而这个物证确实是证明被告人作案的最可靠的证据：凶器上有被告人的指纹，被

---

① 参见 Brandon L. Garrett, "The Substance of False Confessions," *Stanford Law Review*, Vol. 62, 2010.
② 参见李训虎《证明力规则检讨》，《法学研究》2010 年第 2 期，第 164 页以下。
③ 参见《印发〈关于办理死刑案件审查判断证据若干问题的规定〉和〈关于办理刑事案件排除非法证据若干问题的规定〉的通知》。

害人的血迹。能因为这是刑讯逼供来的而不使用这个证据吗？"① 此处的凶器往往属于隐蔽性证据，在实践中被视为"最可靠的证据"。

第三，对死刑复核权收归最高人民法院后地方司法导向的纠偏。2007年最高人民法院"收回死刑复核权，使其面临错判的风险和压力"。② 同时，压缩死刑判决数量也是当时重要的司法任务，这使得最高人民法院对死刑案件的证据把握极为严格。这种要求传导至地方，各地法官在处理死刑案件时也非常谨慎。如一位资深法官所言，"现在要判处一名罪犯死刑谈何容易"，为控制死刑判决数量，法官"对罪轻情节的重视往往远远超过对罪重情节的重视"。③ 但是，死刑控制过严也引起了一些争议。例如，一些地方政府提出，"是维护社会治安要紧，还是控制死刑要紧?"④ 这一情况也引起了司法高层的重视，最高人民法院在2007年下半年重申，对严重犯罪要坚持"严打"方针，"该判处死刑的坚决判处死刑"。⑤ 2010年，最高人民法院等五部门就"两个证据规定"⑥ 发布背景答记者问时指出，2007年最高人民法院收回死刑复核权后，"因制度不完善，执法标准不统一和办案人员素质参差不齐，也不断出现一些不容忽视的案件质量问题"。⑦ 出台隐蔽性证据规则，可视为最高人民法院对地方司法某种不良导向的纠偏。

二 隐蔽性证据规则的规范分析

作为讨论隐蔽性证据规则的基础，有必要对该规则的内涵进行较为清晰的分析。

---

① 转引自张军主编《刑事证据规则理解与适用》，法律出版社，2010，绪论第21页。

② 熊秋红:《刑事证据制度发展中的阶段性进步——刑事证据两个规定评析》，《证据科学》2010年第5期，第570页。

③ 赵俊甫:《我国死刑司法控制的隐忧》，载李洁等主编《和谐社会的刑法现实问题》，中国人民公安大学出版社，2007，第836页。

④ 赵蕾:《死刑复核周年记录》，《南方周末》2007年12月19日，第1版。

⑤ 田雨、丁冰:《最高法院：下半年将继续坚持"严打"方针》，搜狐网，http://news.sohu.com/20070704/n250909428.shtml，最后访问日期：2016年3月6日。

⑥ 即《关于办理死刑案件审查判断证据若干问题的规定》和《关于办理刑事案件排除非法证据若干问题的规定》。

⑦ 《中央政法机关负责人就两个"证据规定"答记者问》，新华网，http://news.xinhuanet.com/legal/2010-05/30/c_12157696.htm，最后访问日期：2016年3月6日。

（一）被补强口供的特性

运用隐蔽性证据规则，首要的问题就是哪些口供可以因得到隐蔽性证据的补强而被用于认定被告人有罪，而这涉及以下三方面的问题。

第一，被补强口供的范围。依口供补强规则的一般理论，需补强的口供应是被告人承认全部或主要犯罪事实的供述，隐蔽性证据的作用仅是保证口供的真实性。若口供仅涉及次要犯罪事实，需要隐蔽性证据提供补充信息以共同认定犯罪，就不属于口供补强规则中的"补强"，隐蔽性证据规则不适用于此种情形。

第二，口供的合法性问题。权威解释认为，口供应具有合法性。"被告人供述本身要求排除串供、逼供、诱供的可能性，否则口供本身系非法证据，也就不存在被补强的价值。"① 这实质是指此类口供因系非法证据而应被排除。但是，此解释将"串供"形成的供述也视为非法证据，并不妥当。非法证据通常指因国家权力的滥用而违法取得的证据。若被告人案发前串通，之后形成虚假供述，则不属于非法证据。此外，2012 年《刑事诉讼法》第 54 条将"采用刑讯逼供等非法方法"取得的证据列为排除对象。② 2012年《刑事诉讼法解释》第 95 条将"刑讯逼供等非法方法"解释为"使用肉刑或者变相肉刑，或者采用其他使被告人在肉体上或者精神上遭受剧烈疼痛或者痛苦的方法"。③ 由此可知，"诱供"取得的口供无须强制性排除。因此，隐蔽性证据规则要求被告人供述"排除串供、逼供、诱供等可能性"，并非着眼于口供的合法性，而在于其真实性。

第三，"先供后证"还是"先证后供"。"先供后证"时，侦查人员并不掌握其他证据；先取得被告人口供，口供的真实性一般较高，仅需一定

---

① 江必新主编《〈最高人民法院关于适用刑事诉讼法的解释〉理解与适用》，中国法制出版社，2013，第 113 页。
② 2018 年《刑事诉讼法》第 56 条沿用了这一规定。
③ 2021 年《刑事诉讼法解释》第 123 条规定："采用下列非法方法收集的被告人供述，应当予以排除：（一）采用殴打、违法使用戒具等暴力方法或者变相肉刑的恶劣手段，使被告人遭受难以忍受的痛苦而违背意愿作出的供述；（二）采用以暴力或者严重损害本人及其近亲属合法权益等相威胁的方法，使被告人遭受难以忍受的痛苦而违背意愿作出的供述；（三）采用非法拘禁等非法限制人身自由的方法收集的被告人供述。"

的证据予以印证就可以定案。"先证后供"时，则较易发生非法取证现象，口供虚假的可能性很高，须强力补强方可定罪。对此，权威解释认为，隐蔽性证据规则适用于"先证后供"，即侦查人员掌握一定的间接证据（不足以认定被告人系作案人）后再获得被告的供述，这种口供才需要隐蔽性证据进行补强。[①] 此种对"先证后供"的解释不同于一般见解。"先证后供"一般指侦查人员先掌握案件情况，再取得供述，供述中含有侦查人员已掌握的信息。依此见解，隐蔽性证据规则的要求属于一般理解的"先供后证"，即嫌疑人先供述隐蔽性信息，侦查人员再获得隐蔽性证据印证口供。关于"先供后证"和"先证后供"的含义，本文沿用一般见解。

（二）隐蔽性证据的特性

2012 年《刑事诉讼法解释》没有对"何谓隐蔽性证据"作明确界定。结合条文规定和国外相关研究成果，本文认为，隐蔽性证据是指不易为案外人察觉而通常只有作案人才可能知晓的案情信息。其特性主要体现在以下四个方面。

第一，多为细节性的间接证据。隐蔽性证据无法证明犯罪的主要过程，多表现为证明案件细节的间接证据。2012 年《刑事诉讼法解释》将隐蔽性证据限定为物证、书证，但国外将言词证据也纳入隐蔽性证据的范围。[②] 如偏僻屋舍里发生的强奸杀人案中，被告人供述，作案时听到屋外有人呼叫被害人的姓名；后被害人的朋友证实，该时间段其在屋外呼叫过被害人。此时，喊人情节是隐蔽性信息，朋友的证词即为补强口供的隐蔽性证据（JCF1）。[③]

[①] 参见张军主编《刑事证据规则理解与适用》，法律出版社，2010，第 262 页。

[②] 参见〔美〕佛瑞德·E. 英鲍等《刑事审讯与供述》，刘涛等译，中国人民公安大学出版社，2015，第 340 页。

[③] 文中所用案例，除特别注明外，均为笔者访谈中受访者所提供。受访者有 S 省高级人民法院副院长 SF1（S 代表地域，F 为所从事职业的汉语拼音首字母，1 为同一区域受访者序号。下同）、S 省 C 市刑事辩护律师 SCL1；J 省高级人民法院刑庭副庭长 JF1、审监庭庭长 JF2；J 省检察院公诉人 JJ1；J 省 N 市检察院公诉处副处长 JNJ1；J 省 C 市中级人民法院刑庭法官 JCF1、C 市检察院大要案指挥中心主任 JCJ1；J 省 L 市中级人民法院副院长 JLF1；J 省 Y 市公安局法制处处长 JYG1；J 省 N 市 G 区派出所副所长 JNGG1。受访者提供的均为其职业生涯中有深刻印象的案例，代表性较强，但因通过访谈所得，文中无法列出案号并精确标出案例出处。文中将以案例提供者代表案例和访谈来源。对 S 省和 J 省 C 市相关人员的访谈以电话方式进行，其他人员为当面访谈。访谈时间为 2016 年 2~3 月。

第二，通常具有独特性。隐蔽性证据与案件事实常有特殊联系，不易类同，在其他案件中不易重复出现。有些证据虽有一定的隐蔽性，但其独特性不强，故会影响其证明力。如任海玲杀人案中，合议庭认为，"任海玲曾供称，用手卡住计某某的脖子，用刀在计某某的颈部连续捅了两下，该供述得到尸检报告的印证，但该作案方式比较常见，不具有特殊性"。[①]

第三，不易被发现或猜到。隐蔽性证据通常仅有作案人知道，作其他解释的余地不大。如依供述在偏僻废弃矿井中找到了被害人的尸体，被告人若非作案人，很难解释其如何了解到抛尸地点（SCL1）。

第四，独立性强。隐蔽性证据独立于口供，有很强的稳定性。日本的判例认为，法庭供述可作庭外口供的补强证据。[②] 虽然法庭的氛围使被告人一般不会作不利于己的虚假供述，但其仍是供述，不排除某些被告人因庭前因素的影响而继续作虚假供述的可能。因此，这种补强对口供真实性的保证作用较弱。

（三）隐蔽性证据规则的功能指向

补强对象的不同会影响完成补强的难度。日本的通说要求对罪体进行补强。"'罪体'的含义是，从犯罪中排除犯罪主体（被告人与犯罪的联系）和主观方面（故意、目的等）之后的残余部分。"[③] 即不要求对被告人与犯罪行为人的同一性进行补强。学者认为，若要求对同一性进行补强，"认定有罪就太困难了，同一性认定可能受某些偶然现象的支配"，"这个问题应由法官合理的自由心证来判断"。[④] 美国的口供补强传统上采取犯罪实体规则，补强的对象是犯罪行为确实存在，但"不要求证明被告人即作案人"。有学者认为，此标准太低，难以防止虚假口供。[⑤]

---

① 尤青、王勇：《任海玲故意杀人案［第 1058 号］——如何把握"疑罪"的认定标准》，载《刑事审判参考》总第 102 集，法律出版社，2016，第 30 页。

② 参见〔日〕田口守一《刑事诉讼法》，张凌、于秀峰译，中国政法大学出版社，2010，第 302 页。

③ 〔日〕松尾浩也：《日本刑事诉讼法》（下卷），张凌译，中国人民大学出版社，2005，第 38 页。

④ 〔日〕田口守一：《刑事诉讼法》，张凌、于秀峰译，中国政法大学出版社，2010，第 302 页。

⑤ 参见〔美〕理查德·A. 利奥《警察审讯与美国刑事司法》，刘方权、朱奎彬译，中国政法大学出版社，2012，第 249 页。

隐蔽性证据规则的功能指向是被告人与犯罪行为人的同一性。在制定《死刑案件证据规定》中的隐蔽性证据规则时，曾将其表述为"只有被告人本人供述其实施了犯罪行为，其他证据只能证明犯罪事实的发生，不能证明被告人实施了犯罪行为的，一般不能认定有罪；根据被告人的供述提取到了隐蔽性很强的物证、书证，且与其他证明犯罪事实发生的证据相互印证，并排除串证、逼供、诱供等可能性的，可以认定有罪"，后虽修改为现有表述，但基本精神仍然体现在此条规定之中。隐蔽性证据通常只有作案人知道，要求以隐蔽性证据补强口供，就是要求对同一性的补强。相较于对犯罪行为的补强，同一性得到补强的口供有更高的真实性。因此，隐蔽性证据规则要求的是高强度的补强。

（四）隐蔽性证据规则的定罪导向

第一，出台隐蔽性证据规则是因为口供得到隐蔽性证据补强时能否定罪，"实践中存在一定的争议"。[①] 该规则是为解决"争议"而设。虽然隐蔽性证据规则对于符合条件的案件，仅规定"可以认定被告人有罪"，但这里的"可以"不宜理解为由法官裁量，否则争议根本未能得到解决。

第二，"可以"的表述是否一定意味着定罪导向，权威解释没有明确说明，但可结合其他规定进行理解。2012年《刑事诉讼法解释》第105条规定，"没有直接证据，但间接证据同时符合下列条件的，可以认定被告人有罪"。[②] 此处用词也是"可以"。对此，权威解释认为，"长期的司法实践中，实务部门对于完全依靠间接证据定案总结出了规则，而证据学界也进行了理论论证和总结，相对比较成熟"；"在满足本条规定的四个条件的情况下，可以认定被告人有罪，系当然推理"。[③] 比照此观点，隐蔽性证据规则中的"可以认定被告人有罪"，也宜理解为"系当然推理"。

第三，同案被告人供述相互补强规则的制定过程，可佐证隐蔽性证据

---

① 江必新主编《〈最高人民法院关于适用刑事诉讼法的解释〉理解与适用》，中国法制出版社，2013，第113页。

② 2021年《刑事诉讼法解释》第140条沿用了这一表述。

③ 江必新主编《〈最高人民法院关于适用刑事诉讼法的解释〉理解与适用》，中国法制出版社，2013，第111页。

规则的定罪导向。2012 年《刑事诉讼法解释》在起草的过程中曾规定，"被告人的供述与同案其他被告人的供述相互印证，并排除诱供、逼供、串供等可能性的，可以作为定案的根据"。但这一规定因担心"强化'口供至上'，'导向不好'而放弃"。① 此处的"导向不好"显然指易遭批评的定罪导向。共犯口供相互补强与隐蔽性证据补强口供，是实践中亟待进一步明确的两种情形。② 这两类证据的补强能力在实践中得到广泛认同，③ 若要予以规则化，必然以定罪为导向。

（五）隐蔽性证据规则的内在逻辑结构与风险

从文本分析，隐蔽性证据规则要发挥作用需要满足三项条件：第一，隐蔽性物证、书证是根据被告人供述、指认提取的；第二，供述与隐蔽性证据之外的其他证据相印证；第三，排除串供、逼供、诱供的可能性。第一项条件是核心，第二、三项条件起保证作用。若三项条件都成立，口供的真实性应无问题。但从司法实践经验看，两项保证条件能否实现预设功能不无疑问。

其一，"其他证据"与口供印证，可能无法保证隐蔽性证据补强的真实性。2012 年《刑事诉讼法解释》对"其他证据"的范围、补强强度没有作明确规定。隐蔽性证据规则的作用，就是通过赋予隐蔽性证据特殊证明力，更便捷地完成补强任务。在已有隐蔽性证据的情况下，法官对"其他证据"的补强要求有可能趋于形式化。

其二，"排除串供、逼供、诱供的可能性"的要求能在多大程度上实现，存在疑问。如何辨识是否存在上述行为，目前有相当难度。比如，实务中不敢轻信辨认结果，这是因为若辨认中存在违规行为，"仅靠检察、审查起诉，靠案件审理、复核是很难把存在的违规辨认问题审查出来的，如

---

① 江必新主编《〈最高人民法院关于适用刑事诉讼法的解释〉理解与适用》，中国法制出版社，2013，第115页。

② 参见江必新主编《〈最高人民法院关于适用刑事诉讼法的解释〉理解与适用》，中国法制出版社，2013，第113页。

③ 参见江必新主编《〈最高人民法院关于适用刑事诉讼法的解释〉理解与适用》，中国法制出版社，2013，第115页。

参照物的多少有照片证实，但有无诱导、暗示、引诱辨认人作出辨认"，法官是审查不出来的。① 这同样适用于获取隐蔽性证据过程中的不当行为。

隐蔽性证据补强一般可保证口供的真实性，因此隐蔽性证据规则有深厚的经验基础。但是，证明力的评价本质上属于经验问题，即使将之规则化，实务中法官的认知仍有作用空间，规则的运行仍可能呈现多面性。同时，要满足隐蔽性证据规则所设的保证条件，目前还有不少困难，这一规则仍有虚假补强的风险。

三　隐蔽性证据规则的实践表现

隐蔽性证据规则在司法实践中的表现，既有符合规范原意的一面，也有背离规范的一面。

（一）司法人员对隐蔽性证据的信赖与渴望

因为隐蔽性证据很难为案外人所知，人们往往相信，得到隐蔽性证据补强的供述具有高度可信性，其"思维逻辑是：如果你没有罪，怎么会交代出那么多细节"。② 如在陈满案中，一审审判长坚称，"这个案子没有任何错误，百分之百不是冤案"，其信心正源于隐蔽性证据对口供的补强。"口供与勘察笔录中某个重要细节非常吻合，这个重要细节一般人在现场走三四遍也不一定能发现。"③ 正是基于对隐蔽性证据的高度信任，法官办案时很留意此类证据（JCF1）。法官不但重视卷宗中已有的隐蔽性证据，有时还会自己挖掘该类证据。若卷宗中仅有线索，法官据此核实了隐蔽性细节，则法官通常会认为这种情形下没有指供的可能，据此定案是更安全的（JLF1）。

这种认识不局限于我国。比如在法国，"陪审员们理解不了，一个人不

---

① 参见张军主编《刑事证据规则理解与适用》，法律出版社，2010，绪论第12页。
② 于一夫：《佘祥林冤案检讨》，南方网，http://www.southcn.com/weekend/commend/200504140010.htm，最后访问日期：2015年10月16日。
③ 马世鹏、刘旌：《一审审判长曾称陈满案"没任何错误，百分之百不是冤案"》，澎湃新闻，http://www.thepaper.cn/newsDetail_forward_1304476，最后访问日期：2015年10月16日。

是罪犯，却承认犯了罪，而且提供了确切的细节。如他是无辜的，就不能
了解这些细节"。[1] 隐蔽性证据被视为评价口供真实性的关键因素。如讯问
中"特别要注意寻找只有嫌疑人才知道的事实"，这可以让讯问者"借助已
知的事实评价口供"。[2]

对隐蔽性证据的信任会影响司法人员对其他证据的评价，甚至会排斥
DNA 证据。比如美国的德斯科维奇案。1990 年，17 岁的德斯科维奇被认定
实施了强奸和杀人行为。讯问中他否认犯罪，但提供了一些细节情况，包
括"他用佳得乐瓶子打了被害人的后脑勺，瓶子扔在了小路上"。警察随后
在现场发现了一个佳得乐瓶盖。口供是控方的核心证据。审判前，精斑
DNA 检测排除了德斯科维奇的嫌疑，但控方要求陪审团忽略 DNA 证据；检
察官推测，或许被害人是"滥交者"。检察官强调供述的可靠性，特别指出
在德斯科维奇供述了佳得乐瓶子的事情之后，"真的发现了瓶子"，"这不是
一个小瓶子的事"，它是一枚"重磅炸弹"。但是，德斯科维奇服刑 16 年
后，真凶出现了。[3]

（二）对隐蔽性证据规则定罪导向的理解

隐蔽性证据规则在理论上是具有定罪导向的，但接受访谈的绝大多数
实务人员对此予以否认。一位法官断然宣称："那是学者的观点。有隐蔽性
证据补强的口供基本上都是真实的，若再加上一些其他证据印证，不会有
错"（JF1）。对隐蔽性证据的高度信赖使他们相信，隐蔽性证据规则是对认
识规律的事实描述，不带有任何价值判断色彩。基于此，大多数法官支持
制定隐蔽性证据规则，认为如此可避免不必要的分歧，正确处理案件。部
分法官则认为，实务中一向重视隐蔽性证据，是否将之规则化并无太大影
响（JF2）。

---

① 〔法〕勒内 · 弗洛里奥：《错案》，赵淑美、张洪竹译，法律出版社，1984，第 74 页。
② Brandon L. Garrett, "The Substance of False Confessions," *Stanford Law Review*, Vol. 62, 2010, p. 1067.
③ 参见 Brandon L. Garrett, "The Substance of False Confessions," *Stanford Law Review*, Vol. 62, 2010, p. 1054 and below.

（三）"排除串供、逼供、诱供等可能性"的保证效果

隐蔽性证据补强口供以"排除串供、逼供、诱供等可能性"为保证条件。前述有权威意见认为，若"口供本身系非法证据，也就不存在被补强的价值"。即若口供不能排除上述情形，即使有隐蔽性证据补强，也不能定罪。但实践中并非如此，法官决定是否排除供述时，对口供真实性的关注远甚于其是否非法取得。学者研究了 295 份涉及非法证据排除的裁判文书后发现，供述的合法性与真实性被混为一谈；文书中大量出现"供述事实有其他证据印证"（覆盖率 42%）、进入看守所前后供述一致（覆盖率 21%）、供述内容有逻辑和细节相互印证（覆盖率 5%）等表述，法官以这些说明供述真实性的表述来否定辩方提出的供述系非法取得的主张；法官"潜意识里，多数认为取证合法与否、是否存在刑讯逼供不重要，供述是否真实才是认定供述排除与否的唯一因素"。[①] 这样，口供是否系以被禁止的方式所取得，没有成为运用隐蔽性证据的先决条件；反过来，法官常以口供能否得到隐蔽性证据的印证来判断口供是否真实。如此，隐蔽性证据规则所设定的这一保证条件的实际效果，其实是有限的。

（四）补强程度把握的分化

司法实践中，在不同案件中、不同人员对补强程度标准的把握也并不一致。

一是虽属同一类型案件，补强程度的把握却不同。如张某杀人案。张某与被害人有感情纠纷，某日，被害人到张某家中，张某将其掐死并藏尸于衣柜中。被害人家属到张家找人，没有找到后离开。张某担心他们再回来发现尸体，遂碎尸并从马桶冲走。审讯中，张某供述了作案过程。警察在张某家中提取了刀具等相关证据，在化粪池中找到五六斤碎肉，经鉴定确认为被害人人体组织，但无法确定为身体的哪一部位。此案讨论中意见分歧较大，有法官提出，无法确定碎肉是人体哪一部分的，若是胳膊上的，

---

① 王爱平、许佳：《"非法供述排除规则"的实证研究及理论反思》，《中国刑事法杂志》2014年第 2 期，第 102 页。

被害人不一定死亡，如是头上的，可以确定被害人死亡；依现有证据不能定故意杀人，否则被害人将来回来了怎么办（JF1）？此种适用隐蔽性证据规则的意见，显然比司法解释的要求要高。

而在另一起杀人案中，被告人供认杀人，并称匕首被扔在河里。被告人指认的地方水深且急，警察没有找到匕首。后来，一对当时在岸边聊天的情侣指认，看到被告人往河里扔东西，但无法确定是匕首。一审认定被告人成立故意杀人罪。该案中，法官认为口供细节丰富，真实性很高；虽然没有找到匕首，但证人证实被告人向河里扔了东西，可以补强认定口供属实（JLF1）。这种判断则明显低于司法解释的要求。

二是在不同类型的案件中，补强程度的把握标准不同。实证研究发现，简易程序案件一般适用优势证明标准。[①] 若有隐蔽性证据补强口供，法官一般会认为足以达到证明标准；而对于有"其他证据"印证的补强要求，则会认为没有必要。但在命案中，法官普遍认为，除隐蔽性证据外，还应有"其他证据"补强口供。但对于补强程度，又有意见分歧。如对于隐蔽处发现的匕首，是否应有指纹证明确为被告人所用，就有不同意见（SF1）。

（五）隐蔽性证据规则适用范围的扩张

一是隐蔽性证据范围的泛化。2012 年《刑事诉讼法解释》将隐蔽性证据限定为物证、书证，但实务中扩张隐蔽性证据范围的现象较为普遍。法官一般认为，"先供后证"时，言词证据有时也可视为隐蔽性证据。如室内放火案件中，被告人先供述，详细描述了原始现场情况、作案经过；侦查人员能确定供述的作案经过可导致现场发生什么变化，但不能确定供述的原始现场情况是否真实；通过向现场户主核实原始现场情况，就能确定供述是否真实。[②] 对此，法官普遍认为，这种言词证据信息也有隐蔽性，与隐蔽性物证、书证一样具有特殊的证明力。

二是"先证后供"时隐蔽性证据规则的扩张适用。隐蔽性证据后于口

---

① 参见叶锐《刑事证明标准适用的影响因素实证研究》，《中国刑事法杂志》2014 年第 2 期，第 118 页。

② 参见刘静坤《法庭上的真相与正义：最高法院刑庭法官审判笔记》，法律出版社，2014，第 73 页。

供被发现，是适用隐蔽性证据规则的基本条件。但实践中，侦查人员先掌握证据（包括隐蔽性证据）时，若法官通过案情判断，确信供述的隐蔽性细节并非逼供、诱供所致，就会以隐蔽性证据补强的口供为主要根据来定罪，从而扩大了隐蔽性证据规则的适用范围。

（六）多种途径可能污染口供，造成隐蔽性证据虚假补强

国内外很多有影响的错案，在当初定案时都有隐蔽性证据补强口供。如 1948 年法国的德塞耶杀人案，德塞耶供述了重要的细节，他指出了被害人房间里家具摆设的具体位置。法官据此认为，他参与了犯罪活动。[①] 1999 年日本的宇和岛案，检察官认为口供"包含着只有犯人才能做出的供词，又具体又详细，同时符合客观证据等，足以认为具有高度信赖性"。[②] 但事后看，这些口供当初都被污染了，隐蔽性证据补强是虚假的。那么，这些虚假补强是如何产生的？[③]

1. 口供无意中被污染

一是侦查人员有意泄露案件细节。向嫌疑人抛出或真或假的证据，以示犯罪情况已被掌握，从而动摇其意志，这是常用的讯问方法。有研究发现，在警察使用讯问技巧的案件中，有 85% 的样本案件向嫌疑人出示了真实的证据。[④] 策略性地出示证据也是我国侦查讯问的常规方法，"如采用'假设'的客观事实信息，提供给犯罪行为人，能起到以假乱真的效果"。[⑤] 但是，这类方法产生正效应的前提是嫌疑人乃作案人；若嫌疑人是无辜的，就会带来"喂"案情给无辜者的后果，从而有可能发生隐蔽性证据虚假补强口供的现象。比如，为了证明已经掌握了确实的证据，侦查人员"向嫌疑人出示了证据，无意之间透露了一些她不知道的细节，以至于她随后能

---

① 参见〔法〕勒内·弗洛里奥《错案》，赵淑美、张洪竹译，法律出版社，1984，第 71 页以下。

② 〔日〕浜田寿美男：《自白的心理学》，片成男译，中国轻工业出版社，2006，第 17 页以下。

③ 错案的曝光往往需要较长的时间，因此，笔者无法以隐蔽性证据规则实施后的案例进行分析。但众所周知，司法实务有较强的延续性，并且隐蔽性证据规则是对经验的总结和肯定，而不是反方向性的调整，因此，基于过去错案的分析不会影响结论的可靠性。

④ 参见 Richard A. Leo, "Inside The Interrogation Room," *The Journal of Criminal Law & Criminology*, Vol. 86, 1996, p. 278。

⑤ 吴克利：《审讯心理攻略》，中国检察出版社，2004，第 223 页。

复述这些信息"。好在侦查人员对讯问进行了录像，从而避免了错误。[①] 在此类情况中，侦查人员泄露案件细节属于讯问技巧，是有意为之，但口供被污染则属于意外结果。

二是侦查人员无意中泄露案件细节。在某些情况下，侦查人员无意间的行为可能会泄露案件细节给嫌疑人，从而促成虚假补强。如某案件中，侦查人员在房外讨论案件，嫌疑人听到谈话内容，后来在供述中将之予以复述（JNGG1）。再如，为了唤起嫌疑人的记忆，讯问人员有时会提醒他犯罪时间或其他细节；嫌疑人否认犯罪时，讯问人员有时会以指控的方式说出嫌疑人如何实施犯罪的看法，以谴责嫌疑人的顽抗。如前述德塞耶案中，被告人就是通过讯问人员指控式讯问中泄露的案情，了解到被害人房间里家具摆设的具体位置信息。[②]

三是嫌疑人从其他途径了解到案件细节。嫌疑人可能从侦查人员之外的其他渠道了解到案情，如从被害人处了解被害情况，从第三人处知晓案情，案发后到过现场等；或者嫌疑人系替身，从而出现口供与隐蔽性证据相互印证的情况。如某盗窃案中，被告人供述四次作案，时间、数额、藏钱的位置等隐蔽性细节都得到了失主的证实，其口供似乎很可信。但后来查明，被害人失窃后，在家吵、对外讲，嫌疑人与被害人是邻居，借此了解到案件情况。[③] 前述日本宇和岛案中的部分隐蔽性信息，也是被告人从被害人处获知的。另外，在审讯压力之下，嫌疑人还可能杜撰能与隐蔽性证据印证的口供。

2. 口供被有意污染

在有些案件中，侦查人员似乎有意制造隐蔽性证据与口供相互印证的假象。如安徽于英生杀妻案中，审讯笔录一再被更改：开始，笔录中没有提于英生与妻子发生性关系的事；后来，法医鉴定发现被害人体内有精斑，笔录就加上了"前天晚上发生了性关系"这一情况；进一步检验，发现与

---

① 参见 Brandon L. Garrett, "The Substance of False Confessions, "*Stanford Law Review*, Vol. 62, 2010, p. 1075。

② 参见〔法〕勒内·弗洛里奥《错案》，赵淑美、张洪竹译，法律出版社，1984，第 77 页。

③ 参见陈正清《发现疑点不放过　查无实据不定罪》，《人民司法》1984 年第 4 期，第 16 页。

于英生的 DNA 不符，就又把所加记录删掉了。① 在英国的某起案件中，警察通过一些巧妙的方式，如提出诱导性问题、不鼓励嫌疑人偏离警察所预想的犯罪故事版本进行供述、以声调变化暗示正确答案等，提供了关键的、可验证的细节给无辜的嫌疑人。② 对于此类行为，已难以用口供无意中被污染来解释；警察似乎认定嫌疑人就是真凶，并根据与隐蔽性证据相印证的需要来"裁剪"供述。比如，在日本的 20 个典型刑事错案的发生原因中，警方伪造证据的占 13%。③

总而言之，因口供污染而导致隐蔽性证据虚假补强的现象并非个案。美国学者的研究表明，至 2010 年 1 月，借助"无辜者计划"获得平反的 252 名无辜者中，42 人当初在审讯时作了供述。在具备研究条件的 38 个案件中（涉及 38 名无辜者），除 2 人（其中一人是精神病患者）以外，无辜者不但作了虚假口供，而且提供了丰富、详细和准确的细节信息，其中通常包含隐蔽性信息。④ 27 个案件中（占研究案件的 71%），侦查人员在法庭作证时强调这些细节是不公开的或能得到补强的；有时还特别强调，他们进行讯问时刻意避免使用诱导性问题，以免污染口供，嫌疑人都是自愿供述的。在这些案件中，得到隐蔽性证据补强的口供显得极为可信，对法庭最终认定被告人有罪起到了关键性作用。⑤ 而在我国，从媒体披露的信息来看，近年来具有较大影响的多起冤错案件中，口供都得到了隐蔽性证据的补强，并且这些补强对认定口供的"真实性"起到了重要作用。⑥

---

① 参见中央电视台"新闻直播间"节目《检察官在行动：洗冤"于英生杀妻案"》文字版，正义网，http://news.jcrb.com/jxsw/201502/t20150204_1475323.html2015-02-04，最后访问日期：2015 年 10 月 16 日。

② 参见 Corey J. Ayling, "Corroborating Confessions: An Empirical Analysis of Legal Safeguards against False Confessions," *Wisconsin Law Review*, Vol. 1984, 1984, p. 1187。

③ 参见何宏杰、吕宏庆《日本预防刑事错案的系列改革》，《人民法院报》2013 年 5 月 17 日，第 5 版。

④ 参见 Brandon L. Garrett, "The Substance of False Confessions," *Stanford Law Review*, Vol. 62, 2010, p. 1054 and below。

⑤ 参见 Brandon L. Garrett, "The Substance of False Confessions," *Stanford Law Review*, Vol. 62, 2010, p. 1057。

⑥ 包括赵作海案、童立民案、魏清安案、秦艳红案、王本余案、吴鹤声案、王子发案、张绍友案、吴昌龙案、佘祥林案、孙万刚案、胥敬祥案、念斌案、陈夏影案、滕兴善案共 15 个案件。

（七）在对虚假补强的识别中存在过分自信的现象

法官对隐蔽性证据虚假补强口供问题，呈现两种心态。一是担心。法官普遍担心侦查人员先掌握情况，后逼供、诱供，从而导致虚假补强；为避免错案，法官甚至会在一些"先证后供"的重大案件中，判决被告人无罪。如以下案例。某甲外出打工9年未回家。邻居准备将自家部分房屋出租，但租客要求必须有独立茅坑；邻居认为某甲短期内不会回家，决定将他家茅坑清理后让租客使用；清理时，发现人体骨架。后某甲被抓获，其供认当年杀人后外逃，因为害怕一直未回家。某甲的口供细致地描述了作案过程，并包含被害人身高、性别等隐蔽性证据。警方对案件的事实认定很有信心，但法官认为该茅坑临近路边，不排除他人作案的可能性，也因为该案是"先证后供"，故无法排除指供的可能性。最终，某甲被判无罪（JF2）。二是自信。当被问及若隐蔽性证据被污染，能否有效识别时，法官普遍表现出很强的自信。有的法官举出自己成功办理的案件来证明做到此点并不困难；有的法官认为，某些情况下确实不好识别，但仔细审查还是能做到的；有的法官也承认，现行制度下可能会出错，但认为这种可能性非常低（JNJ1，JF1，SCL1，JLF1）。总之，虽然有担心，但法官总体上对识别虚假补强有很强的信心，即使在错案中也是如此。

但是，无论是实验还是回溯分析实际案件，都显示出法官识别虚假口供的能力是有限的，并且存在过分自信的现象。一项心理学实验研究表明，普通人识别谎言的准确率为55%左右，但他们都展现了比实际能力更高的自信心。另一项研究表明，经常作出判断的专业人士识别谎言的能力也远低于预期。该实验中，代表普通人的大学生识别谎言的正确率为52.8%，侦探为55.8%，测谎人员为55.7%，法官为56.7%，精神病医生为57.6%，成绩最好的特工人员为64%。[①] 除了模拟实验，对实际案件的分析也表明，在进入审判程序的存在虚假供述的案件中，86%的案件被错

---

① 参见 Saul M. Kassin, "Human Judges of Truth, Deception, and Credibility: Confident but Erroneous," *Cardozo Law Review*, Vol. 23, 2002, p. 810。

误定罪,[①] 而法官确信被告人有罪是定罪的基本要求。判断中的过分自信现象还具有跨文化的普遍性,而且有关研究表明亚洲人的过分自信更为严重。[②]

(八) 发现隐蔽性证据虚假补强口供的困难性

当前发现证据被污染基本依赖下列两种路径。

第一,根据案情进行推断。控辩双方对隐蔽性证据是否被污染发生争议时,根据案件证据的印证情况,推断隐蔽性证据对口供的补强是否可信,这是常规性方法。而此过程往往是以口供为中心展开的。信赖口供源于一种常识性观念:人们倾向于隐瞒对自己不利的事实,若嫌疑人作不利于己的陈述,通常是真的。有关调查表明,"绝大多数人相信自己不会承认没有犯过的罪行——他们相信别人也是如此"。[③] 若嫌疑人作了自白,一般人都倾向于相信自白是真实的;即便后来翻供,也往往被看作为脱罪而进行的欺骗。口供的偏见性影响也得到了研究的证实。研究显示,即便陪审员知道供述是警察强迫取得的,甚至有时与 DNA 证据相矛盾,口供对裁决的影响也难以有效消除。[④] 在另一项研究中,被试者是 132 位有经验的法官。与预期一致,相比较低压力(讯问仅持续半小时,录像证明嫌疑人没有受到强制)下获得的供述,法官对高压讯问(供述前讯问持续 15 个小时;讯问人员向被讯问者吼叫,威胁判处他死刑,向他挥动手枪;拒绝听取无罪辩解等)下获得的供述更多认定为不具有自愿性,二者的比例分别为 29% 和 84%。然而,即使是高压下获得的供述,也显著提高了有罪认定的比例。在证据较弱的条件下,若没有供述,只有 17% 的法官认定被告有罪;如附有

---

① 参见 Boaz Sangero and Mordechai Halpert, "Proposal to Reverse the View of a Confession: From Key Evidence Requiring Corroboration to Corroboration for Key Evidence," *University of Michigan Journal of Law Reform*, Vol. 44, 2011, p. 526。

② 参见于窈、李纾《 "过分自信" 的研究及其跨文化差异》,《心理科学进展》2006 年第 3 期,第 472 页。

③ Saul M. Kassin, "The Social Psychology of False Confessions," *Social Issues and Policy Review*, Vol. 9, 2015, p. 38.

④ Saul M. Kassin, "The Social Psychology of False Confessions," *Social Issues and Policy Review*, Vol. 9, 2015, p. 38.

低压力下获得的供述，有96%的法官认定被告有罪；即使是附上高压力下获得的供述，也有69%的法官认定被告有罪，有罪认定的比例是第一种情形的4倍。[1]

第二，审查录音录像。若有直观的录音录像，法庭准确识别出大多数口供污染行为应不是难事。相较前一种方法，这种方法更有效，但实践中存在不少妨碍法庭以录音录像审查口供真实性的因素。

首先，录音录像不充分。口供污染可能发生在很多环节，若仅对部分侦查活动录音录像，法官将难以全面发现证据污染。如美国各州对讯问录像的要求基本限于羁押性讯问，对非羁押讯问或讯问室外的活动则不要求录音录像。但是，在这些活动中，嫌疑人有可能被"喂食"信息。如纽约中央公园慢跑者案，在对嫌疑人怀斯的供述录像之前，他被带去犯罪现场，并被出示了被害人的照片。这使人难以分清他供述的信息中哪些是他原本就知道的、哪些是警察泄露给他的。[2]

其次，不提供或仅提供部分录音录像。即便录音录像完整，若法庭无法审查或不能进行完整审查，同样难以发现证据污染。我国的讯问录音录像仅是证明讯问过程合法性的证据；若没有启动非法证据排除程序，一般不需要向法院移送或调取讯问录音录像。[3] 而在司法实务中，启动非法证据排除程序并非易事。如内部资料显示，2013年某省公诉案件启动非法证据排除程序的，仅占全年庭审案件总数的0.5%左右。[4] 在300份辩方申请排除非法证据的判决书中，也仅有12%的案件控方提出了录音录像作为证据。[5] 这意味着在绝大多数案件中，法庭没有审查录音录像。

---

① 参见 D. Brian Wallace & Saul M. Kassin, "Harmless Error Analysis: How Do Judges Respond to Confession Errors?," *Law and Human Behavior*, Vol. 36, 2011; Saul M. Kassin, "The Social Psychology of False Confessions," *Social Issues and Policy Review*, Vol. 9, p. 38。

② 参见 Saul M. Kassin, "False Confessions and the Jogger Case," *The New York Times OP-ED*, November 1, 2002, p. A31。

③ 参见王晓东、康瑛《〈关于辩护律师能否复制侦查机关讯问录像问题的批复〉的理解与适用》，《人民司法》2014年第3期，第26页。

④ 辩方申请排除非法证据难在各国具有普遍性。参见熊秋红《美国非法证据排除规则的实践及对我国的启示》，《政法论坛》2015年第3期，第143页。

⑤ 参见王爱平、许佳《"非法供述排除规则"的实证研究及理论反思》，《中国刑事法杂志》2014年第2期，第102页。

四 隐蔽性证据规则实践样态的原因分析

由前文的分析不难看出，隐蔽性证据规则在实践中呈现的样态与司法解释所规划的图景往往存在出入。那么，在从文本走向实践的过程中，哪些因素使得隐蔽性证据规则的实践呈现当前的样态呢？

（一）隐蔽性细节对犯罪事实认定的特殊意义

在刑事司法中，侦查、起诉和审判就是形成、过滤、审核或重组、确认犯罪事实的过程。初步接触案件事实后，侦查人员往往会迅速形成案件如何发生的框架性构想，其确信度则因案而异。这种构想指导着证据收集的方向，并可能随着证据收集的变化而得到修正，因此这是一个互动的过程。这一过程的最终成果，是要形成一个基于证据能合理解释犯罪行为的叙事故事。而故事的可信性除受一致性、融贯性和完整性等影响外，还与故事是否有足够的细节支持密切相关。首先，细节使故事更生动，从而更可信。犯罪的细节信息使嫌疑人的供述看上去很逼真。正是这些细节信息使第三方认为嫌疑人的供述极为可信，"尤其是当这些细节被认为生动、准确、独特时……法官与陪审团经常将供述中的细节视为认罪的补强"。[①] 审判者对细节的重视，与人们评价证据的心理机制有关。有研究发现，人们评价证据的证明力时，经常是不符合逻辑的。比如，细节使供述显得"生动"，而"生动性被认为使信息带上了感情色彩，使信息更具体和更具意象性，并且使信息更具有可感知性和存在感，也使信息更容易被亲近"。而人们常给予"生动性"的证据远高于其实际价值的证明力。[②] 其次，细节在记忆中具有稀缺性，包含细节的故事显得更可信。记忆的特点是更关注事件的大概结构和整体意义，而不擅长记住细节。[③] 若口供包含细节，尤其是关

---

① 〔美〕理查德·A. 利奥：《警察审讯与美国刑事司法》，刘方权、朱奎彬译，中国政法大学出版社，2012，第 148 页。

② 参见 Corey J. Ayling, "Corroborating Confessions: An Empirical Analysis of Legal Safeguards against False Confessions," *Wisconsin Law Review*, Vol. 1984, 1984, pp. 1187, 1189。

③ 参见〔日〕高木光太郎《证言的心理学——相信记忆、怀疑记忆》，片成男译，中国政法大学出版社，2013，第 16 页。

键的、独特的细节，并能融贯地嵌入故事结构，特别是能让非作案者难以理解的现象得到合理的解释，将使犯罪故事更加可信。

（二）印证证明模式进一步强化了隐蔽性细节的意义

以故事模式认定犯罪事实在各国的司法实践中均有所表现，但审判者如何评价故事则受证明模式的影响。典型的自由心证模式虽强调证据裁判，却也承认审判者的个人知识和经验对事实认定的重要意义。审判者有时会以案外知识填补证据无法证明的故事情节之间的缝隙。在一场模拟审判中，在陪审员认定的事实中，有 55% 是由证据直接证明的，有 45% 则是推导而来的。[1] 研究还发现，故事除了能有效组织证据，有吸引力的故事本身也会对审判者产生较强的吸引力，产生"故事本身就是证据"的效果。[2] 于是，审判者对故事更趋于作出整体性的评价，只要有部分细节能让审判者认为故事是可信的，犯罪指控就有可能成立。

我国的印证证明模式[3]更强调以证据证明案件事实，排斥故事本身的证明作用和法官自身知识填补故事情节缝隙的功能，这就对证据量包括细节性证据提出了更高的要求。同时，司法的行政化审批制和审级中的复审制，都要求法官尽可能地将审判事实客观化，而充斥着细节特别是隐蔽性细节的犯罪故事，更容易获得不具有"现场感"的上级的认同。

（三）侦查人员的证实性偏差

从实践看，有理由相信绝大多数虚假供述并非控方所刻意追求，但供述中出现隐蔽性细节又确系侦查行为所致，对此如何解释？合理的解释是，在追求细节的心理下，侦查人员的证实性偏差催化了有意或无意的口供污染。某人被列为嫌疑人，可能有一定的证据基础，也可能仅仅源于侦查人员的直觉。而其一旦成为讯问对象，对其进行的讯问工作就会以取得口供

---

① 参见〔美〕里德·黑斯蒂主编《陪审员的内心世界——陪审员裁决过程的心理分析》，刘威、李恒译，北京大学出版社，2006，第 247 页。

② 参见〔英〕威廉·特文宁《反思证据》，吴洪淇等译，中国人民大学出版社，2015，第 302 页。

③ 关于刑事印证证明模式，参见龙宗智《印证与自由心证——我国刑事诉讼证明模式》，《法学研究》2004 年第 2 期。

为导向。如一位反贪局长所言："侦查工作，不能中立，对一条线索，我们通过初查认为嫌疑人极有可能存在犯罪事实的，接下来就需要一种'有罪推定'……如果站在中立的角度去办案，我们的思维很多时候会被对方影响，或者相信了对方的辩解。"① 警察培训教材传授的方法则是，"对于顽固否认的嫌疑人，不能持以'或许清白'的疑虑进行审讯"。② 这种有罪推定的心态，有利于侦查人员高效开展工作。但是，在讯问开始时，侦查人员并无有效办法甄别嫌疑人是否无辜。当被讯问者确属无辜时，有罪推定所形成的证实性偏差就可能催化隐蔽性证据虚假补强口供。

所谓证实性偏差是指个体在判断自己的信念或假设并进行决策时，往往认为支持性的论据更具说服力，并且有意或无意地寻找与已有信念或假设一致的信息和解释，而忽视可能与之不一致的信息和解释。③ 证实性偏差可以不同方式影响隐蔽性证据补强口供的真实性。第一，过分热衷收集与假设一致的信息，不自觉陷入自我证实的境地。在认定嫌疑人有罪的心理下，若嫌疑人未能提供自己想要的信息，侦查人员就可能有意向其透露隐蔽性信息，启发、帮助其回忆案件事实，或者向其表明案情已被掌握，其抵抗是无益的；或者，侦查人员也可能情急之下无意中泄露隐蔽性信息，从而污染供述；甚至在极端的情况下，侦查人员有可能伪造、变造供述以达到与隐蔽性证据相互印证的目的。第二，对与预断不符的信息视而不见或者降低、消除其影响力，从而错失发现虚假补强的机会。第三，将无关的信息作不利于嫌疑人的解释，从而强化认识偏差，加剧了虚假补强的风险。如浙江杭州张高平、张辉案中，二人将货物运至上海后冲洗货车，这一正常行为被解释为意图毁灭证据，从而加深了侦查人员对二人的有罪怀疑。审判时，指认现场的录像证明二人了解只有作案人方知的细节；后来披露录像是预演后拍摄的，但并无证据证明办案人员是故意制造错案。④ 对

① 田骁、朱晓：《一边善用谋略，一边挖掘人性》，《方圆》2013 年第 1 期，第 39 页。

② 〔日〕浜田寿美男：《自白的心理学》，片成男译，中国轻工业出版社，2006，第 48 页。

③ 参见吴修良、徐富明、王伟、马向阳、匡海敏《判断与决策中的证实性偏差》，《心理科学进展》2012 年第 7 期，第 1080 页。

④ 这是笔者 2013 年 5 月于杭州参加浙江大学法学院举办的有关张氏叔侄案的研讨会时获悉的情况。

此，合理的解释是侦查人员确信二人系真凶，制造隐蔽性证据补强口供仅是为了满足审判的需要，而这与对冲洗车辆等无关行为的错误解读密切相关。

（四）证明力规则的模糊性

证明力判断一向属于法官裁量的范围，仅有极少数例外。原因之一是证明力判断通常要结合案情进行个别裁量，对其加以事先约束反倒可能产生削足适履之弊。隐蔽性证据规则虽以经验共识为基础，却仍需为法官裁量保留空间。比如，"隐蔽性很强的物证、书证"中的"隐蔽性很强"如何把握？"其他证据"的范围如何把握？补强的强度如何把握？"逼供、诱供"如何把握？"可以认定被告人有罪"中的"可以"如何把握？对于上述问题，有些虽已有权威性解答，却并无法定约束力。这就为法官个性化地适用隐蔽性证据规则提供了可能。

（五）法官的风险管控意识

在不同类型的案件中，法官防范错案的风险意识是不同的。这些年暴露出来的冤错案件多为"命案"，而严防死刑案件出错在法院系统中是受到充分重视的。后果的不可挽回性、错案追究、责任终身制等，使法官高度警惕"亡者归来""真凶再现"等情况的出现，这导致在"命案"中对口供补强的把握要高于隐蔽性证据规则本身的要求。而简易程序、速裁程序本身就意味着追求效率的政策导向，适用这些程序的案件对证据的要求也有所降低。同时，这些案件缺乏"亡者归来""真凶再现"等标示案件铁定错误的情况，当事人也缺乏"命案"中因利益损失巨大而长期抗争的韧性，案件被认定为错案的概率大为降低，法官被追责的可能性也相应降低。这些都使得法官在该类案件中对口供补强的把握要低于隐蔽性证据规则本身的要求。

（六）实体正义的司法导向

近些年来，实体与程序并重已成为相关规范性文件中的一般性提法，程序正义对司法实务人员的司法理念形成了一定的冲击。但司法实践中仍以追求实体正义为主要导向,非法证据排除规则的实践情况即为例证。这一因素可以解释"排除逼供、诱供等可能性"这一保证条件为何被虚置。访谈中,一些资深法官直接将隐蔽性证据规则理解为"毒树之果"规则(JF2,JLF1)。这种理解显然有异于最高人民法院的立场,但从实践情况看并非毫无道理。同时,追求实体正义的司法导向使得公、检、法三机关之间的配合关系牢不可破。一些法官虽然了解侦查中可能污染隐蔽性证据的情形,却因为信任其他机关,仅对死刑案件倍加小心;对于其他案件,则在隐蔽性证据是否被污染存在争议时,多倾向于采信控方的主张。

(七)录音录像供给与需求的双重动力不足

录音录像的使用困境主要源于两方面。首先,录音录像的供给动力不足。当前录音录像不全、录音录像的关键片段缺失等现象屡见不鲜,法庭使用录音录像面临诸多障碍,这与侦查机关的消极态度有关。对所有侦查活动进行充分的录音录像,并允许在法庭上充分使用这些录音录像,在相当长的时期内是不现实的。其次,录音录像的需求动力不足。录音录像使用率低还有法官需求动力不足的原因。一是法官认为没有必要。由于对控方证据的信赖、口供的重要影响等,在大多数案件中,法官通过阅读案卷就已经形成内心确信,故认为没有必要调取录音录像。二是出于诉讼效率的考虑。实践中,讯问往往多次进行,每次都可能持续较长时间,争议案件的录音录像全部调阅几无可能。同时,因为辩方没有充分查阅录音录像的权利,故难以准确指出有争议的讯问时间节点,从而无法有效地分担法官的压力。加之案多人少的背景性因素,法官调阅录音录像的积极性普遍不高。

五　隐蔽性证据规则实施的多元化进路

适用隐蔽性证据规则的最大风险是虚假补强。出于对隐蔽性证据的高度信赖,一旦出现虚假补强,发生错案的概率就极高。而虚假补强的危害与案件的严重性成正比,案件越严重,越要重视虚假补强风险的防范。同时，经验证明，得到隐蔽性证据补强的口供往往有很高的真实性，肯定隐蔽性证据补强口供的价值可减少对其他证据的需求，简化证据评估，提高事实认定效率。关于此点，有关美国法官就证据补强所作指示对陪审团评估证据的影响的实验，可作为例证。[①] 但是，上述二者所体现的价值明显存在冲突。风险防范会要求隐蔽性证据规则在一定程度上的复杂化，如强调证据的隐蔽性，强调其他证据的附加补强，强调严格把控逼供、诱供，以及强调对讯问录音录像的充分审查等；而重视效率则会要求隐蔽性证据规则的简化，对上述事项持更加宽松的态度。因此，二者的配置关系将决定隐蔽性证据规则的实施策略。

综观各国司法，追求效率与防范错案风险在不同类型的案件中存在不同的配置情况。一般而言，对轻罪案件的处理侧重效率，对重大案件的处理侧重防范误判。就隐蔽性证据规则而言，应在考虑隐蔽性证据补强的口供一般可信的情况下，根据轻罪、重罪案件的不同，评估误判风险大小、后果的严重程度，平衡效率因素，对隐蔽性证据规则的实施策略作多元化安排。

（一）隐蔽性证据规则的实施需要讯问录音录像制度相配合

虚假补强主要源于证据污染，而录音录像是事后发现证据污染的最有利工具，因此，隐蔽性证据规则的良好实施需要配合以讯问录音录像制度的完善。当前，通过录音录像发现口供污染的首要障碍，是相关司法解释将录音录像的适用限制在证明非法取证的程序事项。[②] 作为侦讯过程的客观记录，录音录像既是程序运行的记录载体，也是侦讯内容的记录载体。美国一些州把录音录像作为证明讯问内容的唯一载体，这是因为做笔录会干扰讯问活动。[③] 当前对录音录像使用的限制，是对其证明价值的人为切割，

[①] 参见 Jeffrey G. Hoskins, "The Rise and Fall of the Corroboration Rule in Sexual Offence Cases," *Canadian Journal of Family Law*, Vol. 4, 1983, p. 193。

[②] 参见 2013 年最高人民法院《关于辩护律师能否复制侦查机关讯问录像问题的批复》、2014 年最高人民检察院法律政策研究室《关于辩护人要求查阅、复制讯问录音、录像如何处理的答复》。

[③] 参见 Thomas P. Sullivan, "Police Experiences with Recording Custodial Interrogation," *Judicature*, Vol. 88, 2004。

应予纠正。适度扩大录音录像的摄制对象，并保证其完整性，在技术上并无障碍。例如对"命案"，许多地方公安机关对勘验、指认、辨认活动进行了录音录像。[①] 针对当前公安机关对录音录像支持度不高的情况，不妨通过修法或司法解释，要求侦查录音录像随案移送。

允许辩方充分利用录音录像，对于查明真相和提高效率均为有益之举。辩方有权使用讯问录音录像，在一些国家已是常规做法。如在英国，会见结束时，警察会书面通知嫌疑人，说明录像材料的用途及查看方法；并告知嫌疑人，若其被起诉，其将及时得到一份复制品。[②] 若不许辩方有效利用已形成的录音录像，从查明真相的角度看，录音录像的成本耗费就丧失了意义。考虑到公开全部录音录像有困难，鉴于隐蔽性证据的重要影响，若辩方提出虚假补强异议，则应允许律师查阅在其申请范围内的录音录像。从效率的角度考虑，若律师能庭前查阅录音录像，明确争议点，则将节省法庭审阅时间，有助于提高法官使用录音录像的积极性。

虽然录音录像对于识别虚假补强具有极大价值，但也不能期待其包治百病。比如，某些威胁、引诱是否足以促成虚假补强，不同法官的判断可能会不同。由于执法的复杂性，也很难要求对侦查人员的所有活动都进行录音录像，而逼供、威胁、引诱就可能发生于其间。因此，在努力扩大和提高录音录像的覆盖范围和真实性的同时，也要认识到其保证作用的有限性。此外，当庭播放录音录像还涉及诉讼效率问题，大范围、长时段地播放录音录像会降低诉讼效率。因此，也不是所有涉及隐蔽性证据的案件都要播放录音录像，可以根据案件类型的不同作差异化处理。

（二）重罪案件虚假补强的高风险与隐蔽性证据规则的实施进路

1. 重罪案件虚假补强的高风险

从错案的发生机制进行分析，虚假补强的发生率与案件的严重程度成正比。首先，案件越重大，口供真实性的保证越重要。此类案件一旦定罪，

[①] 参见邓荣国《"指认现场"让翻供苍白无力》，《人民检察》2004年第12期，第59页；朱俊杰《谋杀犯罪现场勘验研究》，《公民与法》（法学版）2012年第9期，第41页。

[②] 参见瓮怡洁《英国的讯问同步录音录像制度及对我国的启示》，《现代法学》2010年第3期，第107页。

刑罚很重，甚至可能判死刑，没有被告人口供法官通常不敢下判。这会促使控方努力取得口供。其次，案件越重大，违法取证的可能性越大。刑罚的严重程度会影响供述的意愿，案件越重大，嫌疑人自愿供述的可能性越低。而案件越重大，破案的压力越大，违法取证的可能性也越大，虚假补强的可能性随之增加。如李志平杀人案，"警方在村里驻扎了 50 多天，破案的压力非常大"，"不破案，警方肯定下不了台"。① 公安机关将强制录音录像的适用标准之一设为可能判处 10 年以上有期徒刑的案件，应该说不无此方面的考虑。② 最后，案件越重大，无辜者被释放的可能性越低。案件越重大，有人应对此负责的社会心理就越强；若无替代者出现，无辜者摆脱诉讼的难度就越大。如重庆的童立民案，被告人被超期羁押 6 年，"既不能充分认定有罪，又不能轻易判决无罪，才导致了本案久拖不决"。③ 证实性偏差，甚至伪造证据以形成印证关系，也更容易发生在重罪案件中。

2. 重罪案件中隐蔽性证据规则的实施进路

此处的重罪，指可能判处 10 年以上有期徒刑、无期徒刑、死缓和死刑立即执行的案件。重罪案件虚假补强的高风险和虚假补强后果的严重性，决定了这类案件适用隐蔽性证据规则时，应以防止虚假补强为首要导向。但鉴于隐蔽性证据补强的口供一般有较高的真实性，也应适当考虑效率的要求。

（1）死刑立即执行案件

对于可能判决死刑立即执行的案件，无论被告人是否提出口供虚假补强抗辩，法庭都应审查录音录像，以尽可能降低虚假补强的风险。死刑案件的证明应适用最严格的标准，对可能判死刑的案件，除了依口供找到隐蔽性物证、书证，还应有独立来源的证据补强口供。如根据口供找到具有隐蔽性的杀人工具，工具上的指纹、血迹即属有独立来源的证据，可以补证被告人与工具之间的联系。再如，根据口供在河里找到了杀人工具，但

---

① 韦洪乾：《河北定州农民两次被错判死刑 蒙冤 23 年不得昭雪》，搜狐网，http://news.sohu.com/20060624/n243916648.shtml，最后访问日期：2015 年 10 月 15 日。

② 参见 2014 年公安部《公安机关讯问犯罪嫌疑人录音录像工作规定》第 4 条。

③ 杨子墨、文秦：《死刑犯最终无罪释放 嫌犯经历 7 年牢狱之灾》，新浪网，https://news.sina.com.cn/s/2003-01-24/111538539s.shtml，最后访问日期：2015 年 10 月 15 日。

已无法从杀人工具上提取指纹；此时若无其他有独立来源的证据补强口供，则不应作出死刑判决。实践中有时以辨认现场笔录等材料来佐证隐蔽性证据，但这类证据源于口供，不属于有独立来源的证据，且容易造假；当以这类证据佐证隐蔽性证据时，不宜作出死刑立即执行的判决。

（2）可能判处 10 年以上有期徒刑及以上刑罚的案件

在这些案件中如何适用隐蔽性证据规则，需要考虑三点。其一，隐蔽性证据虚假补强口供的可能性。如前文所述，作为重罪案件，此类案件中虚假补强的可能性较大。加之我国司法实践中促生虚假补强的因素还很多，如刑讯逼供、疲劳审讯、威胁、引诱等，[①] 因此对虚假补强的可能性要高度警觉。其二，口供的稳定性。面临严重的刑罚时，被告人即便庭前因受外力影响而作了虚假认罪，其在庭审中一般也会翻供。例如，在已纠正的错案中，被告人庭审时几乎全部翻供。因此，若被告人庭审时仍认罪，则庭前供述属实的可能性较高，口供真实性的保证要求可适度降低。若被告人庭审时翻供，则口供真实性的保证要求应予以提高。其三，利用录音录像的可能性。由于录音录像的直观性，若有录音录像保证口供的真实性，则口供补强的要求可适度降低。根据相关规范性文件，重罪案件讯问均应录音录像，[②] 这为审阅录音录像提供了可能性。若法庭调取录音录像，控方不提供又不能作合理解释的，则要谨慎对待口供的真实性。

总之，对于上述类型的案件，可按以下方式适用隐蔽性证据规则。一是庭前口供比较稳定，并且被告人当庭认罪的，口供得到隐蔽性证据补强即可，不再需要其他证据补强。但鉴于错误后果的严重性，录音录像应随案移送，以备法庭审查。即使法庭不审查，移送行为也会有一定的威慑功能，有利于保障口供的真实性。二是被告人当庭翻供，录音录像能证明口供的真实性，并且录音录像真实、完整的，口供得到隐蔽性证据补强即可。有意见认为，供述得到隐蔽性证据补强的，首次自白如因逼供、诱供等情

---

① 2007 年一项对服刑人员的调查显示，55.3% 的人受过直接刑讯，60.1% 的人受过变相刑讯（挨饿、疲劳审讯等）。参见林莉红、尹权、黄启辉《刑讯逼供现状调查报告——以监狱服刑人员为调查对象》，《湖北警官学院学报》2010 年第 3 期，第 38 页。

② 参见 2014 年公安部《公安机关讯问犯罪嫌疑人录音录像工作规定》第 4 条。

况而被排除时，仍可认为重复自白具有证据能力。[①] 但这一意见正确的前提是，排除了"喂食"污染口供的可能性。而要做到此点，最可信的方式就是审查录音录像。三是被告人当庭翻供，无录音录像能充分证明口供的真实性，或者录音录像的真实性、完整性存疑的，口供应同时得到隐蔽性证据和其他证据的补强。此时法官应警惕虚假补强风险，谨慎适用隐蔽性证据规则。

（三）处理轻罪案件的效率要求与隐蔽性证据规则的实施进路

此处的轻罪指可能判处 10 年有期徒刑以下刑罚的案件。在此类案件中，违法取证的动力、口供真实性的保证要求等相对减弱，口供虚假补强的可能性也相应降低。因此，在防范风险的同时，隐蔽性证据规则的效率价值应得到更多的肯定，在这类轻罪案件中可适度降低对隐蔽性证据规则的要求。

1. 被告人当庭认罪的案件

对于这类案件，若口供得到隐蔽性证据补强即可定罪，无须补强其他证据，也无须审查录音录像。此类案件中，违法取证的可能性相对较小，当庭认罪一般已足以保障口供的真实性；若再以隐蔽性证据补强，口供的真实性应是极高的。因此，基于效率的考虑，可不再要求提供其他证据和审查录音录像。

2. 被告人当庭翻供的案件

若被告人可能被判处 3 年以上 10 年以下有期徒刑，鉴于错案后果相对严重，除隐蔽性证据外，还应以其他证据或录音录像保证口供的真实性。而被告人可能被判处 3 年有期徒刑以下刑罚的案件，侦查人员违法取证的动力一般不足，嫌疑人拒绝供述的意志一般也不强烈，故口供污染的可能性较低，以隐蔽性证据补强一般足以保证口供的真实性；即使被告人当庭翻供，也不需要其他证据或录音录像进行保证。

---

① 参见龙宗智《我国非法口供排除的"痛苦规则"及相关问题》，《政法论坛》2013 年第 5 期，第 24 页。

3. 隐蔽性证据规则的适度扩展

在轻罪案件中，为提高办案效率，可考虑将隐蔽性证据的范围扩展至言词证据。同时，对于"先证后供"案件，若能排除串证、逼供、诱供的可能，则被告人供述了虽已为侦查人员所掌握但不易为非作案人所知的隐蔽性证据的，可依隐蔽性证据规则定罪。相较于当前规范性文件的要求，此一扩展在一定程度上升高了虚假补强的风险，因此，在上述两种情况下适用隐蔽性证据规则定罪，应以被告人当庭认罪或有完整、可信的讯问录音录像保证口供的真实性为前提。

（四）对于特殊类型的案件宜慎重适用隐蔽性证据规则

隐蔽性证据规则是以一般司法经验为基础的，但在某些特殊类型的案件中，若口供虚假的可能性明显超过正常水平，则应特别慎重地适用隐蔽性证据规则。首先，对于存在"顶包"可能的案件，由于此类案件的被告人与作案人通常有特殊关系，使得被告人有可能了解案情，所以，即使被告人自愿认罪，且该认罪可以得到隐蔽性证据的补强，法官也不应盲目认可口供的真实性。若法官有合理理由怀疑被告人系"替身"，则在排除疑问之前应慎重适用隐蔽性证据规则。其次，对于特殊群体人员的犯罪，也应考虑到该人群所具有的特质，而慎重适用隐蔽性证据规则。从国内外的案例看，未成年人、智力障碍者及精神病患者的抗压能力较弱，容易受暗示或顺从他人的意志；一些对于普通人而言通常不会引发虚假供述的讯问策略，如轻度的威胁、引诱、欺骗乃至正常的讯问压力，对这些特殊人群却有引发虚假供述的可能。因此，对于这类特殊群体的口供，法官应高度警觉，慎重适用隐蔽性证据规则。

Research on the Rule of Criminal Concealed Evidence

(Qin Zongwen)

Abstract: The establishment of the rule of concealed evidence is supported by experience and related to the special criminal judicial environment in China. The rule of concealed evidence is conviction-oriented. Although judicial interpretation has set some very strict collateral requirements, there still exists the risk of false reinforcement. The implementation of this rule has on the one hand confirmed that the rule does have a strong empirical support, but on the other hand, also showed that some practices have partly deviated from the text, as evidenced by the differentiation in the control of the degree of reinforcement and the expanding scope of application. In the meantime, the diversification of confession pollution, the overconfidence on the part of judiciary officers, and the difficulties in actual detection of pollution are challenging the collateral requirements of the prevention of false reinforcement. There are different kinds of factors that influence the implement of the rule of concealed evidence, such as the psychological condition of judicial officers, the verification mode in Chinese criminal justice system, the ambiguity of the rules themselves, the risk control consciousness of judicial officers, the substantive justice orientation of the judicial system and the lack of both the supply of and the demand for audio and video recordings. Prevention of false reinforcement and promotion of efficiency have different value ranks in different types of cases. Considering that the confession reinforced by concealed evidence is generally credible, a diversified strategy for the implementation of the rule of concealed evidence should be adopted by following the general principle of improving efficiency in misdemeanor cases and preventing the risk of false reinforcement in felony cases while, at the same time, taking into consideration the risk of misjudgment, the severity of consequence in different types of cases and the factor of efficiency.

Keywords: Concealed Evidence; The Rule of Concealed Evidence; Oral Confession; The Rules of Reinforcement of Oral Confession; False Reinforcement

王　琦

1986～1990 年就读于中山大学法律系 86 级法学甲班。法学博士、博士后，日本名古屋大学访问学者，现任海南大学法学院院长、二级教授、博士生导师、法学学位点负责人，国家级一流专业建设点海南大学法学专业责任教授，国家社科基金重大招标项目首席专家。兼任中国法学会理事、中国法学会法学教育研究会常务理事、中国法学会民事诉讼法学研究会常务理事、中国太平洋学会自然资源法学研究分会会长、海南省高校法学专业教学指导委员会副主任、海南国际仲裁院理事会理事、中共海口市委法律顾问。主要研究领域为民事诉讼法学。在《中国法学》等刊物发表论文 60 多篇，出版《国家海上民事管辖权研究》等著作 10 余部，主编《非诉讼纠纷解决机制原理与实务》等 21 世纪法学规划教材 2 部，主持国家社科基金重大招标项目及西部项目、司法部项目、海南省社科基金重大项目和一般项目共 13 项；作为课程负责人的"民事诉讼法学"被教育部确认为"国家级精品资源共享课"和"课程思政示范课程"。获海南省社科优秀成果一等奖 2 项、二等奖 2 项、三等奖 1 项，获海南省优秀教学成果一等奖 1 项。荣获万人计划教学名师、教育部课程思政教学名师、海南省有突出贡献的优秀专家、海南省"515 人才工程"第一层次人选、海南省杰出人才、海南省育才计划"南海名家"、宝钢优秀教师奖、全国教书育人楷模候选人、海南省教书育人楷模等荣誉。

民事诉讼事实认定的智能化[*]

王 琦[**]

摘 要：事实认定是司法裁判的起点，随着人工智能在司法领域的渗透，民事诉讼事实认定的智能化成为一个值得研究的问题，其基本原理是具备事实认定知识的机器对民事证据作出合法律性、合逻辑性的判断，从而自动查明案件事实。但由于民事诉讼证明标准的抽象性、层次性，证明规则需要价值判断或解释等，现阶段民事诉讼事实认定的智能化还面临诸多困境。实现民事诉讼事实认定智能化的可能路径是：建立事实认定流式大数据知识库，使机器具有完备的法律知识；强化法官事实认定隐性知识的显性化，使该知识成为机器可识别的编码语言；推进算法研发，提高事实认定的精准度。

关键词：民事诉讼事实认定；司法人工智能；隐性知识显性化

未来已来，随着人工智能在司法领域的渗透，人工智能正在被尝试或已经被应用在司法的各个环节。在美国，计算机合成图像技术常用于庭审过程，这种技术可以直观地重现事件，帮助法官理解科学证据。[①] 在国家人工智能战略的推动下，我国各地法院也在以前所未有的力度推进智慧法院建设，从庭审记录自动生成、裁判文书一键生成到类案智能推送，人工智能给司法裁判带来的便利逐渐得到社会认可。特别是 2019 年 1 月上海市第

---

[*] 本文曾发表于《当代法学》2021 年第 2 期。

[**] 王琦，海南大学法学院教授、博士生导师。

[①] 参见陈邦达《人工智能在美国司法实践中的运用》，《中国社会科学报》2018 年 4 月 11 日，第 5 版。

二中级人民法院成功应用"206系统"校验证据、审查证据链和全案证据，代表着我国法院首次应用人工智能辅助办案，让司法界对人工智能充满期待和想象。① 在此背景下，司法智能化也成为当下学术界的一个研究热点，但综观相关学术成果，多从宏观视角研究司法人工智能。按照司法"三段论"推理模式，事实认定是司法裁判的起点，要实现司法人工智能首先应当实现事实认定的智能化。

将目光聚焦在既有的"事实认定+人工智能"研究成果上可以发现，学者们已经认识到事实认定智能化对于司法裁判乃至法律人工智能的意义。如有人认为，人工智能首先要解决的难题是事实认定阶段的证据推理，但基于证据能力、可采信评价等问题，证据推理还面临较大的困难，解决的途径是利用威格莫尔、特文宁等人提出的科学证明图示将证据推理的过程可视化，从而为事实认定智能化指明一个方向。② 然而事实认定智能化的关键在于机器根据证据编码实现案件事实的自动认定，虽然理论上证据推理的过程可实现可视化，但这个可视化的科学证明图示无法解决机器识别证据编码问题。尽管有人提出，区块链技术是一场比人工智能更深刻的生产力革命，在事实问题上可完全代替法官，③ 但这一论点似乎有些武断，因为区块链技术在事实认定领域的应用具有一定的局限性，它主要是针对电子证据而不是所有的证据方法。同样，应用测谎技术认定案件事实也具有一定的限度，在理论上证据方法仅限定在当事人陈述、证人证言等言词证据且应当遵循测谎契约原则，测谎技术在事实认定中的应用还存在诸多争议。④ 既有成果表明，事实认定智能化还有较大的研究空间，有必要更深入地探讨如何让机器像法官一样作出事实认定。本文从民事诉讼的视角探讨事实认定的智能化，以期对民事司法裁判有所裨益，进而推动以智能化为核心的智慧法院建设。

① 参见秦平《以改革创新精神拥抱司法人工智能》，《法制日报》2019年1月26日，第2版。
② 参见张保生《人工智能法律系统：两个难题和一个悖论》，《上海师范大学学报》（哲学社会科学版）2018年第6期，第28~34页。
③ 参见史明洲《区块链时代的民事司法》，《东方法学》2019年第3期，第111页。
④ 相关成果参见李乾、张庆刚《测谎检验的证明价值与法律控制要件探析——以民事诉讼为视角》，《中国司法鉴定》2014年第6期，第20页；赵小军《论测谎契约在我国民事诉讼中的应用及规制》，《东方法学》2017年第2期，第37~40页。

一　民事诉讼事实认定智能化的基本原理

何谓智能？在国外人工智能研究早期，有人将其定义为研究怎样让机器模仿人脑从事思维的活动，解决迄今认为需要由专家才能处理好的复杂问题。① 直到现代，我国很多人工智能教科书也认为，若使用机器能够完成一些原本只有人类才能完成的工作，② 那么这种机器便被认为具有某种智能。学术上有关智能的理解，基本保持在上述"图灵实验"③ 意义的框架范围内。在此基础上，笔者认为民事诉讼事实认定的智能化是指具备事实认定知识的机器对民事证据作出合法律性、合逻辑性的判断，从而自动查明案件事实的活动。考察发现，现阶段的司法人工智能机器是一种知识与思维的合成体，具有分析和解决问题的综合能力，即一方面具有完备的事实认定知识，另一方面具有感知、识别、理解事实认定知识的能力及在此基础上的决策能力。

（一）完备的事实认定知识

机器能在某种程度上像法官一样行动、思考和决策，是因为它也像法官一样具有完备的法律知识，因此让机器储存完备的知识是事实认定智能化的前提，否则所谓的智能化将因缺乏知识资源而不可能实现。北京"睿法官"系统的核心技术就是以法律构成要件为基础构建法律知识图谱，④ 上海民商、行政案件智能办案系统也是以大数据资源库为基础的。⑤

---

① 参见〔美〕E. 丽奇《人工智能引论》，李卫华、汤怡群、文中坚编译，广东科技出版社，1986，第 1 页。

② 参见钟义信《机器知行学原理：人工智能统一理论》，北京邮电大学出版社，2014，第 167 页。

③ 人工智能早期研究者英国数学家阿兰·图灵（Alan Turing）提出的"图灵实验"，即如果一台机器可以诱使一个询问者相信它也是一个人，那么这台机器就有智能。参见〔美〕杰夫·霍金斯、桑德拉·布拉克斯莉《人工智能的未来》，贺俊杰、李若子、杨倩译，陕西科学技术出版社，2006，第 8 页。

④ 本文有关"睿法官"系统的内容，参见佘贵清、李响、孙冰、吴娟《借力大数据　智慧助法官——北京法院"睿法官"系统》，载李林、田禾主编《中国法院信息化发展报告 No. 2（2018）》，社会科学文献出版社，2018，第 337~350 页。

⑤ 本文有关上海民商、行政案件智能办案系统的内容，参见陆诚、杨敏、田畑《上海民商行政案件智能辅助办案系统调研报告》，载陈甦、田禾主编《中国法院信息化发展报告 No. 3（2019）》，社会科学文献出版社，2019，第 135~150 页。

证据规则是确保事实认定合法性的前提，不论是民事诉讼领域还是与事实认定相关的实体法、司法解释领域，有关证据法则的规范都是通过语言文字表述出来的。机器和人一样具有识别语言文字的能力，只要机器储存全部有关证据法则的规范，在事实认定时就能对这些规范信手拈来。除了规范性文件，还有大量的证据规则隐含在案例中，或者说有些证据规则是从案例中提炼出来的。众所周知，事实出发型国家形成的有关证据规则的判例对待裁判案件事实认定具有约束力，尽管规范出发型国家在形式上具有不理会上级法院之法律意见的自由，但实际上都会将上级法院的判决作为指导。① 我国最高人民法院定期或不定期发布的指导性案例、典型案例中有时会涉及证据规则的提炼，下级法院在遇到类似案例时应当参照适用。因此，案例中的证据规则也是事实认定智能化的知识资源。如上海民商、行政案件智能办案系统就汇集了证据规则、办案要件、电子卷宗、案例、裁判文书、法律法规、司法解释、办案业务文件等大数据资源。

值得一提的是，机器不仅具有一般的事实认定知识，还具有地方性的事实认定知识。有的高级人民法院针对司法实践中常见的疑难问题制定了一些有关事实认定的规则，这也是事实认定知识的重要组成部分。以农村"外嫁女"能否参与分配原集体经济组织土地补偿费为例，具有集体经济组织成员资格是获得土地补偿费的前提，因此此类案件的关键在于能否认定"外嫁女"具有成员资格这一事实问题。实践中有的法院以户籍是否迁出为标准，有的法院以是否尽到成员义务为标准，各地法院内部也没有统一的做法。有的高级人民法院针对此类案件制定了有关"外嫁女"是否具有成员资格的意见，② 供当地法院审理此类案件时遵照执行。尽管这些知识就产地而言是地方性的，其市场却未必是地方性的，也可以为其他地方法院所分享。③ 以北京"睿法官"系统为例，该系统不仅整合了全国法院的公开裁判文书、参考案例、指导性案例、公报案例等数据资源，更是挖掘了北京

① 参见〔美〕米尔建·R. 达马斯卡《漂移的证据法》，李学军、刘晓丹、姚永吉、刘为军译，中国政法大学出版社，2003，第 12 页。

② 海南省高级人民法院制定的《关于审理农村集体经济组织土地补偿费分配纠纷案件若干问题的意见（试行）》中对如何认定外嫁女是否具有农村集体经济组织资格作出了明确规定。

③ 参见苏力《基层法官司法知识的开示（续）》，《现代法学》2000 年第 4 期，第 16 页。

市高级人民法院 20 年来所有的案件信息、裁判文书、指导性意见，形成了一个完整的知识体系。

（二）适合的事实认定算法

民事诉讼事实认定的智能化不仅要求机器具有完备的事实认定知识，还必须具有一定的思维能力，否则无法实现事实认定的智能化，赋予机器思维能力的手段用专业术语表示就是"算法"。人工智能领域存在多种算法，有利于事实认定的算法主要有两种：符号主义和连接主义，前者是从认识心理学的角度用符号对语言进行分层次编码，机器通过处理符号信息实现人工智能；后者是从生物学的角度模拟人脑神经元并行连接原理实现人工智能。

第一，事实认定的逻辑编码。最先应用于人工智能的逻辑是命题逻辑和谓词逻辑，它们对于知识的形式化表示及定理的自动化证明发挥了重要的作用。[①] 在民事诉讼事实认定领域，尽管两大法系诉讼证明模式相异，但法官在事实认定的过程中都遵从学识之人所遵循的理性认识过程和理性认知方法，比如逻辑推理等。[②] 在命题逻辑中，机器可以对于原被告共同认可的事实进行编码并认定该事实为真，同时自动排除与之相反的事实，机器对事实的认定完全符合民事诉讼自认规则。上海民商、行政案件智能办案系统利用该原理基本可实现对无争议事实的预归纳。但命题逻辑编码在民事诉讼中应用的范围极其有限，对于非自认的事实一般通过谓词逻辑编码实现事实认定的智能化。谓词逻辑的表达式为 $P(x_1, x_2, \cdots, x_n)$，P 是谓词名，$x_1, x_2, \cdots, x_n$ 是个体，在事实认定中把证据法则编码为 P，把所有证据分别编码为 $x_1, x_2, \cdots, x_n$，机器对于符合证据方法的证据进行甄选，解决证据能力问题，自动实现对事实的初步认定。如在大额民间借贷案件中，民间借贷事实的存在应当满足以下"三个条件"：原告持有借据等债权凭证；银行转账记录；被告未抗辩。在机器中将民间借贷事实存在的认定

---

① 参见马宪民主编《人工智能的原理与方法》，西北工业大学出版社，2002，第 21 页。

② 参见常宝莲《民事诉讼证明的方法论——以事实证明为中心》，厦门大学出版社，2015，第 283 页。

条件编码为 P，将债权凭证等证据编码为 x，然后对机器进行谓词逻辑编码，只要 x 符合民间借贷事实认定的"三个条件" P，则机器自动认定该事实为真。

虽然机器可以运用命题逻辑和谓词逻辑处理部分事实认定问题，但一些事实复杂案件对人工智能提出了更大的挑战。在民间借贷事实认定中，如果原告仅仅提供债权凭证而未提供银行转账记录，被告提出其已偿还借款的抗辩，按照谓词逻辑编码，机器会认定该借贷事实不存在。但按照《最高人民法院关于审理民间借贷案件适用法律若干问题的规定》（以下简称《民间借贷司法解释》），此种情形不能一概否认或认可借贷事实，而应当结合款项交付、当事人的经济能力、交易习惯等因素综合判断。因此，通过命题逻辑和谓词逻辑编码赋予机器自动认定事实存在一定的弊端。为了解决这一问题，人工智能领域通过概率测算、模糊推理等方法引导机器尽量作出正确的判断。证据法上的概率是指基于特定的信息，对于某种主张的真实性的可信度进行合理度量。[1] 机器运用自身储存的知识，对于符合借贷事实认定条件的所有证据进行复杂的编码测算，如果概率值超过80%，则认定民间借贷事实的存在，反之则否。

第二，事实认定的人工神经网络编织。人工神经网络是通过模拟人脑结构原理实现机器智能。人脑是由神经元构成，各神经元之间并行连接成一个神经网络，外界对人体的影响都是通过神经元连接传递到神经中枢，然后由神经中枢作出行为指令。在人工智能领域，人工神经网络具有并行性、分布性、容错性等特征，一定程度上可以有效克服逻辑编码的弊端。人工神经网络是一项复杂的工程，涉及诸如阈值、连接权系数、变换函数等专业术语，并存在递归、前馈网络等类型，对外行具有一定的神秘性。实际上通俗来讲，人工神经网络算法就是训练机器自动或在人工输入期望值的情况下，调整输入信息与自身知识的连接强度，然后对输出信息进行判定，从而得出问题解决方案。

与逻辑编码不同，人工神经网络的编织是隐性的，在这里知识并不像

---

① 参见〔美〕伯纳德·罗伯逊、G. A. 维尼奥《证据解释——庭审过程中科学证据的评价》，王元凤译，中国政法大学出版社，2015，第 16 页。

在产生式系统中那样独立地表示为每一条规则，而是将某一问题的若干知识在同一网络中表示。① 在民间借贷事实认定中，关键要训练机器学习民间借贷事实认定规则与案例，使机器具有综合相关因素认定事实存在与否的能力。如果输入的债权凭证等证据符合民间借贷事实认定的"三个条件"，则机器自动认定事实为真；如果输入的证据信息只有部分符合，则机器通过对案例的学习将输入的款项交付、当事人的经济能力、交易习惯等相关证据信息与民间借贷司法解释规则建立高强度连接，从而使机器像法官一样做到综合符合法律规定的相关因素作出事实认定。上海民商、行政案件智能办案系统的证据缺失性校验、合规性校验等功能已经初步显示了人工神经网络在司法实践中的应用。

二 民事诉讼事实认定智能化的困境

民事诉讼事实认定的智能化固然令人期待，但也面临着诸多现实困境。理论上在自由心证的适用、内心确信的判断、经验法则的运用、辩论全趣旨的审酌等事实认定法则方面，人工智能的应用会受到某种程度的限制。② 尽管实践中有的法院应用"睿法官"系统、智能办案系统辅助办案，但也无法像人一样学习、思考、判断，这种智能化还是低水平的智能化。归根结底，民事诉讼事实认定智能化的困境可归因于一些民事证据法则的主观性与机器智能化水平较低之间的矛盾。

（一）事实认定智能化与证明标准的把握

事实出发型国家民事诉讼普遍采用"盖然性优势"证明标准，规范出发型国家多采用"高度盖然性"证明标准，尽管各国表述不同，但意义大致相当。现代民事诉讼基本摒弃了"客观真实"的证明标准，都要求法院在根据证据认定事实时应当在内心形成对该事实存在的高度确信。我国《最高人民法院关于适用〈中华人民共和国民事诉讼法〉的解释》（以下简

---

① 参见马宪民主编《人工智能的原理与方法》，西北工业大学出版社，2002，第 207 页。
② 参见高翔《人工智能民事司法应用的法律知识图谱构建——以要件事实型民事裁判论为基础》，《法制与社会发展》2018 年第 6 期，第 76~78 页。

称《民诉法解释》）第 108 条虽然表述为"高度可能性"，但实质上与"高度盖然性"无异，问题在于高度盖然性的标准很难找到一个参照物。我国台湾地区学者指出，在多数案件类型中应借用经验法则、伦理规则及自然法则，甚至生活经验等作为盖然性的评估基础。[①] 我国学者也认为，证明度的判定只能在某种理念和原则的指导下，依靠法官的良心和知识，根据案件的具体情况来把握。[②] 可见对于法官来说，高度盖然性的判断标准具有较大的主观性，而对于机器来讲，即使可以让机器知晓民事诉讼的高度盖然性证明标准，但其也很难理解和运用该标准。直接原因在于，无论是逻辑编码还是人工神经网络编织都很难对高度盖然性的标准设计一个客观的算法。在逻辑编码方面，通过概率测算、模糊推理对事实作出初步认定的前提是具有一个确定的判断标准，如上文中提到的认定民间借贷事实存在的"三个条件"，而诸如经验法则、伦理法则、法官良知等高度盖然性的判断标准本身就具有不确定性，如果非要让机器作出模糊推理可能得出相反的事实认定。在人工神经网络编织方面，也会因高度盖然性标准的不确定，难以为机器设置适当的连接权系数。

高度盖然性是民事诉讼的一般证明标准，而层次性证明标准则给民事诉讼事实认定智能化带来了更大的挑战。现代各国在立法上都根据事实认定性质的不同，设立二元乃至多元的证明标准，如美国将证明标准从高到低分为排除合理怀疑、清楚和有说服力的证据、优势证据等几个等级，德国和日本在证明标准上也有证明和疏明之分。针对部分特殊案件，《民诉法解释》第 109 条确立了排除合理怀疑规则，尽管该规则的确立引起了部分学者的质疑，[③] 但从司法角度而言，如何适用该规则乃当务之急。与高度盖然性一样，排除合理怀疑的标准仍然具有不确定性，只是在内心觉得排除合理怀疑的标准要高于高度盖然性，至于高多少仍然需要法官的内心判断。如果将人脑都难以完成的工作交给人脑设计的机器，那么机器也难当重任。

---

① 参见姜世明《举证责任与证明度》，厦门大学出版社，2017，第 120 页。
② 参见张卫平《证明标准建构的乌托邦》，《法学研究》2003 年第 4 期，第 60 页。
③ 如霍海红《提高民事诉讼证明标准的理论反思——以〈民诉法解释〉第 109 条为中心》，《中国法学》2016 年第 2 期，第 258～261 页；刘学在、王静《民事诉讼中"排除合理怀疑"证明标准评析》，《法治研究》2016 年第 4 期，第 89～90 页。

（二）事实认定智能化与证据规则的运用

综观各国民事诉讼理论与立法，证据规则主要包括自由心证、非法证据排除等，这些规则的运用需要根据个案作出价值判断或解释。尽管机器可通过深度学习了解证据规则，却无法在应用的过程中渗入符合个案的价值判断或解释。相反，证据规则的运用更加依赖法官的智慧。

自由心证是现代各国通用的民事证据规则，它是指证据之判断或证据之评定由审判官根据其学识经验自由确信。①《德国民事诉讼法》第 286 条规定，法院应当考虑言词辩论全部内容及证据调查结果，经由自由心证，判断事实是否为真。日本关于自由心证的规定与德国如出一辙。我国《民诉法解释》第 105 条也作出类似的规定，同时《最高人民法院关于民事诉讼证据的若干规定》第 85 条第 2 款还将法官的职业道德作为自由心证的依据。此外，奥地利、匈牙利及我国台湾地区民事诉讼也确立了自由心证规则。自由心证规则是为了克服法定证据规则的机械性而赋予法官在事实认定方面一定的自由裁量权，从而更加信赖法官的智慧和经验。而智慧和经验是一种隐性知识，这种知识尚未以言语、图形等形式表示出来，具有不可名状性，往往与人的直觉、前见或情感等因素有关。有学者也认为，现代自由心证制度确立的理论基础之一即凸显人的认知主体地位，这就为与个体认知密切相关的隐性知识提供了可能的存在空间。②隐性知识只可意会不可言传，在一些案件的事实认定中，有的法官根据直觉或经验就能判定哪些证据可信、哪些证据不可信，但他又不能通过言语进行解释说明。实践也证明，法官能够利用事实认定隐性知识将自由心证践行于司法实践，但对机器来讲，其自身本不具有隐性知识，也就无法利用隐性知识作出事实认定。

因自由心证规则赋予法官较大的自由裁量权，为防止自由心证规则被滥用，现代各国一般通过强制公开心证理由的方式规制法官合理运用自由裁量权。如《德国民事诉讼法》规定"作为法官心证根据的理由，应在判决中记明"，我国《民诉法解释》也规定对证据证明力的大小及有无进行判

---

① 参见〔日〕松冈义正《民事证据论》，张知本译，中国政法大学出版社，2004，第 62 页。
② 参见胡学军、涂书田《司法裁判中的隐性知识论纲》，《现代法学》2010 年第 5 期，第 95 页。

断应当"公开判断的理由和结果"。然而从机器工作原理来看，事实认定的过程是通过算法完成的，外界只能看到人们输入了什么、机器输出了什么，至于机器如何完成的，外界一无所知。

除自由心证之外，非法证据排除也是一项重要的民事证据规则，但无论是在理论还是实践中将非法证据排除作为民事证据规则都颇有争议，其争点主要在于当事人通过违法手段或程序获取的证据资料能否作为法官认定案件事实的依据。肯定观点认为，对于违法却可信的证据如果被排除是对法官自由评价证据权力的干涉。而否定观点认为，被污染的证据不能作为事实认定的依据。在规范出发型国家，尽管日本民事诉讼法没有对非法证据排除作出明确规定，但在理论上以伊藤真为代表的多数学者认为，应当从发现真实、程序公正、法秩序的统一性及诱发违法收集证据的行为等理念出发，并综合考量该证据在诉讼中的重要性和必要性、法庭审理的待证事实的性质、收集行为的形态以及被侵害的利益等诸多因素确定。① 法国民事诉讼法也没有明确非法证据排除规则，但最高司法院第二民事庭、社会事务庭及巴黎法院在民事诉讼实践中也否认非法证据。② 我国从 1995 年最高人民法院《关于未经对方当事人同意私自录制其谈话取得的资料不能作为证据使用的批复》③ 到 2015 年施行的《民诉法解释》，对非法证据的态度从完全否认向有条件认可转变，如《民诉法解释》第 106 条规定排除以严重侵害他人合法权益、严重违背公序良俗方法获取的证据。可见无论非法证据排除规则适用与否及适用的条件都存在一定的解释空间，我国民事诉讼实践中对该规则的适用也存在较大的差异。④ 具有一定价值判断与解释能力的法官尚且难以运用该规则，何况机器呢？

---

① 参见〔日〕高桥宏志《重点讲义民事诉讼法》，张卫平、许可译，法律出版社，2007，第43 页。

② 参见《法国民事诉讼法典》，罗结珍译，法律出版社，2008，第 26 页。

③ 最高人民法院《关于未经对方当事人同意私自录制其谈话取得的资料不能作为证据使用的批复》（法复〔1995〕2 号）的基本内容为：证据的取得必须合法，只有经过合法途径取得的证据才能作为定案的根据。未经过对方当事人同意私自录制其谈话，系不合法行为，以这种手续取得的录音资料，不能作为证据使用。

④ 参见梁聪聪《民事诉讼非法证据排除的实证分析》，载贺荣主编《尊重司法规律与刑事法律适用研究——全国法院第 27 届学术讨论会获奖论文集》，人民法院出版社，2016，第670~673 页。

三 民事诉讼事实认定智能化的可能路径

尽管大多数学者认为机器不可能替代法官，但随着人工智能水平的提高，机器能在多大程度上智能认定事实人们也很难作出准确的预言。基于当下人工智能发展水平及其在事实认定中的应用情况，还需要"人机协同"，共同提高民事诉讼事实认定的智能化水平。

（一）建立民事诉讼事实认定网络知识库

目前较为完备的司法数据库是裁判文书网，但将法律文书作为机器学习的基础资料还存在诸多弊端，如文书上传不全、事实认定理由说理不充分、事实认定规则适用不统一等，利用现有的裁判文书网很难为民事诉讼事实认定提供数据基础。在学者看来，建立民事诉讼事实认定网络知识库还面临较大的困难：一方面，事实认定的数据量要求极大，除非达到人类对于外在世界的认识能力，否则难以实现比较精准的事实判断能力；[1] 另一方面，法律领域数据不充分、不真实、不客观、结构化不足，难以为人工智能提供数据基础。[2] 实践中网络知识库的建立也缺乏一定的针对性、系统性，尚未出现单独的事实认定网络知识系统或模块。而且不可否认，虽然北京"睿法官"系统构建了法律知识图谱，但主要是基于历史数据，该系统尚无法从新的数据中学习新知识来修正原有知识库中的知识和经验。因此下一步应基于民事诉讼事实认定智能化原理建立符合民事诉讼事实认定要求的网络知识库，从而为实现智能化提供数据基础。

建立民事诉讼事实认定网络知识库的首要任务是应用人工神经网络算法连接证据规则与优质案例。证据规则与案例是司法人工智能的知识基础，将证据规则和案例嵌入事实认定网络知识库并不难，但要实现证据规则与优质案例的互连则并非易事。虽然机器通过深度学习证据规则与案例可以具备一定的事实认定能力，但此时的机器犹如法学院刚毕业的"饱读诗书"

---

[1] 参见吴旭阳《法律与人工智能的法哲学思考——以大数据深度学习为考察重点》，《东方法学》2018年第3期，第23页。

[2] 参见左卫民《关于法律人工智能在中国运用前景的若干思考》，《清华法学》2018年第2期，第114~116页。

的学生，面对杂乱无章的证据仍然束手无策，很难对事实作出正确的认定。在司法人工智能发展初期，比较可行的方案是通过人工神经网络算法连接证据规则与优质案例。首先，应当对现有的有关事实认定的案例资源进行优化整合。从最高人民法院发布的指导性案例、典型案例到裁判文书网中的案例基本涉及事实认定问题，但需要人工对案例进行甄别后再嵌入事实认定网络知识库，防止一些冲突案例进入机器大脑，为机器深度学习提供优质资料。其次，在优质案例与证据规则之间设置适当的连接权系数。优质案例与证据规则犹如人脑神经元，但是同一个证据规则可能有多个优质案例适用，一个优质案例也可能适用多个证据规则，要想机器作出理想的事实认定就有必要在证据规则与优质案例之间设置不同的连接权系数，机器在进行事实认定时才会自动选择连接强度最大的证据规则与优质案例，从而根据"最强"证据规则与优质案例对裁判案件作出正确的事实认定。当然随着人工智能水平的提高，可能实现机器对证据规则与案例的自动甄别，但现阶段应用人工神经网络算法连接证据规则与优质案例或许是比较务实的做法。

（二）强化事实认定隐性知识的显性化

机器的核心特征是对形式语言的认识与理解，并且机器可接受的语言仅包括可被识别的词汇。[①] 但由于隐性知识的不可编码性，法官也无法将自己的事实认定隐性知识传授给机器，因此法官应当努力将自身的事实认定隐性知识表达为机器可识别的编码语言。

"经验，在诸多含义的这种或那种意义上，被说成我们知识的源泉。"[②] 法官的隐性知识主要来源于司法实践经验，经验对于司法的积极意义基本在学界达成共识。波斯纳认为，如果法律人的常规经验可以增加法律分析的力量，那么法官的表现会随着他任职法官前的经验多少而有系统地变化。当其他方面（例如教育）相等时，从业经验更多的法官要比经验少的法官

---

① 参见〔德〕克劳斯·迈因策尔《人工智能与机器学习：算法基础和哲学观点》，贾积有译校，《上海师范大学学报》（哲学社会科学版）2018年第3期，第17页。
② 〔美〕齐硕姆：《知识论》，邹惟远、邹晓蕾译，生活·读书·新知三联书店，1988，第113页。

表现更好。① 魏德士也认为，只是根据一本"法律指南"书很难解决疑难复杂案件。② 虽然经验难以言说，但法官在事实认定中总是将自身经验有意或无意地运用在实践中，大致过程如下：法官通过对证据的审查在内心形成初步信念，经过当事人质证形成基本的价值判断，最后作出事实认定。民事诉讼事实认定更加依赖法官的经验，如证明标准的把握、证据规则的运用等。而缺乏经验的机器很难运用证明标准、证据规则自动认定案件事实，因此在推进民事诉讼事实认定智能化的过程中应当将作为法官事实认定隐性知识的经验显性化，才能赋予机器事实认定智能化的能力。按照知识学原理，隐性知识显性化的方式主要有明言、隐喻、标示及社会实践中两人以上形成的社会实践规则等。③ 对于机器而言，法官事实认定隐性知识的显性化方式则受到限制，主要是明言及相对简单的隐喻和标示。按照隐性知识显性化原理，应当尽量将具有一定主观性的证据法则运用经验转化为机器可理解的编码语言，基本途径是将证据法则运用中的价值判断结构化，即对抽象的证明标准进行量化、对需要价值判断的证据规则进行要素化。

随着数学、计算机科学融入司法理论，民事诉讼证明标准的确定已不再是乌托邦式的幻想，证明标准的确定为事实认定的智能化提供了可能。尽管证明标准具有一定的主观性，其适用也多是一种经验，但也并非不含客观成分。普维庭在考察相关证明标准理论后得出结论：证明标准在文义上只能理解为法官对真相的心证，不过这样的心证不是单纯的主观意见或相信，它更多地包含了客观化的成分。④ 虽然普维庭并未指出证明标准如何客观化，但证明标准中的客观成分为事实认定隐性知识的显性化提供了可能。在证明标准的学术研究中，国外有人将高度盖然性量化为 75% 以上，国内有学者也认为只要能得出待证事实的十之八九就算是达到了高度盖然性。⑤ 用数

---

① 参见〔美〕理查德·A. 波斯纳《法理学问题》，苏力译，中国政法大学出版社，2002，第 126~127 页。

② 参见〔德〕伯恩·魏德士《法理学》，丁晓春、吴越译，法律出版社，2005，第 96 页。

③ 参见漆捷《意会知识及其表达问题研究》，光明日报出版社，2012，第 70 页。

④ 参见〔德〕汉斯·普维庭《现代证明责任问题》，吴越译，法律出版社，2000，第 128 页。

⑤ 参见李浩《民事诉讼证明标准的再思考》，《法商研究（中南政法学院学报）》1999 年第 5 期，第 19~20 页。

学量化证明标准是事实认定智能化的一个有效途径，至少在某些案件中可以完全依赖机器把握证明标准。如在亲子关系案件中，确定亲子关系是否存在的关键证据是 DNA 鉴定意见，只要机器读取到鉴定结果大于 99%，机器就能完全和法官一样作出亲子关系存在的事实认定，反之则否。在一般案件中对证明标准的量化则较为复杂，需要对某个案件的所有单个证据分别进行逻辑编码求出单个证据事实，然后由机器以百分比形式为单个证据事实赋值，最后计算出所有证据事实的综合值。如果综合值大于 80%，则认定主张事实的存在，至于综合值设置为多少则由法官确定，但在一些适用排除合理怀疑的案件中应当将证明标准设定在 95% 以上。当然如果计算机学者和法律科技公司能够设计出更加精细的人工神经网络算法，机器能够通过对事实认定知识的深度学习，从而像人脑一样把握证明标准，将大大提高事实认定的准确度。

证据规则的运用也更加依赖法官事实认定的隐性知识，民事诉讼事实认定智能化也需要将此隐性知识显性化。自由心证规则是为了克服法定证据规则的弊端而产生的，但法定证据规则并未被现代民事诉讼完全抛弃，机器对于一些法律预先规定的证据规则具有一定的理解力，运用法定证据规则也没有技术上的障碍。如对于证据的原件与复印件、原始证据与传闻证据、直接证据与间接证据，机器完全可以判断该证据证明力的大小。现代民事诉讼确定的自由心证规则与古代主观自由心证规则具有一定的差异，现代自由心证规则本质上包含严密逻辑思维推理的判断在内，具有客观性、公开性、可预测性，而非主观性的、恣意性的自由判断。[①] 基于现代自由心证规则的客观性，将相对抽象的自由心证规则在某些案件中要素化并非不可能，实际上很多现代民事诉讼证据规则都是实践经验的产物。如在《民间借贷司法解释》出台之前，关于借贷事实是否存在多是由法官根据自身的隐性知识认定，《民间借贷司法解释》确立的借贷事实认定条件实质上是自由心证规则的要素化。同样，一些地方法院规定的认定"外嫁女"具有成员资格的条件也是实践经验的总结，是法官事实认定隐性知识的显性化。

---

① 参见姜礼增《论自由心证与法定证据法制及其发展趋势——以两岸民事诉讼法制为中心》，厦门大学出版社，2012，第 41 页。

因此虽然自由心证规则需要价值判断，但在某些案件中可将自由心证规则要素化。对于非法证据排除规则而言，只要将该规则中的"严重""公序良俗"等需要运用隐性知识进行解释的语词在某些案件中界定清楚，机器也能智能运用非法证据排除规则认定事实。

（三）推进民事诉讼事实认定算法研发

人工智能在某种意义上就是算法，民事诉讼事实认定的智能化水平主要仰仗于算法的成熟度。尽管阿尔法狗能够战胜象棋冠军、汽车能够实现无人驾驶，但基于法律特性及事实认定的复杂性，民事诉讼事实认定的算法研发也应具有一定的特殊性。

在民事诉讼事实认定领域存在一些有别于日常语言的法言法语，如"证据失权""证据保全""证明力"等，如果要将这些法言法语转化为机器可识别的符号，那么人工智能专家在编写算法时应当考虑证据法则的特殊性。在人工智能领域，人像识别技术广泛应用于人们日常工作生活当中，其算法对民事诉讼事实认定算法的研发具有一定的借鉴意义。人像识别的原理并不是机器对事先储存的某个人的照片进行简单的比对，而是通过算法对照片中的面部特征进行数据分析，如眼睛的大小、鼻子的高低、嘴唇的薄厚等，即使某个人理发甚至化妆，机器也很少出现识别错误。在民事诉讼事实认定领域，人工智能专家编写的算法应当能够理解法言法语，同时能够把握住事实认定的实质要件。

除了法言法语算法的研发，更重要的是，使机器具有甄别、消化事实认定知识的能力，即为机器学习设定算法。按照学者的综述，目前机器学习在大数据中主要有三种处理方式：数据并行算法、聚类算法、分治算法。① 根据机器学习算法原理，每一种算法对事实认定的智能化都具有一定的意义。对于已经显性化的事实认定知识，传统的机器学习算法即可完成。人工智能领域的 BP 网络学习为训练机器综合认定事实的能力提供了可能，其基本原理是：当给定一组输入模式及相应的期望输出模式时，网络便能根据输入模式，得出一个实际输出模式。如果实际输出模式与期望输出模式之间

---

① 参见欧华杰《大数据背景下机器学习算法的综述》，《中国信息化》2019 年第 4 期，第 51 页。

存在一定误差，那么就可按照梯度下降修正连接权系数，以减少误差。[①] 根据 BP 网络学习原理，在事实认定中可以利用证据样本与证据法则反复试错，实现某些类型案件事实认定的智能化。但要建立具有一定开放性、实时性的事实认定流式大数据库则需要各种算法的综合应用，首先应用数据并行算法将海量的事实认定资源进行碎片化处理，然后应用聚类算法将各种事实认定知识进行分类，最后应用分治算法去除冗余、无效的数据，从而提高机器学习的精准度。

尽管在民事诉讼事实认定中应用机器学习算法具有一定的可行性，逻辑算法、神经网络算法已经应用在事实认定中，但算法研发不是无限制的。首先，算法应当尊重事实认定规律，符合事实认定规则，这是民事诉讼事实认定算法研发的底线。其次，算法应当公开，不仅让外人知道根据算法得出的事实认定结果，还要知道为何得出这样的结果。最后，算法应当受到监督，确保事实认定不违背民事诉讼的目的和基本原则。

结　语

习近平总书记说过，"科学技术从来没有像今天这样深刻影响着国家前途命运，从来没有像今天这样深刻影响着人民生活福祉"。[②] 要推进互联网、大数据、人工智能与审判工作深度融合，以信息化培育新动能，用新动能推动审判制度的改革创新，满足社会公众对司法服务的需求。但是，无论如何，法官在司法裁判中的地位不可撼动，法官所应当具备的情感、伦理、良好品行、对民众和社会的理解及责任感等素质，在科学技术飞速发展的今天，仍然是无法替代的。民事诉讼证明规则需要价值判断或解释，加强法官的职业伦理道德建设，提高法官职业技能水平，发挥法官在公正司法中的作用依然非常重要。

Intelligent Determination of Facts in Civil Procedure

(Wang Qi)

Abstract: Determination of facts is the starting point of judicial

---

① 参见马宪民主编《人工智能的原理与方法》，西北工业大学出版社，2002，第 208 页。

② 习近平：《努力成为世界主要科学中心和创新高地》，《求是》2021 年第 6 期。

adjudication. With the penetration of artificial intelligence in the judicial field, the intelligent determination of facts in civil procedure has become a problem worth studying, and its basic principle is that the machine with the knowledge of fact determination makes legal and logical judgments on civil evidence, so as to automatically ascertain the facts of the case. However, due to the abstract and hierarchical nature of the standard of proof in civil procedure, and the need for value judgment or interpretation of the rules of proof, the intellectualization of the determination of facts in civil procedure is still facing many difficulties at this stage. The possible paths to realize the intelligence of the determination of facts in civil procedure are: to establish a streaming big data knowledge base for the determination of facts, so that the machine has complete legal knowledge; to strengthen the explication of tacit knowledge of judges' determination of facts, so that this knowledge becomes a machine-recognizable coding language; to promote the research and development of algorithms to improve the accuracy of fact-finding.

Keywords: Determination of Facts in Civil Procedure; Judicial Artificial Intelligence; Explication of Tacit Knowledge

丁晓东

中国人民大学法学院教授、博士生导师，未来法治研究院副院长。中国人民大学"杰出学者"青年学者 A 岗。兼任中国法学会网络法与信息法学研究会理事、中国社会法学会理事等职务，深度参与《个人信息保护法》《数据安全法》等法律法规的起草制定工作。曾获中山大学通信工程专业学士，中山大学法学硕士，北京大学法学博士，耶鲁大学法学硕士、法学博士等学位。研究领域为数字法学、网络法与信息法、法理学、规制与治理、社会法等。在《中国社会科学》《中国法学》《法学研究》等中外核心刊物上发表论文 80 余篇，出版《个人信息保护：原理与实践》《美国宪法中的德先生与赛先生》等多部著作，承担国家社科基金重大项目、最高人民法院重大项目等十余项。

论算法的法律规制[*]

丁晓东^{**}

摘 要：算法崛起对法律规制提出了挑战，它可能挑战人类的知情权、个体的隐私与自由以及平等保护。作为人机交互的算法决策机制，算法并非价值中立，因而具备可规制性。算法公开、个人数据赋权、反算法歧视是传统的算法规制方式，但机械适用这些方式将面临可行性与可欲性的难题。算法公开面临技术不可行、公开无意义、用户算计与侵犯知识产权等难题，个人数据赋权面临个体难以行使数据权利、过度个人数据赋权导致大数据与算法难以有效运转等难题，反算法歧视面临非机器算法歧视、身份不可能完全中立、社会平等难以实现等难题。传统算法规制路径面临困境的根本原因在于忽视了算法的场景性，算法可能因为运用算法主体的不同、算法针对对象的不同以及算法所涉及问题的不同而具有不同的性质。因此，算法规制应采取场景化的规制路径，根据不同场景类型对算法采取不同的规制方式，以实现负责任的算法为目标。在算法场景化规制原则的指引下，可以构建算法公开、数据赋权与反算法歧视等算法规制的具体制度。

关键词：人工智能；算法；算法公开；数据权利；算法歧视；场景化规制

一 问题的提出：算法崛起的法律挑战

随着大数据与人工智能时代的到来，算法开始呈现越来越大的影响，日

---

* 本文曾发表于《中国社会科学》2020 年第 12 期，有修改。

** 丁晓东，中国人民大学法学院教授、博士生导师。

益成为社会关注的问题。以往，算法更多是数学家或程序员所关注的对象，主要在数学运算或实验室的场景下发生作用。但到了大数据与人工智能时代，算法开始在越来越多的应用场景中被用于决策或辅助决策。① 随着大数据与人工智能更深度的运用，未来算法的应用场景将更为广泛，在自动驾驶、公共管理、司法等领域与场景中，算法都将扮演举足轻重甚至是决定性的作用。算法在社会中的广泛运用带来了很多正面效应，算法可以大幅提高决策的效率，为消费者或用户提供更精准的服务，但算法崛起也会带来很多挑战。② 2020 年引起社会广泛关注的外卖算法系统，一些互联网平台利用算法来设置外卖骑手的配送时间，送餐时间要求被压缩得越来越短，对外卖骑手的生命健康造成了严重威胁。③而且，这个算法系统由于采取了自动化的机器决策，骑手往往很难理解和提出抗议。面对算法的复杂性与不透明性，近年来社会与学界广泛关注的"算法黑箱"问题已经成为迫在眉睫的问题。④

从法律的角度看，算法从几个方面挑战了法律的一些基本原则。首先，算法黑箱可能挑战人类决策的知情权与自主决策。一般认为，在所有重要事务中，作出最终决策的主体应当是人，"人类选择是私人与公共生活的不可分割与根本性的一部分"。⑤但是在算法社会中，很多时候不透明的算法——而非人——成了决策主体。如果不加检验地以机器决策替代人类决策，人类的自主性可能面临严峻考验。

其次，算法可能威胁个体的隐私与自由。算法常常建立在个人数据的收集之上，通过结合大数据运算与个人数据进行个性化推送。但这种对个

---

① 例如在外卖送餐行业，算法被美团、饿了么等企业广为应用，用于提高送餐效率和压缩送餐时间；在新闻资讯与娱乐领域，抖音、快手、今日头条等利用算法进行个性化推荐与分发，以提高新闻与娱乐资讯的传播效率；在电商领域，淘宝、京东等购物网站利用算法对个体进行个性化推荐，以大幅促进销量；在搜索领域，百度等搜索引擎广泛运用以算法为核心的信息检索；在评级网站中，豆瓣、大众点评等利用算法实现对相关主体与对象的评级，为消费者提供引导。

② 参见张文显《构建智能社会的法律秩序》，《东方法学》2020 年第 5 期。

③ 参见赖祐萱《外卖骑手，困在系统里》，《人物》2020 年第 8 期。

④ Frank Pasquale, *The Black Box Society: The Secret Algorithms That Control Money and Information*, Cambridge: Harvard University Press, 2015, p. 3.

⑤ Michal S. Gal, "Algorithmic Challenges to Autonomous Choice," *Michigan Telecommunications and Technology Law Review*, Vol. 25, 2017, p. 60.

体偏好的预测与迎合也可能损害公民个体的自主性，因为这种个性化推荐可能使个体困于所谓的信息茧房（information cocoons）。个体受限于算法的控制，能接收到的信息只是算法根据个体偏好而筛选出来的信息，而不是那些更加中立可能促使个体反思自身前见的信息，甚至不是随机性的信息。长期如此，个体真正的自由可能受到威胁，因为其作出的决策只不过是算法控制下的选择。

最后，算法可能导致歧视与偏见。平等是一个社会的基本价值，算法的技术特征使得有人认为，算法有助于解决歧视与偏见问题。但算法也可能常常暗含歧视与偏见，甚至放大人类的偏见。[1]当人们设计算法与输入数据时，此类算法或数据可能不具有代表性。例如一种进行人类脸部识别的算法，如果算法所使用的数据都是白人男性的数据时，那么此类算法就有可能无法识别黑人、亚裔或女性，对黑人、亚裔或女性形成歧视。[2]算法可能会固化歧视与偏见，使得歧视与偏见更难被发现更难以矫正。

针对算法崛起所带来的法律挑战，传统法律规制主要采取三种方式加以分别应对：算法公开、个人数据赋权与反算法歧视。其中算法公开的方式认为，算法崛起带来的最大挑战在于算法的不透明性，人们常常感到它是一个黑箱，无法理解它的逻辑或其决策机制。因此，应当对算法进行公开，使得算法能够为人们所知晓。个人数据赋权的方式认为，影响个体的算法都是建立在对个人数据的收集与应用基础上的，因此，应当对算法所依赖的对象——数据——进行法律规制，通过赋予个体相关数据权利来规制算法。最后，反算法歧视的方式认为，算法中常常隐含了很多对个体的身份性歧视，因此应当消除算法中的身份歧视，实现身份中立化的算法决策。

---

[1] Jeremy Jun, "Big Data Algorithms Can Discriminate, and It's Not Clear What to Do About It," The Conversation, http://theconversation.com/big-data-algorithms-can-discriminate-and-its-not-clear-what-to-do-about-it-45849, June 6, 2018; Ramona Pringle, "When Technology Discriminates: How Algorithmic Bias Can Make an Impact," CBC, http://www.cbc.ca/news/technology/algorithms-hiring-bias-ramona-pringle-1.4241031, June 16, 2018.

[2] Clare Garvie and Jonathan Frankle, "Facial-Recognition Software Might Have a Racial Bias Problem," The Atlantic, https://www.theatlantic.com/technology/archive/2016/04/the-underlying-bias-of-facial-recognition-systems/476991/, June 18, 2018.

如何看待算法崛起对法律规制的挑战？本文力图对这一问题进行较为全面的分析。首先，本文对算法进行界定，指出算法的本质在于人机交互决策，因此算法不同于纯粹的科学或工具，已经具备了法律上的可规制性。其次，本文对算法公开、个人数据赋权与反算法歧视这三种传统的算法法律规制方式进行分析，指出机械地使用这三种方式都可能导致可行性与可欲性的问题。再次，本文分析了算法规制的基本原理，指出算法常常因为场景的变化而具有不同属性。为此，算法规制必须采取场景化的规制路径，根据算法运用的不同主体、算法针对的不同对象、算法涉及的不同领域而进行不同类型的规制，以形成可信赖和负责任的算法。最后，本文对算法公开、个人数据赋权与反算法歧视的制度进行了初步建构。

二 算法的界定与可规制性

在分析算法规制之前，需要先对算法进行界定。算法可作狭义界定，也可作广义或中义界定。①从狭义角度看，算法起源于数学与计算科学，用于表述解决数学与计算科学难题的一系列规则，例如数据结构的算法、数论与代数算法、计算几何的算法、图论的算法、动态规划以及数值分析、加密算法、排序算法、检索算法、随机化算法、并行算法、厄米变形模型、随机森林算法等。因此，狭义的算法可被视为纯粹的科学或技术。②根据这种理解，有的学者将算法界定为一系列"已被编码的程序"或者"为了快速实现某个目标对一组数据进行处理的逻辑步骤"。③

算法也可作广义界定。随着社会的发展与科技的广泛应用，算法的概念不仅被应用于数学与计算科学领域，也被应用于很多社会科学领域。在

---

① Jean-Luc Chabert ed., *A History of Algorithms: From the Pebble to the Microchip*, New York: Springer, 1999, p. 1.

② 以科技的视角看待算法，可参见 Christopher W. Clifton, Dierdre K. Mulligan and Raghu Ramakrishnan, "Data Mining and Privacy: An Overview, " in Katherine J. Strandburg and Daniela Stan Raicu eds., *Privacy and Technologies of Identity: A Cross-Disciplinary Conversation*, New York: Springer, 2006, pp. 191-208。

③ Tarleton Gillespie, "The Relevance of Algorithms, "in Pablo J. Boczkowski and Kirsten A. Foot eds., *Media Technologies: Essays on Communication, Materiality, and Society*, Cambridge: The MIT Press, 2014, p. 167.

这些语境下，算法被宽泛地界定为所有决策程序或步骤，而不仅是与机器相关的自动化决策。[①]从广义的算法概念出发，有学者认为算法可被视为一种建构社会秩序的特殊理性形式。[②]还有学者提出，算法可以被界定为"为实现某一目标而明确设定的一系列步骤"。[③]

本文采取介于狭义与广义之间的中义算法定义。这种算法定义将算法界定为人类和机器交互的决策，即人类通过代码设置、数据运算与机器自动化判断进行决策的一套机制。[④]在当前算法大规模介入人类生活决策的背景下，采取这一界定更符合本文所要描述与分析的对象。本文所要分析的是人们利用机器来进行自动化决策或辅助决策的算法，这种算法并非数学或计算机科学意义上的算法，也并非纯粹关于人类行为的决策算法，[⑤]这一过程既有人类决策，也有机器的自动化判断。

从人机交互的角度分析算法，可以深入理解算法的非中立性与法律上的可规制性。一种观点认为，算法是一种科学技术或工具，在价值上是完全中立的。法律只需要对算法产生的后果进行应对，而不需要对算法本身进行法律规制。就像数学公式或手机一样，当犯罪分子利用数学公式运算而盗取比特币，或者利用手机进行诈骗，法律并不将数学公式或手机纳入

[①] Danielle Keats Citron, "Technological Due Process," *Washington University Law Review*, Vol. 85, 2007, pp. 1249 – 1313; Oscar Gandy, "Engaging Rational Discrimination: Exploring Reasons for Placing Regulatory Constraints on Decision Support Systems," *Ethics and Information Technology*, Vol. 12, 2010, pp. 29–42.

[②] David Beer, "Power Through the Algorithm? Participatory Web Cultures and the Technological Unconscious," *New Media & Society*, Vol. 11, 2009, pp. 985 – 1002; David Lyon, "Surveillance as Social Sorting: Computer Codes and Mobile Bodies," in David Lyon ed., *Surveillance as Social Sorting: Privacy, Risk, and Digital Discrimination*, New York: Routledge, 2003, pp. 13–30.

[③] Joshua A. Kroll, Joanna Huey, Solon Barocas, Edward W. Felten, Joel R. Reidenberg, David G. Robinson and Harlan Yu, "Accountable Algorithms," *University of Pennsylvania Law Review*, Vol. 165, 2017, pp. 633, 640.

[④] 不同人设想的算法所包括的代码、数据或生态系统常有差异。参见 *Algorithmic Accountability: Applying the Concept to Different Country Contexts*, p. 5, http://webfoundation. org/docs/2017/07/Algorithms_ Report_ WF. pdf, May 3, 2018。

[⑤] 因此，算法在法律上常被认为具有多重性质。相关探讨参见陈景辉《算法的法律性质：言论、商业秘密还是正当程序？》，《比较法研究》2020年第2期；左亦鲁《算法与言论——美国的理论与实践》，《环球法律评论》2018年第5期。

规制范围。①但现代社会中的算法并非实验室里的算法，而是已经深度介入社会生活的方方面面。在很多情形中，算法已经成为社会价值判断的一部分。以今日头条为例，当今日头条宣称自身的算法中立时，其实只不过是采取了另一种价值立场：将商业价值与经济利益作为新闻媒体的最大价值，利用"算法实现最大推送量，获得最高点击率"，"追求利益的最大化"。②

总而言之，算法与作为犯罪工具的数学公式与手机非常不同。因为就数学公式或手机与犯罪行为之间的联系而言，数学公式或手机并没有嵌入价值判断，③但作为决策机制或辅助决策机制的算法深深地嵌入了价值判断。如果此时仍然坚持算法中立性或技术中立性的立场，对价值与伦理问题视而不见，那就很可能忽视算法对人类价值伦理所带来的挑战。在看似中立的算法与技术背后，总是隐藏着人类的价值与伦理判断。④这些都说明，算法或算法系统并不是价值中立或像饿了么公告中说的那样是"死"的；相反，算法隐含的价值立场使得有必要对算法进行规制。

三 算法规制的传统方式及其困境

在界定算法的定义并阐述算法的可规制性后，可在此基础上分析算法规制的三种传统方式：算法公开、个人数据赋权与反算法歧视。深入分析这三种方式，将发现机械运用传统规制方式，将造成某些困境。

---

① 例如 2014 年前后，面对算法质疑，今日头条（后来使用"字节跳动"的品牌）主张，"今日头条没有编辑团队，对内容不进行人工干预，全靠算法进行推荐；也不进行内容的生产加工，只做内容分发渠道"。《今日头条的想象空间有多大》，http://tech.ifeng.com/speakout/detail_2014_06/05/36672166_0.shtml，最后访问日期：2018 年 6 月 18 日。

② 宣言：《不能让算法决定内容》，《人民日报》2017 年 10 月 5 日，第 4 版。

③ 手机也存在价值立场问题，例如手机是否考虑了对盲人等残障人士的需求。因此从广义上看，任何技术都不是中立的，都存在价值伦理的问题。相关讨论参见 Jack Balkin, "The Path of Robotics Law," *California Law Review*, Vol. 16, 2015, pp. 45 – 60；郑玉双《破解技术中立难题——法律与科技之关系的法理学再思》，《华东政法大学学报》2018 年第 1 期；桑本谦《网络色情、技术中立与国家竞争力——快播案背后的政治经济学》，《法学》2017 年第 1 期。

④ 今日头条后来认为，在看似中立的算法与技术背后，总是隐藏着人类的价值与伦理判断，声明未来要"将正确的价值观融入技术和产品"。参见《张一鸣发公开信致歉：永久关停内涵段子　产品走错了路》，http://tech.sina.com.cn/i/2018-04-11/doc-ifyuwqez8677545.shtml?utm_source=tuicool，最后访问日期：2018 年 7 月 2 日。

（一）算法公开

算法公开的方式认为，算法崛起带来的最大挑战在于算法的不透明性，因此，应当公开算法，使得算法能够为人们所知晓。例如，丹妮尔·西特鲁恩（Danielle Keats Citron）和弗兰克·帕斯奎尔（Frank Pasquale）通过对美国征信行业算法黑箱的分析，指出征信行业的算法缺乏透明性。[1]他们主张，负责保护消费者权益的美国联邦贸易委员会（Federal Trade Commission）应当强化监管，实现算法透明化。联邦贸易委员会对相关评级机构不仅可以监督评级机构的数据组，而且对其源代码进行审查，以探明评级机构的算法是否违反反歧视法的相关规定，是否存在程序员的偏见或机器学习的偏见。[2]

与算法公开类似的是算法的可解释性。相比算法公开，算法的可解释性具有更高的要求，因为算法公开主要强调了算法运算数据的公开以及源代码的公开，[3]而算法的可解释性则不仅强调公开，而且强调算法必须为数据主体或终端用户所理解。在欧洲，这种对于算法解释权的要求已经为很多研究者所提倡。在研究领域，"可解释的人工智能"被冠以"XAI"（Explainable Artificial Intelligence）的专门术语，成为众多专家关注的领域。[4]

1. 算法公开的可行性

算法公开首先会面临可行性的难题。算法公开假定，算法是一个黑箱，只要打开了这个黑箱，算法就会暴露在阳光下，就像政府所保存的国家机密或商业机构的商业秘密，只要对国家机密或商业秘密进行解密和公开，

---

[1] Danielle Keats Citron and Frank Pasquale, "The Scored Society: Due Process for Automated Predictions,"*Washington Law Review*, Vol. 89, 2014, p. 1.

[2] Danielle Keats Citron and Frank Pasquale, "The Scored Society: Due Process for Automated Predictions,"*Washington Law Review*, Vol. 89, 2014, p. 25.

[3] 在这个意义上，算法公开更多是程序性要求。对以正当程序原则规制算法的分析，参见 Danielle Keats Citron, "Technological Due Process," *Washington University Law Review*, Vol. 85, 2007, p. 1256。

[4] David Gunning, *Explainable Artificial Intelligence(XAI)*, U. S. Defense Advanced Research Projects Agency, https://www.cc.gatech.edu/~ alanwags/DLAI2016/(Gunning)% 20IJCAI - 16% 20DLAI%20WS. pdf, Aug. 6, 2018.

这些国家机密或商业秘密就能为人们所知晓。但现实是，算法黑箱的原理和国家机密或商业秘密的原理并不相同，算法黑箱是由算法的技术性特征造成的，而非人为刻意保持造成的。① 在大数据与人工智能时代，为了提高算法的准确性，算法的复杂性往往会加强，一个企业或网站的算法往往由数十上百甚至上千的工程师来写作完成，同时，机器学习中的算法是经过训练数据集不断进行调整优化而产生的，并非完全按照工程师编写的代码而产生的。在这样的背景下，公开算法的源代码和架构其实并无太多意义，因为公开算法并不能提供有效的对算法的说明。②对于依赖上千层相似神经网络来解析数据的人工智能系统，甚至开发者自身也会难以理解某种算法决策机制，因为以机器学习为代表的当代人工智能已经和传统编程的做法非常不同。③

基于这一原理，要求人工智能中的算法实现透明性，这"听上去很好，但实际上可能没什么帮助，而且可能有害"。④实践中的算法公开也印证了这一点。社交新闻网站 Reddit 曾经对一部分专家公开了其网站的排名算法，但研究者发现，专家对算法到底如何运转常常存在分歧，对于算法真正如何运行，专家其实也很难完全理解。⑤专家尚且如此，普通人就更不用说了。对于普通人而言，算法公开对他们并无意义。

至于算法的可解释性，除了面临和算法公开同样的困境，难以理解算法之外，还面临着大数据带来的因果关系难题。传统上人们主要通过因果关系了解世界，通过把握世界中的因果关系，决策主体就能理解世界发展变化的逻辑，为未来决策提供借鉴和依据。但对于大数据，很多专家指出，大数据所力图发现的并不是因果关系，而是相关关系。无论是即时单一的

---

① 参见沈伟伟《算法透明原则的迷思——算法规制理论的批判》，《环球法律评论》2019 年第 6 期。

② Max Kuhn and Kjell Johnson, *Applied Predictive Modeling*, New York: Springer-Verlag, 2013, p. 50.

③ Will Knight, "The Dark Secret at the Heart of AI," *MIT Technology Review*, Vol. 120, 2017, p. 56.

④ Curt Levey and Ryan Hagemann, "Algorithms with Minds of Their Own," *The Wall Street Journal*, Nov. 12, 2017, https://www.wsj.com/articles/algorithms-with-minds-of-their-own-1510521093, July 30, 2018.

⑤ Christian Sandvig et al., "Auditing Algorithms: Research Methods for Detecting Discrimination on Internet Platforms," http://www-personal.umich.edu/~csandvig/research/Auditing%20Algorithms%20--%20Sandvig%20--%20ICA%202014%20Data%20and%20Discrimination%20Preconference.pdf, July 30, 2018.

因果关系还是长期复杂的因果关系，其实都不是大数据所要探索的对象。[1]
正如大数据专家维克托·迈尔-舍恩伯格所说："当我们说人类是通过因果
关系了解世界时，我们指的是我们在理解和解释世界各种现象时使用的两
种基本方法：一种是通过快速、虚幻的因果关系，还有一种就是通过缓慢、
有条不紊的因果关系。大数据会改变这两种基本方法在我们认识世界时所
扮演的角色。"[2]在这个意义上，要求所有算法都必须满足可解释性的要求，
实际上是要求相关主体完成一项不可能的任务，因为基于大数据的算法与
可解释性所要求的因果关系阐释具有完全不同的逻辑。[3]

2. 算法公开的可欲性

在有的情形中，算法的透明性与可解释性可以实现或部分实现，但在
这些情形中，算法的透明性与可解释性仍可能存在可欲性问题。算法一旦
被公开或解释给相关主体，就可能面临被相关主体钻算法的空子或者算法
知识产权被侵犯的风险。

算法公开首先可能导致算计（gaming）的问题。算法公开的初衷在于防
止算法黑箱带来的滥用，通过向相关主体公开与解释算法来监督算法，但
算法一旦公开，相关主体就有可能利用和算计算法，通过设置相应的参数
和制造数据来达成自己的目的，从而损害其他主体的正当权益。例如在搜
索算法中，Google 曾经依赖一种叫作 PageRank 的算法确定搜索排序，这种
算法主要根据 META 标签、关键字等参数来进行排序。[4]当 Google 公开这一
算法之后，很多网站就开始利用此类算法，在自己的网页内嵌套符合
PageRank 算法的具有隐藏内容的网页，以此达到提高网站在 Google 搜索结
果页面排序的目的。经过此类设计后，一些和用户的搜索内容并不相关的

---

① 参见〔英〕维克托·迈尔-舍恩伯格、肯尼思·库克耶《大数据时代：生活、工作与思维的大变革》，盛杨燕、周涛译，浙江人民出版社，2013，第 67~94 页。

② 〔英〕维克托·迈尔-舍恩伯格、肯尼思·库克耶：《大数据时代：生活、工作与思维的大变革》，盛杨燕、周涛译，浙江人民出版社，2013，第 84 页。

③ 因果关系是一个非常复杂的哲学问题，人类的许多认知过程其实也受相关关系的影响，参见 Amos Tversky and Daniel Kahneman, "Availability: A Heuristic for Judging Frequency and Probability," *Cognitive Psychology*, Vol. 5, 1973, pp. 207~232.

④ META 标签是在 HTML 网页源代码中一个重要的 html 标签。META 标签用来描述一个 HTML 网页文档的属性，例如作者、日期和时间、网页描述、关键词、页面刷新等。

网页也被 Google 搜索结果搜索并排在前面。[①]出于对这种相关主体算计算法或钻算法空子的考虑，如今谷歌采取考虑上百种参数而综合判断的搜索算法，维持了搜索算法的秘密性。[②]

事实上，即使算法不公开，对于算法的算计也非常普遍。无论是在西方还是在中国，各类评级网站都充斥着各色各样的"水军"，他们通过人工或机器的方式不正当地改变某些评分，以此影响消费者的消费行为。为防止此类行为对网站信誉造成的影响，网站常常在相关算法设计中，嵌入打击刷分行为的参数或设计。[③]如果法律对算法公开与算法可解释性进行强制性规定，要求企业公开或解释此类参数或设计，那么网站上的各类水军就可以更快更准确地调整自身的刷分策略，更精准地利用网站的算法漏洞。

除了算计的问题，算法公开也可能导致知识产权侵权或算法被抄袭。在当前的算法监管中，很多商业机构以商业秘密的名义拒绝监管，一些学者对商业机构的这种做法感到愤怒，因为它实际上完全将算法置于法律监管的空白地带。[④]此种担忧有一定道理，尤其是当企业算法具有一定的公共属性时，不宜将算法都视为商业秘密。但从商业秘密的定义以及知识产权原理看，并不能完全否认算法作为商业秘密的特征。从商业秘密的定义看，很多算法的确满足了秘密性、经济性等要件。[⑤]而从原理层面看，无论是基于劳动价值论，还是基于促进投资的功利主义原理，将算法视为商业秘密

① John Faber, "How to Future-Proof Your Search Ranking," Chapter Three, https://www.chapterthree.com/blog/how-to-future-proof-your-search-ranking, July 31, 2018.

② Danny Sullivan, "Google Uses RankBrain for Every Search, Impacts Rankings of 'Lots' of Them," Search Engine Land, https://searchengineland.com/google-loves-rankbrain-uses-for-every-search-252526, July 31, 2018.

③ 例如，利用贝叶斯模型来识别和剔除水军。参见张艳梅、黄莹莹、甘世杰、丁熠、马志龙《基于贝叶斯模型的微博网络水军识别算法研究》，《通信学报》2017 年第 1 期。

④ 参见 Frank Pasquale, *The Black Box Society: The Secret Algorithms That Control Money and Information*, Cambridge: Harvard University Press, p. 10.

⑤ 根据 TRIPS 协议第 39 条，当一项信息满足三项条件即为商业秘密：（1）该信息不为公众所知；（2）因为该信息不为公众所知，为其所有者带来了经济利益；（3）该信息所有者为了保持其秘密性需要做出一定的努力。

予以知识产权保护，都具有一定的正当性基础。①

（二）个人数据赋权

从个人数据赋权的角度应对现代社会中的算法问题，与从算法公开与算法可解释性的角度监管算法具有重叠之处。但相比算法公开与算法可解释性，个人数据赋权的相关法律更多依赖个人对数据的控制，更试图从算法所依赖的对象——数据——的角度切入对算法进行法律规制。②

个人数据赋权的相关法律首先赋予个体一系列的数据权利，强化个人对个人数据的知情与控制。例如欧美的很多个人数据立法都赋予个人数据收集时的知情选择权、数据访问权、数据更正权、数据删除权、反对自动化处理的权利等一系列权利。根据这些权利，收集个人数据或个人信息必须征得个人同意；在收集个人数据后，个人应当有权随时访问个人数据、更正个人数据、删除个人数据或反对根据个人数据对其进行自动化处理。此外，个人数据赋权也相应对数据控制者与处理者施加责任，要求数据控制者与处理者满足个人的一系列数据权利，同时承担维护个人数据安全与数据质量等责任。③

目前，我国的相关法律法规和行业标准也日益注重这一方式。例如我国《民法典》的人格权编除规定隐私权益受保护外，还规定了一系列个人对自身信息的查阅、复制、更正等一系列权利。④《网络安全法》的一些条文和一些行业标准规定了系列个人信息保护制度。⑤正在制定的《个人信息

---

① 参见梁志文《论算法排他权：破除算法偏见的路径选择》，《政治与法律》2020 年第 8 期；狄晓斐《人工智能算法可专利性探析——从知识生产角度区分抽象概念与具体应用》，《知识产权》2020 年第 6 期。

② 参见汪庆华《人工智能的法律规制路径：一个框架性讨论》，《现代法学》2019 年第 2 期；孙建丽《算法自动化决策风险的法律规制研究》，《法治研究》2019 年第 4 期。

③ 参见丁晓东《论个人信息法律保护的思想渊源与基本原理——基于"公平信息实践"的分析》，《现代法学》2019 年第 3 期。

④ 参见《民法典》第 1035～1039 条。对我国民法典的个人信息保护制度的解读，参见张新宝《〈民法总则〉个人信息保护条文研究》，《中外法学》2019 年第 1 期；王成《个人信息民法保护的模式选择》，《中国社会科学》2019 年第 6 期；程啸《民法典编纂视野下的个人信息保护》，《中国法学》2019 年第 4 期。

⑤ 参见《网络安全法》第 41～45 条；全国信息安全标准化技术委员会《信息安全技术个人信息安全规范》，https：//www.tc260.org.cn/front/postDetail.html？id＝20180124211617，最后访问日期：2018 年 7 月 24 日。

保护法》采取了类似欧盟《一般数据保护条例》立法模式，准备对个人信息进行综合性的立法与保护。《电子商务法》第18条第1款也规定："电子商务经营者根据消费者的兴趣爱好、消费习惯等特征向其提供商品或者服务的搜索结果的，应当同时向该消费者提供不针对其个人特征的选项，尊重和平等保护消费者合法权益。"这些规定表明，我国的法律法规将个人数据赋权视为算法智能时代保护个人权利的重要途径。

1. 可行性

在可行性层面，个人数据赋权并不一定能很好回应算法决策或算法辅助决策所带来的问题。

首先，个人常常无法在数据收集时作出合理判断。在个人数据保护的现有法律制度中，一项重要的制度设计就是所谓的"告知—选择"（notice-choice）框架：企业等相关主体在网站或产品上告知相关群体其隐私政策，再由公民个体选择是否同意。但相关研究表明，个体对于隐私风险的认知往往非常有限，[1]而且企业的网站和隐私政策非常复杂和冗长，[2] 一般读者很难理解，[3] 要阅读所有网站的隐私政策更是要花费海量时间。[4]因此，虽然现有各种数据隐私的立法大多赋予了个体知情选择权，但人们往往很少或几乎不阅读相关的隐私公告，[5]对于很多人来说，隐私条款或隐私公告几乎"形同虚设"。[6]

---

[1] Richard H. Thaler and Cass R. Sunstein, *Nudge: Improving Decisions About Health, Wealth, and Happiness*, New Haven: Yale University Press, 2008, p. 9.

[2] 以 Facebook 的隐私政策为例，其长度甚至长于美国宪法。参见 Blanca Bosker, "Facebook Privacy Policy Explained: It's Longer than the Constitution," *Huffington Post*, Apr. 8, 2014, https://www.huffingtonpost.com/2010/05/12/facebook-privacy-policy-s_n_574389.html, Aug. 5, 2018。

[3] 有的法律注意到这一点，例如欧盟《一般数据保护条例》第7条规定，隐私政策"应当使用一种容易理解的形式，使用清晰和平白的语言"。但即使这一规定也不可能完全简化相关主体的隐私政策，因为后者本身就是非常复杂的，"清晰和平白的语言"并不能改变这一点。

[4] 一项研究估算，一个美国公民，如果要阅读所有访问网站的隐私公告，那么他一年可能需要花费 244 小时。参见 Lorrie Faith Cranor, "Necessary But Not Sufficient: Standardized Mechanisms for Privacy Notice and Choice," *Journal on Telecommunications & High Technology Law*, Vol. 10, 2012, p. 274。

[5] 一项调查发现，在美国的相关互联网使用者中，只有 20% 的人们在"大多数情况下会阅读隐私公告"。Helen Nissenbaum, *Privacy in Context: Technology, Policy, and the Integrity of Social Life*, Stanford: Stanford University Press, 2009, p. 105.

[6] George R. Milne and Mary J. Culnan, "Strategies for Reducing Online Privacy Risks: Why Consumers Read(or Don't Read) Online Privacy Notices," *Journal of Interactive Marketing*, Vol. 18, 2004, pp. 15, 20-21.

其次，在数据处理时，个人也很难有效行使反对权。欧盟《一般数据保护条例》赋予个体随时反对"因为直接营销目的而处理个人数据"或完全"依靠自动化处理"而"对数据主体作出具有法律影响或类似严重影响的决策"，但这种赋予个体的权利事实上很难被个体行使。面对算法黑箱，个体很难知晓其个人数据是否被处理，其个人数据何时被处理，被哪个数据处理者处理。

最后，个人很难对侵犯个人数据权利的行为进行救济。在现代信息社会，个人数据权利所面临的威胁和风险涉及多个主体，侵权过程也难以辨识。例如，个人只是在某个社交网站上公开部分数据，其他公司可能通过爬虫技术获取了此类数据，后者将此类数据部分匿名化后出售给了另外一家大数据公司。对于此类侵权行为，个人即使知晓其中存在侵犯隐私权益的行为，也难以向法院提起侵权之诉或向有关主体提起申诉。无论是个人的诉讼成本、提供证据还是证明因果关系，通过个人进行维权救济，都可能面临很多难题。[1]

2. 可欲性

在可欲性层面，从个人数据赋权的角度回应算法也存在一些需要重新思考的地方。就自主性来说，基于算法的自动决策或辅助决策可能威胁个体的自主性或自主选择，但在其他很多情形中，算法也可能帮助人们作出更好的选择，从而更好地实现人的主体性。[2]如果没有算法推荐或辅助决策，人类可能会作出很多错误判断，所谓人的自主性也只是空洞的口号。正如有的学者所说，如果说算法与科技让我们"放弃自主性，那仅仅是此类自主性：作错误决策、和后来发现我们不喜欢的人去差劲餐厅、购买无聊小说、听糟糕音乐、参加付出多于收益的活动。比起那个具有错误观念、有限信息和情绪化干扰的自己，其实我们已经作出了更好的选择，因为我们

---

① James Q. Whitman, "The Two Western Cultures of Privacy: Dignity Versus Liberty," *Yale Law Journal*, Vol. 113, 2004, p. 1204; Lawrence M. Friedman, "Name Robbers: Privacy, Blackmail, and Assorted Matters in Legal History," *Hofstra Law Review*, Vol. 30, 2002, p. 1125.

② 以主体性为基础对算法进行规制的思路，参见苏宇《算法规制的谱系》，《中国法学》2020年第3期；陈姿含《人工智能算法中的法律主体性危机》，《法律科学》2019年第4期；李文静、栾群《人工智能时代算法的法律规制：现实、理论与进路》，《福建师范大学学报》（哲学社会科学版）2020年第4期。

的真正自我已经得到了强大和有效的科技的帮助"。[1]

在这个意义上，不能简单认定，基于算法的决策或算法辅助决策不利于人的自主性。如果运用合理，算法反而可能成为人类自主性的助推者，帮助人类个体或集体作出更有效和更好的选择。[2]就个体而言，诸如电商等网站所使用的个性化推荐在很多时候可以帮助个体更有效地作出选择;[3]就群体而言，正如中国科学技术大学使用算法扶贫助学的例子所表明的，精准掌握个人数据是使用算法实现政策目标的前提。[4]因此，不能简单将隐私或个人数据保护视同保护个人或群体的自主性。

同样，从信息的角度看，个人数据赋权也不能等同于自由。的确，基于算法的个性化推荐可能会让人困于信息茧房，威胁个体和集体的自由，但反过来，在没有算法推荐的情形下，个体或集体也可能限于信息茧房。毕竟，信息的传播从来都不是在真空中进行的，在算法的个体性推荐以及算法辅助决策崛起之前，整个社会就存在很多的信息筛选机制，记者、编辑、出版社以及各类传播机构对于信息的采集、编辑与传播存在很多控制。[5]而就信息的接收者来说，个体在没有算法介入的情形下也同样偏向于选择自己愿意听到的信息，集体也可能出现所谓的群体极化的情形。因此，不能简单认定基于算法的信息推荐会比没有算法的世界更有利于人的自由。算法可能会加重信息茧房的困境，但算法也可以被用于打破信息茧房，可

---

[1] Richard T. Ford, "Save the Robots: Cyber Profiling and Your So-Called Life,"*Stanford Law Review*, Vol. 52, 2000, pp. 1573–1584.

[2] 对于这种由外界助推而提高个人有效选择和自主性的理念，可参见 Richard H. Thaler and Cass R. Sunstein, *Nudge: Improving Decisions About Health, Wealth, and Happiness,* New Haven: Yale University Press, 2008, pp. 6–8。

[3] 所以算法驱动的经济从整体上降低了交易费用，提高了决策效率，使顾客可以得到价廉物美的产品。参见 Michal S. Gal and Niva Elkin-Koren, "Algorithmic Consumers," *Harvard Journal of Law and Technology*, Vol. 30, 2017, pp. 311–312；丁晓东《用户画像、个性化推荐与个人信息保护》，《环球法律评论》2019 年第 5 期。

[4] 为了公共利益而收集和处理个人数据，很多法律都对此种情形作出了克减，例如欧盟《一般数据保护条例》第 89（1）条规定："为了实现公共利益、科学或历史研究或统计目的而处理，应当采取符合本条例的恰当防护措施，保障数据主体的权利与自由。这些防护措施应当确保，为了保证数据最小化原则，已经采取技术与组织性的措施。这些措施可以包括匿名化，如果匿名化也能实现上述目的。"

[5] Randall Bezanson, "The Developing Law of Editorial Judgment,"*Nebraska Law Review*, Vol. 79, 1999, p. 756.

以被用来推送更为准确或有效的信息。

（三）反算法歧视

从反歧视的角度规制算法，消除算法中可能存在的身份歧视与偏见，也是目前众多研究和报告提出的重要手段。

首先，研究者指出，应当禁止利用算法对属于某些种族、信仰、性别的群体进行区别对待，以防止恶意歧视。大数据的预测功能已被广泛验证，但研究者指出，大数据的预测功能不仅被用于预测疾病、风险与事故，也容易被用于预测人的身份。例如，研究表明，通过对大数据的算法分析，人们的饮食、音乐等各种偏好可以很容易被用来预测个体的种族属性。如果算法的掌控者是一位种族主义者，很可能会利用此种算法进行恶意歧视，例如因对方是黑人而拒绝发放贷款。基于这种判断，很多研究者指出，算法就是当代的民权议题，当算法被用来对不同身份的人群进行区别对待时，就应当结合反歧视法对算法进行问责，确保算法对每个人进行平等对待。[1]

其次，研究者也指出，应尽可能消除数据中的身份偏见，以反对非恶意歧视或无意识歧视。根据这种理解，歧视并非都是有意为之，更多的歧视是基于无意识或错误而产生的。在基于数据的运算中，这种情况尤其明显。对于数据运算所得出的结论，美国联邦贸易委员会消费者保护局的前主任大卫·弗拉德克（David Vladeck）曾担忧："数据推论可能是大数据世界的一种真正的风险，因为某些个人数据的痕迹提供的可能是错误的关联……例如你在网上可能花很多时间查找一款油炸锅。你可能是希望给朋友买一款礼物或为厨艺学校写一个报告。但对于数据分析者来说，这可能是一种不健康生活方式的表现，而这种数据分析可能会影响健康保险或潜在的雇佣者。"[2]总而言之，大数据与算法的结合很可能会产生错误与偏见。

---

[1] Alistair Croll, "Big Data Is Our Generation's Civil Rights Issue, and We Don't Know It," Solve for Interesting, http://solveforinteresting.com/big-data-is-our-generations-civil-rights-issue-and-we-dont-know-it/, July 28, 2018.

[2] Steve Lohr, "Sizing Up Big Data, Broadening Beyond the Internet," *The New York Times*, June 19, 2013, http://www.cs.columbia.edu/igert/courses/E6898/Sizing_Up_Big_Data.pdf, Aug. 6, 2018.

一种算法模型可能"会发现关联，并根据网上搜索作出不公平与歧视性的数据推论，对产品、银行贷款、医疗保障产生影响"。[1]

1. 可行性

在可行性方面，以身份中立为目标的反算法歧视会遭遇若干难题。首先，在算法中禁止运用身份因素，不一定就能使社会变得更加身份平等。离开了算法决策或辅助决策，在现实社会中这些群体可能仍然遭受差别性对待与歧视，而且此类现实社会中的歧视可能要比利用算法进行决策或辅助决策更为普遍。以美国网约车的算法歧视为例，Uber 的算法曾被很多人批评为隐含歧视，因为 Uber 的算法一度很容易让司机猜测乘客的种族，这导致黑人乘客很难叫到车。但需要指出，在没有 Uber 算法的情况下，一般的私家车在网络约车或搭载乘客时更容易产生种族歧视，拒载黑人等群体。究其原因，美国社会中的歧视问题根深蒂固，既包括有意识的偏见性歧视，也包括广泛存在的无意识歧视。人们的认知过程普遍存在类型化的心理机制，[2]即使在不存在明确动机的情况下，人的认知也会潜移默化和不知不觉地将人群归类，并且在此过程中形成偏见和无意识的歧视。[3]因此，即使相关数据与算法隐含了对某些群体的歧视，也不能即刻得出结论，认为禁止在算法中运用身份因素就可以更好地消除偏见与歧视。没有了机器算法决策或机器算法辅助决策，相关群体可能遭受法律与社会规范中隐藏得更为普遍和严重的歧视。[4]

其次，期待在算法中实现彻底的身份中立，这本身就是一个不可能实现的目标。现实社会中的种种经验已经验证了这一点，很多"看上去中立、

---

① Steve Lohr, "The Age of Big Data, "*The New York Times*, Feb. 11, 2012, https://wolfweb. unr. edu/homepage/ania/NYTFeb12. pdf, Aug. 6, 2018.

② Linda Hamilton Krieger, "The Content of Our Categories: A Cognitive Bias Approach to Discrimination and Equal Employment Opportunity, "*Stanford Law Review*, Vol. 47, 1995, p. 1164.

③ Charles R. Lawrence III, "The Id, the Ego, and Equal Protection: Reckoning with Unconscious Racism, "*Stanford Law Review*, Vol. 39, 1987, p. 317.

④ 在这个意义上，法律可以被视为另一种非机器的人为算法，参见 John O. McGinnis and Steven Wasick, "Law's Algorithm, "*Florida Law Review*, Vol. 66, 2014, p. 991；郑戈《算法的法律与法律的算法》，《中国法律评论》2018 年第 2 期；丁晓东《算法与歧视——从美国教育平权案看算法伦理与法律解释》，《中外法学》2017 年第 6 期；蒋舸《作为算法的法律》，《清华法学》2019 年第 1 期。

不关注个人的制度性不作为、已经确立的结构和社会政治规范"，尽管看上去是理性的，综合考虑却"制造和强化了种族隔离和不平等"。①以美国社会中的黑人与白人的关系为例。美国社会中黑人和白人的差距异常明显，"黑人更少进入大学，被大学录取的更少毕业。黑人在专业领域、学术领域和联邦政府中更少被代表"。②在这样的背景下，当美国社会仍然沿用历史上的规则，此类规则就构成了对黑人的身份性歧视。例如一项仅要求高中学历的招工政策，也可能隐含了对黑人群体的歧视，因为基于历史和社会原因，黑人更少获取高中学历。此外，如果改变此类规则，在相关就业招生等政策中对黑人进行优待或行使平权行动（affirmative action），很多人又会认为此类政策存在对白人的逆向歧视。③可以预见的是，无论如何设计某种算法，一种算法必然更有利于拥有某些身份的群体，而不利于另一些群体。

2. 可欲性

从可欲性的层面看，以身份中立为目标的反算法歧视首先会遭到信息与统计理论的质疑。反算法歧视的观点认为，很多算法中隐含着歧视，必须通过法律予以矫正，但在有的研究者看来，很多类型的"歧视"仅是一种信息与统计区分，是社会克服信息不对称的必要手段。以劳动力市场中存在的歧视为例，市场中广泛存在的歧视和对身份的要求是信息匮乏条件下的一种理性筛选。④对前来应聘的个人，雇主不可能在短时间内进行全面考察，只能依赖一些群体特征对个体进行预测。⑤因此，雇主之所以进行身份歧视，从本质上来说只是试图基于数据和统计对一个人进行能力上

---

① Erica Frankenberg and Chinh Q. Le, "The Post-Parents Involved Challenge: Confronting Extralegal Obstacles to Integration," *Ohio State Law Journal*, Vol. 69, 2008, p. 1016. 对结构性的种族不平等的分析，参见 Richard Thompson Ford, "The Boundaries of Race: Political Geography in Legal Analysis," *Harvard Law Review*, Vol. 107, 1994, p. 1843。

② Alexander Aleinikoff, "A Case for Race-Consciousness," *Columbia Law Review*, Vol. 91, 1991, p. 1060.

③ James E. Jones, Jr., "Reverse Discrimination in Employment: Judicial Treatment of Affirmative Action Programs in the United States," *Howard Law Journal*, Vol. 25, 1982, pp. 218-223.

④ Edmund S. Phelps, "The Statistical Theory of Racism and Sexism," *American Economic Review*, Vol. 62, 1972, p. 659.

⑤ Dennis J. Aigner and Glen G. Cain, "Statistical Theories of Discrimination in Labor Markets," *Industrial and Labor Relations Review*, Vol. 30, 1977, p. 175.

的识别。

根据一个人的群体身份辨别个人能力的行为当然会造成不公平的现象，例如造成对某些群体的刻板印象（stereotype）。① 但从信息与统计的视角看，这种群体区分对市场正常运行与社会规范建构具有一定意义。群体印象是信息不对称条件下无法避免的行为。社会总会尽可能地基于某个群体的平均表现对其进行评价，这种评价虽然可能无法完全公正反映这个群体中个体的情况，但是比起信息不对称所带来的抓瞎式筛选所导致的不公，数据和统计至少为相关决策者提供了参考。而且，社会自身也会对不合理的数据与统计进行修正，不断消除数据与算法中可能存在的歧视。② 例如就性别歧视而言，在传统社会，女性或许会被认为无法胜任很多工作，但随着工作性质的改变和女性受教育程度的提高，如今社会对于女性的评价已经大为不同，性别歧视如今至少已经得到了很大改善。③ 以身份中立为目标的反算法歧视还可能面临正义理论与伦理价值的质疑。上文已提到，身份歧视往往是无意识的，背后往往隐藏着结构性不公。因此，仅仅实现身份中立还不足以实现算法的正义性与伦理性，如果反算法歧视的目标仅仅是追求和实现身份性的中立，那么此类反算法歧视只不过接受了或默认了现存社会制度的合理性，放弃了利用算法来改善社会不公的机会。

四　算法规制的场景化原理

在算法规制中，为何算法公开、个人数据赋权、算法反歧视的方式都面临一定的困境？最根本的原因在于，机械运用这些方式都不符合算法规制的原理。算法可能会因为使用算法的主体、算法针对的对象、算法所涉及的问题的不同而有很大差异。一旦场景不同，算法的性质就会非常不同，对其所采用的规制原则也应当不同。但无论是算法公开、个人数据赋权还是算法反歧视的方式，机械性地采用任何一种方法，其实都是将算法看作

---

① Regents of University of Calif v. Bakke, 438 U. S. 265(1978) .

② Gerald S. Oettinger, "Statistical Discrimination and the Early Career Evolution of the Black-White Wage Gap, "*Journal of Labor Economics*, Vol. 14, 1996, p. 52.

③ Richard A. Posner, "An Economic Analysis of Sex Discrimination Laws", *Chicago University Law Review*, Vol. 56, 1989, p. 1311.

相对孤立的规制对象，都没有结合具体场景对算法规制进行思考。

就算法主体而言，如果算法的使用者是公权力机构，则算法可能成为一种公共决策机制，此时算法的法律规制就具有公共参与的性质。特别是如果相关算法决策是代表性不足的某些规制机构所作出，而此类决策又对公民权益具有重大影响时，则此时算法公开就具有更多的必要性，因为此时算法更具有公共性，更接近于一种正当程序。①相反，如果算法的使用者是一般企业，则算法可能成为一种企业的内部决策程序，此时算法就更类似企业的自主经营权；而在某些情况下，当算法具有商业价值与保密性特征时，此时算法还可能成为企业的商业秘密。在此类情形中，算法的公开就不应成为一种强制性法律要求。

此外，很多算法的运用者兼具公共性特征与私主体特征。在大型企业与网络平台兴起的今天，很多机构的公共性属性与商业性属性已经变得很难区分。对于类似 Google、Amazon、Facebook、阿里、腾讯、百度这样的超级网络平台来说，仍然以纯粹的市场私主体看待它们，已经与实际情况不符。②在现实社会中，很多超级网络平台已经成为公共基础设施。从数据、资源、算法到服务，这些企业已经日益嵌入人们的日常生活，具有准公权力的性质或者公权力的一些属性。③对于此类主体，算法既具有公共决策的性质，也具有企业自主决策权的性质。对于此类情形的算法公开，应当进一步结合算法的公共属性而进行判断。例如运用算法配备外卖骑手，由于关涉外卖人员的人身安全风险，此时应当更多以公共属性看待企业的算法，

---

① 将算法视为正当程序的论证，参见陈景辉《算法的法律性质：言论、商业秘密还是正当程序？》，《比较法研究》2020 年第 2 期。

② 很多大型互联网公司都强调了这一点。例如，马云提出了"电子商务基础设施"的概念："我们是全球化的电子商务基础设施。我们正在努力建立在线支付的基础设施。我们正在努力建立物流基础设施，我们正在努力建设云计算基础设施。"参见《阿里要建全球化电商基础设施 马云：现在我们感觉孤独》，新浪网，https://tech.sina.com.cn/i/2017-09-15/doc-ifykymue6258395.shtml，最后访问日期：2018 年 8 月 2 日；马化腾表示："平台型生态企业作为基础设施提供者，在'数字生态共同体'中扮演着重要角色"。参见《马化腾公开信：AI 将成为基础设施，腾讯要打造"数字生态共同体"》，亿欧网，https://www.iyiou.com/p/58604，最后访问日期：2018 年 8 月 2 日。

③ 参见齐延平《论人工智能时代法律场景的变迁》，《法律科学》2018 年第 4 期；刘权《网络平台的公共性及其实现——以电商平台的法律规制为视角》，《法学研究》2020 年第 2 期。

要求企业承担相应的安全保障义务。

就算法针对的人群而言，如果算法针对的是具有高度可识别性的个体，其数据的收集与算法的运用都是以识别特定个体为目标。那么在这种情形下，算法的性质就和个人权利密切相连，从个人数据权利立法的角度规制算法，也更为合理。例如，欧盟《一般数据保护条例》第 15 条规定，当"存在自动化的决策"，数据主体有权知晓"在此类情形下，对于相关逻辑、包括此类处理对于数据主体的预期后果的有效信息"。第 21 条规定，当数据控制者或处理者"因为直接营销目的而处理个人数据，数据主体有权随时反对为了此类营销而处理相关个人数据，包括反对和此类直接营销相关的用户画像"。对于高度追踪和针对个体的算法，此类个人数据赋权能够提供个人权益的合理保护。

但在其他情形中，如果数据的收集主要是为了分析某个群体或为不能直接识别个体的对象提供服务，则此类情形中的算法和个人数据权利的关系并不密切。在此类情形中，强化个体对于数据的各种权利，可能会影响数据发挥流通性价值与公共性价值。同时，离开了数据的汇集与共享，此类个人数据赋权还可能影响算法本身的有效运行。

就算法所涉及的问题而言，如果算法涉及的是纯粹商业化的决策，则此类情形中的算法就更接近于上文所说的统计区分，算法就更多是一种信息匮乏手段下的信息甄别机制。但在其他很多涉及弱势群体保护的例子中，算法可能演化为加剧社会个公的助推器。在此类情形中，理应对算法进行更多的人工干预，将扶助弱势群体的伦理嵌入算法。

总之，就算法规制的一般原理而言，算法规制应当建立在场景化思维的基础上。算法并不像一般的有形物或某些无形物，具有相对稳定的法律属性，因而适用统一的法律框架。例如对于动产和不动产，法律一般对其适用统一的物权、合同或侵权法的框架；对于企业的商业秘密或智力成果，法律一般对其适用统一的知识产权法的框架。但算法并不是一种标准化的物，而是一种人机交互的决策，因此，算法的法律属性会因为具体场景的不同而有所不同，算法法律规制的原理必须建立在场景化的基础上。

以分类场景的原则规制算法，与当前算法规制的前沿研究也具有内在一致性。例如海伦·尼森鲍姆（Helen Nissenbaum）发展出场景公正（contextual integrity）理论，将其首先使用在个人数据的收集问题上；[1] 提出对个人数据的收集要考虑场景的类型、行为者的身份、数据的类别以及个人数据传输原则等因素，不同的场景具有不同的个人数据保护规则。[2] 近年来，很多学者又将场景理论使用在算法规制问题上，认为算法规制也应当结合不同场景设置不同规则。[3]

此外，还有不少前沿研究提出负责任的算法（accountable algorithm）、[4] 可信赖的算法（trustable algorithm）的主张，使得算法决策能够赢得个体或群体的信任。[5] 尽管这些主张使用的概念各异，但它们都认为，算法规制不能机械性地采取算法公开、个人数据赋权或反算法歧视的方式，而是应当根据具体场景，综合运用透明性原则、正当程序原则、市场机制与反歧视框架进行判断。算法规制的具体手段应当帮助个体或群体作出更为正当合理的决策。

五　算法规制的制度建构

通过分析传统算法规制方式的困境以及算法规制的场景化原理，可以对算法规制的制度进行建构。通过合理的制度建构，算法公开、个人数据赋权与反算法歧视可以重新激发其合理的功能。

---

① Helen Nissenbaum, *Privacy in Context: Technology, Policy, and the Integrity of Social Life*, Stanford: Stanford University Press, 2009, pp. 140–160.

② Helen Nissenbaum, *Privacy in Context: Technology, Policy, and the Integrity of Social Life*, Stanford: Stanford University Press, 2009, p. 141.

③ Richard Warner and Robert H. Sloans, "The Ethics of the Algorithm: Autonomous Systems and the Wrapper of Human Control," *Cumberland Law Review*, Vol. 48, 2017, pp. 37 – 66; Doaa Abu-Elyounes, "Contextual Fairness: A Legal and Policy Analysis of Algorithmic Fairness," *University of Illinois Journal of Law, Technology & Policy*, Vol. 2020, 2020, pp. 1–54.

④ Joshua A. Kroll, Joanna Huey, Solon Barocas, Edward W. Felten, Joel R. Reidenberg, David G. Robinson and Harlan Yu, "Accountable Algorithms," *University of Pennsylvania Law Review*, Vol. 165, 2017, pp. 633, 640.

⑤ Deven R. Desai and Joshua A. Kroll, "Trust But Verify: A Guide to Algorithms and the Law," *Harvard Journal of Law & Technology*, Vol. 31, 2017, p. 1.

（一）算法公开的制度建构

就算法公开而言，算法公开制度首先应当是有意义和有特定指向的决策体系的公开，而非一般性的算法架构或源代码的公开与解释。如果机械地对算法架构或源代码进行公开，或者机械地对算法进行"解释"，那么此种公开或解释不但难以做到，而且即使做到了，相关解释也可能没什么意义，因为此类解释无法给相关主体提供有意义的决策参考。在有的情形下，此类解释甚至可能带来上文所说的算计问题，使得某些群体能够钻算法的空子。

对于此种有针对性的决策解释与一般性算法解释的区别，有的研究者曾经在一定程度上论及。在讨论算法黑箱与算法解释权时，英国的两位学者爱德华兹（Lilian Edwards）和维勒（Michael Veale）分析了什么样的解释才是真正有意义的。[1]他们区分了以模型为中心的解释（Model Centric Explanations）和以主体为中心的解释（Subject-Centric Explanations）两种解释方式。所谓以模型为中心的解释，就是对算法的整体进行理解，包括理解算法所设定的信息、用来训练算法的数据组、算法模型的性能指标、算法架构设置的全局逻辑、被处理信息等。[2]而所谓以主体为中心的解释，指的是某些相关算法与数据对主体会带来哪些影响，例如有关数据主体的相关数据的变化会对其决策产生哪些方向性变化，哪些被用于训练的数据记录与数据主体的数据最为相似，数据主体被归纳为某种类别的主要特征是什么，系统对数据主体进行分类的信任区间多大。[3]两位学者指出，应当抛弃前一种算法解释方式，因为它不但可能威胁商业主体的知识产权或商业秘密，也无法为相应的主体提供有意义的解释。相较而言，后一种解释方

---

[1] Lilian Edwards and Michael Veale, "Slave to the Algorithm? Why a ' Right to an Explanation' is Probably Not the Remedy You are Looking For," *Duke Law & Technology Review*, Vol. 16, 2017, p. 18.

[2] Lilian Edwards and Michael Veale, "Slave to the Algorithm? Why a ' Right to an Explanation' is Probably Not the Remedy You are Looking For," *Duke Law & Technology Review*, Vol. 16, 2017, pp. 55-56.

[3] Lilian Edwards and Michael Veale, "Slave to the Algorithm? Why a ' Right to an Explanation' is Probably Not the Remedy You are Looking For," *Duke Law & Technology Review*, Vol. 16, 2017, p. 58.

式不但不会威胁知识产权，也为相关主体提供了有意义的决策参考。①

其次，算法公开应当区分不同的算法拥有者，对不同主体施加不同责任。对于公权力机构所使用的算法，应当以公开为原则，以非公开为例外，因为公权力机构具有权力垄断性质，而且其所使用的算法可能对不特定的个体产生重大影响。如果基于算法或算法辅助决策的公权力决策体系维持黑箱性质，那么算法就可能带来本文所涉的不公、歧视、偏见等种种问题，甚至带来腐败，而公民个体一旦遭遇到算法不公与腐败，也很难知晓或很难进行救济。②就这一点而言，商业机构所使用的算法规制原则和非商业机构非常不同。对于纯粹商业性的非垄断机构所使用的算法，③算法公开一般不应当成为强制要求。除了上文提到的算计算法和知识产权问题之外，另一个原因在于，非垄断的商业机构往往有动力优化自身的算法，算法的合理性可以通过市场竞争的方式改善。④例如，消费者发现某家网站的评分机制非常不合理不公正，他们就可能会选择另外评分较为公正合理的同类网站，而该网站也会有很大的动力来改进自身的算法。如果市场能够拥有更好的机制来促进商业性算法优化，那么此类商业性算法就没有必要过多的法律介入。⑤

最后，算法公开应当根据不同情形采取不同范围不同程度的公开。在

---

① Lilian Edwards and Michael Veale, "Slave to the Algorithm? Why a 'Right to an Explanation' is Probably Not the Remedy You are Looking For," *Duke Law & Technology Review*, Vol. 16, 2017, pp. 58-59.

② 参见 Cary Coglianese, "Regulating by Robot: Administrative Decision Making in the Machine-Learning Era," *Georgetown Law Journal*, Vol. 105, 2017；查云飞《人工智能时代全自动具体行政行为研究》，《比较法研究》2018 年第 5 期；马颜昕《自动化行政方式下的行政处罚：挑战与回应》，《政治与法律》2020 年第 4 期。

③ 关于算法可能带来的反垄断问题，参见 OECD, *Algorithms and Collusion: Competition Policy in the Digital Age*, http://www.oecd.org/competition/ algorithms-collusion-competition-policy-in-the-digital-age.htm, July 31, 2020；时建中《共同市场支配地位制度拓展适用于算法默示共谋研究》，《中国法学》2020 年第 2 期。

④ 参见 Joshua New and Daniel Castro, *How Policymakers Can Foster Algorithmic Accountability*, pp. 17 - 19, http://www2.datainnovation.org/2018-algorithmic-accountability.pdf, July 31, 2018；张吉豫《智能社会法律的算法实施及其规制的法理基础——以著作权领域在线内容分享平台的自动侵权检测为例》，《法制与社会发展》2019 年第 6 期；陈兵《法治经济下规制算法运行面临的挑战与响应》，《学术论坛》2020 年第 1 期；徐凤《人工智能算法黑箱的法律规制——以智能投顾为例展开》，《东方法学》2019 年第 6 期。

⑤ 对于平台评分机制的市场意义与治理意义，参见胡凌《数字社会权力的来源：评分、算法与规范的再生产》，《交大法学》2019 年第 1 期。

有的情形下，算法应当尽可能地公开。当公权力主体使用算法进行决策或辅助决策，而公开算法又不存在侵犯知识产权与算计问题时，决策主体应当尽量采取普通人可理解的方式公开与解释算法。因为在此种情形下，算法的公开与透明可以构建良好的"法律议论方式"，[1]构建"可视正义"，[2]从而更好地监督算法与改进算法。

在有的情形下，算法应当部分公开或小范围公开。当算法黑箱问题已经引起相关主体疑虑，而公开算法又存在上文所述的侵犯知识产权与算计问题时，可以考虑算法的部分公开或小范围公开。所谓部分公开，指的是有关主体可以对引起疑虑的算法决策体系进行解释和说明，以消除有关主体的疑虑。[3]而所谓小范围公开，指的是算法可以对决策者内部或外部的部分人员公开。在决策者内部，可以鼓励企业等其他主体设立关于算法的法律与伦理委员会，通过决策主体内部的专业委员会来保证算法的正当性与合理性。[4]在决策者外部，可以通过设置专门机构或同行评议等方法来审查与评估算法。[5]就像在魏则西案中，网信办牵头的联合调查小组对百度算法的调查，实际上就是通过外部专家的评审来保证算法的公正性与合理性。[6]上文提到的外卖算法系统，网信办、人社部、市场监管总局等执法机构可以对美团、饿了么等企业的算法进行专家内部审查，以检查这些企业的外

---

① 参见季卫东《人工智能时代的法律议论》，《法学研究》2019 年第 6 期。

② 参见马长山《司法人工智能的重塑效应及其限度》，《法学研究》2020 年第 4 期。

③ 一个范例是牛津大学互联网研究中心的几位学者揭出对算法的"反设事实解释"（unconditional counterfactual explanation），即对在解释算法时反设事实，告知相关主体在反设事实情况下会得出什么样的不同结论。反设事实解释不仅避免了对复杂专业的算法的完全公开，而且便于数据主体理解自动化决策、对决策进行抗辩，以及改变未来的做法以达到预期目的。Sandra Wachter and Brent Mittelstadt and Chris Russell, "Counterfactual Explanations Without Opening the Black Box: Automated Decisions and the GDPR," *Harvard Journal of Law & Technology*, Vol. 31, 2018, pp. 1-52.

④ 参见《互联网巨头应设立伦理委员会》，观点网，http://opinion.caixin.com/2018-01-12/101196908.html，最后访问日期：2018 年 8 月 2 日。

⑤ 参见张恩典《人工智能算法决策对行政法治的挑战及制度因应》，《行政法学研究》2020 年第 4 期。

⑥ 舍恩伯格提出了"算法师"的构想，根据舍恩伯格的设想，"大数据将要求一个新的人群来扮演这种角色，也许他们会被称作'算法师'。他们有两种形式：在机构外部工作的独立实体和机构内部的工作人员——正如公司有内部的会计人员和进行鉴证的外部审计师"。〔英〕维克托·迈尔-舍恩伯格、肯尼思·库克耶：《大数据时代：生活、工作与思维的大变革》，盛杨燕、周涛译，浙江人民出版社，2013，第 228 页。

卖系统算法是否满足了对劳动者的安全保障义务。

在有的情形下，算法不仅不应公开，而且应当善于通过算法黑箱实现有关社会政策。信息公开虽然在很多情形下值得人们追求，但在一些情形下，信息公开会带来种种问题，在这些情形下，算法黑箱反而可能成为机会，利用具有黑箱性质的算法决策体系完成相关任务，反而会产生意想不到的效果。[1]一个例证是利用算法黑箱进行扶贫助学。在当前高校的扶贫助学政策中，很多高校对贫困生评定与资助采取了公开评议等方式，但公开评议会对贫困生的心理造成伤害，甚至使得很多真正的贫困生不愿申请资助。对此，中国科学技术大学创设了基于算法决策的贫困生"隐形资助"政策。通过相关算法设计，当某位同学的校园卡在食堂的月消费金额低于某个金额，学校就会自动向卡内打入生活补助。[2]相比传统的扶贫助学政策，这项具有黑箱性质的算法实际上设计了一种更好的决策体制。

（二）个人数据赋权的制度建构

就个人数据赋权而言，个人数据赋权制度首先要区分场景与对象，赋权的类型与强度要因场景与对象的不同而不同。正如上文所指出的，基于算法的决策与辅助决策可以威胁个体与群体的自主与自由，也可以促进个体与群体的自主与自由。如果相关个人数据的收集与使用有利于相关个体或者有利于公共利益，就应当更多允许相关主体收集和处理个人数据。比如，在扶贫助学或者精准扶贫实践中，个人数据的合理收集与使用应当为法律所允许，相关扶贫主体甚至应当积极运用个人数据与算法来实现精准扶贫。再如，在纯粹商业性的活动中，法律也应当允许消费者选择个性化推荐，因为此类个性化推荐可以节省消费者的搜寻成本，有利于消费者福利和有效决策。[3]

相反，当个人数据的使用不是为了促进个人或公共利益，而是被用于

---

① 参见季卫东《人工智能开发的理念、法律以及政策》，《东方法学》2019 年第 5 期。

② 参见张建亚、唐玉玲《暖心高校偷偷给贫困生打钱 中科大用"黑科技"实现隐形资助》，北晚在线，http://www.takefoto.cn/viewnews-1205834.html，最后访问日期：2018 年 8 月 2 日。

③ 学者还指出，互联网带来的搜寻成本的降低会促进商品价格的降低和价格的区别定价。参见 Pedro Pereira, "Do Lower Search Costs Reduce Prices and Price Dispersion?" *Information Economics and Policy*, Vol. 17, 2005, pp. 61-72。

支配个体，那么此时法律应当严格规制个人数据的收集与处理。比如，某些网络平台不断地向个体推送各类低俗信息，以增强平台的用户黏性，对于此类行为，应当更严格地进行规制，以避免个体陷入算法的信息宰制。再如，有些网络平台利用个性化推荐进行"杀熟"或差异化定价，针对不同个体的需求设置不同价格，对于此类行为，法律应设置更高的个人数据赋权标准。在此情形下，商家的行为已经超越了传统的商业行为，构成了对消费者的"一级价格歧视"。面对此类行为，消费者的知情权与选择权已受到很大威胁，面临商家的定向支配的风险。

其次，个人数据赋权应当更注重数据的动态规制与伦理化规制，为算法的有效运转提供可能。在过去几十年，算法本身其实并没有任何突破，算法准确率的提升依赖于数据的海量积累。①而大数据的本质特征恰是数据的全体性、混杂性和相关性。因此，有的数据隐私法所规定的原则，例如目的限制原则（对个人数据的处理不应当违反初始目的）、限期储存原则（对于能够识别数据主体的个人数据，其储存时间不得超过实现其处理目的所必需的时限），并不符合大数据时代算法运行的一般原理。在大数据时代，通过算法跨界处理数据特别是沉淀数据，为消费者提供不同目的的服务，已经非常普遍，② 例如相关的物流类数据可能被用于电商与制造，曾经的餐饮娱乐类的沉淀类数据可能被用于网约车服务。对于企业收集与处理此类个人数据而言，应当注重此类数据处理是否符合相关伦理与人格保护，而非一开始就禁止数据的流通共享。③ 如果个人数据赋权走向静态化与形式化，那么商家和其他数据处理者的算法就无法发挥其功能，当代共享经济与智慧社会建设就会面临一系列不合理的法律制约，④ 同时消费者和其他数

---

① 对于隐私保护与大数据有效运行之间的张力，参见季卫东《数据、隐私以及人工智能时代的宪法创新》，《南大法学》2020年第1期。

② 正如舍恩伯格所言："大数据的价值不再单纯来源于它的基本用途，而更多源于它的二次利用"。〔英〕维克托·迈尔-舍恩伯格、肯尼思·库克耶：《大数据时代：生活、工作与思维的大变革》，盛杨燕、周涛译，浙江人民出版社，2013，第197页。

③ 对于人格权保护与数据流通共享的分析，参见王利明《数据共享与个人信息保护》，《现代法学》2019年第1期；程啸《论大数据时代的个人数据权利》，《中国社会科学》2018年第3期。

④ 参见马长山《智慧社会建设中的"众创"式制度变革——基于"网约车"合法化进程的法理学分析》，《中国社会科学》2019年第4期。

据主体的选择权与福利也得不到保障。

最后，个人数据赋权应当更注重数据与算法的合作治理，而非个人控制。①正如上文所述，面对大数据时代的算法，个体很难有效行使自身的若干数据权利。在这种背景下，法律应当更多对数据控制者与处理者施加治理责任，而非仅仅依赖个人的数据控制。单纯依赖个人对其数据的控制，个体可能陷入没有时间、兴趣和能力维护自身合法权益的悖论，数据收集者与处理者也没有动力对数据与算法进行有效治理。只有将责任伦理嵌入数据收集、流通与处理的每一个环节，以此倒逼算法治理，通过个人数据实现算法治理才能真正起到实效。

（三）反算法歧视的制度建构

就反算法歧视制度而言，应首先警醒算法中隐藏的歧视、偏见与不公。大数据时代的算法早已不是数学意义上的算法或实验室中的算法，对于基于算法的决策或辅助决策，不能盲目地偏信其科学性或价值中立性。②相反，必须时刻警惕算法中可能存在的歧视与不公，警惕某些主体利用算法来实现其不正当的目的。③对于算法中可能存在的此类恶意偏见与不公，应当结合前文所述的算法公开与个人数据赋权消除此类歧视与偏见。一方面，通过合理的算法公开，公众或内部专家可以对算法本身与算法决策结果进行监督，防止算法黑箱中隐藏的歧视与机器自我学习带来的歧视。④另一方面，

---

① 参见 Margot Kaminski and Binary Governance, "Lessons from the GDPR's Approach to Algorithmic Accountability," *South California Law Review*, Vol. 92, 2019, p. 1529；高富平《个人信息保护：从个人控制到社会控制》，《法学研究》2018 年第 3 期；梅夏英《数据的法律属性及其民法定位》，《中国社会科学》2016 年第 9 期；丁晓东《个人信息私法保护的困境与出路》，《法学研究》2018 年第 6 期。

② 参见 Batya Friedman and Helen Nissenbaum, "Bias in Computer Systems," *ACM Transactions on Information Systems*, Vol. 14, 1996, p. 330。

③ 参见郑智航、徐昭曦《大数据时代算法歧视的法律规制与司法审查——以美国法律实践为例》，《比较法研究》2019 年第 4 期；刘友华《算法偏见及其规制路径研究》，《法学杂志》2019 年第 6 期；徐琳《人工智能推算技术中的平等权问题之探讨》，《法学评论》2019 年第 3 期。

④ 在算法导致的歧视中，有的歧视可能人为有意嵌入算法，例如有的搜索引擎和评级标准的调整。参见 Eric Goldman, "Search Engine Bias and the Demise of Search Engine Utopianism," *Yale Journal of Law & Technology*, Vol. 8, 2008, pp. 188-200。有的歧视可能是无意的，例如机器学习中出现的歧视。参见 Nicholas Diakopoulos, "Algorithmic Accountability: Journalistic Investigation of Computational Power Structures," *Digital Journalism*, Vol. 3, 2015, pp. 398-415。

通过合理的个人数据赋权，法律可以防止相关主体对用户的个人数据进行数据处理和用户画像，避免对个体进行歧视性对待。[①]

其次，反算法歧视应当超越身份中立，根据身份与弱势群体之间的关系规制和利用算法中的身份因素。反歧视的最终目的是要实现更为公正合理的社会，而不是在形式上对各类身份平等对待。因此，在算法中进行反歧视，应当深刻理解哪些群体在历史上与社会中遭受不公平对待，然后在相关算法中应用平权行动和差别性影响等方式扶助这些群体。例如就差别性影响来说，应尽可能避免某项算法对某些身份的群体造成更多伤害，当某项算法对某类弱势身份性群体造成显著负面影响时，就应对此类算法进行反歧视审查。[②]就算法平权行动来说，算法的参数设置应考虑对具有某些身份的群体倾斜，保证此类群体有更多的平等机会。[③]

在中国语境下，反算法歧视尤其应当注意这一点。对于反歧视的目标与价值导向，中国和美国等西方国家有区别。在美国，反歧视法律制度主要的目标是针对身份性的歧视与不公，特别是针对黑人的种族歧视。从国情来看，这种制度设计有其合理之处，因为在美国，从建国后到南北内战废除奴隶制，再到布朗案废除种族隔离，种族问题一直是美国社会最大的不平等。如今，虽然距离布朗案已经有半个多世纪，但种族不平等的现状并未得到根本性的改变。在美国的大部分地区，黑人区依然和白人区在事实上隔离，黑人在社会各个方面都处于落后的状态。[④] 但在中国，身份并非导致歧视的直接原因，很多歧视其实是市场的理性区分行为，[⑤] 或者是市场

---

① 用户画像是产生算法歧视的重要途径，参见 Tal Z. Zarsky, "Transparent Predictions," *University of Illinois Law Review*, Vol. 2013, 2013, p. 1503; Mireille Hildebrandt and Bert-Jaap Koops, "The Challenges of Ambient Law and Legal Protection in the Profiling Era," *Modern Law Review*, Vol. 73, 2010, pp. 428-460。

② Solon Barocas and Andrew D. Selbst, "Big Data's Disparate Impact," *California Law Review*, Vol. 104, 2016, p. 671.

③ Anupam Chander, "The Racist Algorithm?" *Michigan Law Review*, Vol. 115, 2017, pp. 1035-1045.

④ Owen M. Fiss, *A Way Out: America's Ghettos and the Legacy of Racism*, Princeton: Princeton University Press, 2003, p. 3.

⑤ 例如当前就业市场中普遍存在的学历要求，用人单位之所以对学历进行要求，很大程度上是为了满足职业择优录取的需求，从而提高企业的效率。

以某些不太合理的个人特征提高企业的竞争力。[①] 在这样的背景下，如果反算法歧视过多关注身份性的歧视与不公，而不注重对弱势阶层的保护，那就只关注了次要矛盾，忽略了主要矛盾。[②] 要使反算法歧视在中国发挥更重要的作用，就应当将反算法歧视与精准扶贫等扶助弱势群体结合起来。在人机交互决策中，应当尽可能将扶助弱势群体的伦理嵌入各类算法决策机制。

结　论

在大数据时代，算法对于人类生活的影响已经越来越明显，面对越来越多的自动化决策或辅助化决策，人工智能法学与未来法治领域的研究者越来越关注算法崛起所带来的挑战，并试图通过算法公开、个人数据赋权、反算法歧视等方式来规制算法。本文指出，现代社会中算法的本质是一种人机交互决策，应当戳穿算法的面纱与价值中立性，对算法进行规制。

在界定算法定义与阐述其可规制性的基础上，本文对几种传统算法规制方式进行了反思。无论是算法公开、个人数据赋权还是反算法歧视，机械地采取任何一种方式可能都面临可行性与可欲性的难题。从深层原理看，机械地适用几种算法规制的方式之所以存在问题，主要是它们没有采取场景化的规制思路，仍然将算法视为孤立不变的对象。但事实上，作为人机交互决策，算法可能因为运用算法主体的不同、算法针对对象的不同以及算法所涉及问题的不同而具有非常不同的性质。[③]因此，算法规制应当采取场景化的规制方式，根据不同场景类型而对算法采取不同的规制方式。

从场景化规制的原理出发，可以对算法规制进行进一步的制度建构。对于算法公开，算法公开制度应当是有意义和有特定指向的决策体系的公

[①] 例如很多服务型行业对身高、长相的歧视，在很大程度上是因为员工的相貌形象虽然与某项具体工作没有直接相关的关系，但可通过这种手段取悦和招揽顾客，或者提高企业形象。这种形式是否合理，仍然值得探讨。

[②] 没有此类平等伦理的介入，算法可能加剧社会的不平等。参见於兴中《算法社会与人的秉性》，《中国法律评论》2018 年第 2 期。

[③] 以"过程—结果"对人工智能进行双重规制，参见马长山《人工智能的社会风险及其法律规制》，《法律科学》2018 年第 6 期。

开，而非一般性的算法架构或源代码的公开与解释；算法公开应对公权力使用的算法与市场主体的算法施加不同责任；算法应当根据不同情况而决定完全公开、小范围公开或不公开。对于个人数据赋权，个人数据赋权的程度应当根据是否有利于个人或公共利益而进行不同程度保护；个人数据赋权应当注重数据的动态化与伦理化规制，而非数据的形式主义规制。对于反算法歧视，应当警惕算法中的歧视与偏见，但应当超越身份中立，根据具体场景在相关算法中合理地运用身份性因素；在中国，反算法歧视更应注重弱势群体保护，注重身份因素与弱势群体保护之间的关联。

总而言之，算法作为一种新型的人机交互决策，常常被不同的主体运用、内嵌于不同的场景和处理不同的问题。对于人工智能与未来法治研究而言，应当准确把握算法规制的场景化特征与原理，根据不同场景与情形对算法进行规制，以实现可信赖与负责任的算法决策。①无论是算法公开、个人数据赋权还是反算法歧视，算法规制的具体制度建构都必须以此为指引，超越形式主义的法律规制。唯此，算法才能避免成为异化的决策体系，②算法才有可能真正造福社会。

On the Legal Regulation of Algorithms

(Ding Xiaodong)

Abstract: The rise of algorithms poses challenges to their legal regulation as they may challenge people's right to know and to have individual privacy and freedom and equal protection. As algorithmic decision-making mechanisms involving human-computer interaction, algorithms are not value-neutral and can be

---

① Joshua A. Kroll, Joanna Huey, Solon Barocas, Edward W. Felten, Joel R. Reidenberg, David G. Robinson and Harlan Yu, "Accountable Algorithms," *University of Pennsylvania Law Review*, Vol. 165, 2017, pp. 695-705.

② 参见季卫东《人工智能时代的司法权之变》，《东方法学》2018 年第 1 期；张欣《算法解释权与算法治理路径研究》，《中外法学》2019 年第 6 期；刘宪权、张俊英《人工智能时代机器人异化与刑事责任》，《法治研究》2019 年第 4 期；周辉《算法权力及其规制》，《法制与社会发展》2019 年第 6 期；张凌寒《算法权力的兴起、异化及法律规制》，《法商研究》2019 年第 4 期；洪丹娜《算法歧视的宪法价值调适：基于人的尊严》，《政治与法律》2020 年第 8 期。

regulated. Algorithm disclosure, personal data empowerment, and anti-algorithmic discrimination are traditional methods of regulating algorithms, but the mechanical application of these methods encounters difficulties with feasibility and desirability. Algorithm disclosure faces problems such as technical non-feasibility, meaningless disclosure, user calculations and infringement of intellectual property rights; personal data empowerment faces the problems of individuals being unable to exercise data right sand of excessive personal data empowerment which impedes the effective operation of big data and algorithms; and anti-algorithmic discrimination faces the problems of non-machine algorithmic discrimination, the fact that one's status cannot be completely neutral, the difficulty in achieving social equality, etc. The fundamental reason for the dilemma of traditional pathways for the regulation of algorithms lies in ignoring their context. Depending on their subjects, objects, and the different problems they involve, algorithms' properties may vary. Therefore, algorithm regulation should adopt a scenario-based regulatory path and should employ varying regulatory methods depending on the type of scenario, with the aim of achieving responsible algorithms. The principle of scenario-based algorithm regulation can guide construction of specific regulatory systems such as algorithm disclosure, data empowerment and anti-algorithmic discrimination.

Keywords: Artificial Intelligence(AI) ; Algorithm; Algorithm Disclosure; Data Rights; Algorithm Discrimination; Scenarios-Based Regulation

习　超

　　中山大学法学院 2000 届本科毕业生，伦敦大学法学硕士、法学博士。现任香港中文大学法律学院教授、博士生导师、校长杰出学人，兼任香港中文大学法律学院副院长（负责科研）、法学研究生部主任等。兼任香港特区律政司大湾区专责小组委员、香港特区税务上诉委员会委员、香港特区政府"公共政策研究资助计划及策略性公共政策研究资助计划"专家评审委员会委员等。

Related Party Transactions and the Majority-of-the-Minority Rule: Data-Driven Evidence from China and Implications for Europe

Xi Chao [*]

1. Introduction

In many countries around the world it is common for companies to enter into self-dealing transactions with so-called " related parties ", which can either be management, directors or controlling shareholders. [①]These transactions are known as related party transactions(RPTs) , or as corporate self-dealing. While RPTs could enhance shareholder value, they have also been criticized as a potential tool for value diversion and rent extraction by corporate insiders and controllers. One of the most contentious topics in the regulation of RPTs is the majority-of-the-minority

*   Xi Chao, Professor of Law and Associate Dean(Research) , Faculty of Law, The Chinese University of Hong Kong. The author is grateful for Anne Lafarre, James Park, Christoph Van der Elst for their helpful comments and discussions. The author would also like to thank Ning Cao for her outstanding data support work, and Lai Yee Choy, Yige Fan, Yurong Huang, and Runqiao Zou for their excellent research assistance. The usual disclaimer applies. This research has been supported by a General Research Fund grant (CUHK-14605218) from the Research Grants Council of the Hong Kong SAR. The article was originally published as Chao Xi, "Related Party Transactions and the Majority-of-the-Minority Rule: Data-Driven Evidence from China and Implications for Europe", (2023) *Journal of Business Law* 309.
①   For a comprehensive treatment of RPTs and the national approaches to regulating them, see e. g. Luca Enriques and Tobias H. Tröger (eds) , *The Law and Finance of Related Party Transactions* (Cambridge: Cambridge University Press, 2019) .

(MOM) vote. The MOM is a well-established rule in many jurisdictions, [1] and it purports to provide non-controlling and minority shareholders with protection against expropriation by corporate controllers and insiders. The MOM is by its nature a shareholder decision rights strategy, using the taxonomy developed by a seminal work on comparative corporate law. [2] It in effect vests decision-making authority over the transaction tainted with conflicts in non-conflicted shareholders, and subjects it to approval by a majority of the disinterested votes cast. Interested controllers and insiders are effectively denied a vote in the matter. Hence, the MOM has also been described as a "property rule", as it prevents any conflicted transaction from proceeding without the minority shareholders' consent. [3] In essence, the MOM confers veto rights upon the minority.

Use of the MOM has gained traction internationally in the past decade. At the transnational level, the MOM is strongly favoured by the Organisation for Economic Cooperation and Development (OECD), which praised it in its influential report on RPTs published in 2012. [4] The European Commission's ambitious proposal in 2014 sought, albeit unsuccessfully, to extend the United Kingdom (UK) model of the MOM to all European Union (EU) member states. [5] Nationally, the MOM has in

① For an earlier survey of the MOM's global footprint, see Simeon Djankov, Rafael La Porta, Florencio Lopez-de-Silanes and Andrei Shleifer, "The Law and Economics of Self-dealing", (2008) 88 *Journal of Financial Economics* 430.

② Luca Enriques, Gerard Hertig, Hideki Kanda and Mariana Pargendler, "Related-Party Transactions", in Reinier Kraakman, John Armour, Paul Davies, Luca Enriques, Henry Hansmann, Gerard Hertig, Klaus Hopt, Hideki Kanda, Mariana Pargendler, Wolf-Georg Ringe and Edward Rock, *The Anatomy of Corporate Law: A Comparative and Functional Approach*, 3rd edn (Oxford: Oxford University Press, 2017), p. 145, at pp. 156–158.

③ Zohar Goshen, "The Efficiency of Controlling Corporate Self-Dealing: Theory Meets Reality", (2003) 91 *California Law Review* 393.

④ OECD, *Related Party Transactions and Minority Shareholder Rights* (2012).

⑤ European Commission, Proposal for a Directive of the European Parliament and of the Council Amending Directive 2007/36/EC as regards the Encouragement of Long-term Shareholder Engagement and Directive 2013/34/EU as regards Certain Elements of the Corporate Governance Statement (2014).

recent years been adopted in varied forms in, for instance, Italy(2010), [1] Israel (2011), [2] and India(2013) [3]. Recent empirical studies of these national MOM law reforms present compelling evidence that the MOM can be an effective governance tool for mitigating controller expropriation. [4] In the United States(US), where the MOM is voluntary, [5] recent judiciary decisions in Delaware have incentivized greater use of the MOM scheme, in tandem with a special committee approval, by controllers in going-private mergers, thereby largely relieving the court from the burden of an entire fairness review. This increased reliance on a disinterested shareholder vote in policing conflicted transactions has led some to assert"the death of corporate law"in the US. [6]

In sharp contrast to this international movement is the hostility towards the MOM shown by some EU member states. The MOM provision in the European Commission's initial proposal was dismissed as"too burdensome", "ineffective", and "particularly onerous", even"counterproductive"and reflecting"an ideological and operational bias". [7] It was"immediately not acceptable for most of the European countries", for its"incompability with both their own company law traditions and,

---

①　Marcello Bianchi, Angela Ciavarella, Luca Enriques, Valerio Novembre and Rossella Signoretti, "Regulation and Self-regulation of Related Party Transactions in Italy: An Empirical Analysis", ECGI Finance Working Paper N° 415/2014(March 2014).

②　Jesse M. Fried, Ehud Kamar and Yishay Yafeh, "The Effect of Minority Veto Rights on Controller Pay Tunneling", (2020) 138 *Journal of Financial Economics* 777.

③　Nan Li, "Do Majority-of-Minority Shareholder Voting Rights Reduce Expropriation? Evidence from Related Party Transactions", (2021) 59 *Journal of Accounting Research* 1385.

④　See e. g. Fried et al., "The Effect of Minority Veto Rights on Controller Pay Tunneling", (2020) 138 *Journal of Financial Economics* 777; Li, "Do Majority-of-Minority Shareholder Voting Rights Reduce Expropriation? Evidence from Related Party Transactions", (2021) 59 *Journal of Accounting Research* 1385.

⑤　See e. g. Leo E. Strine Jr., "The Delaware Way: How We Do Corporate Law and Some of the New Challenges We(and Europe) Face", (2005) 30 *Delaware Journal of Corporate Law* 673.

⑥　Zohar Goshen and Sharon Hannes, "The Death of Corporate Law", (2019) 94 *New York University Law Review* 263.

⑦　Marcello Bianchi and Mateja Milič, "Chapter 12: Article 9C: Transparency and Approval of Related Party Transactions", in Hanne S. Birkmose and Konstantinos Sergakis(eds), *The Shareholder Rights Directive II: A Commentary*(Northampton: Edward Elgar Publishing, 2021), p. 286, at pp. 303-304.

more substantially, with the predominant listed companies' ownership structure in such countries". [1] The compromise EU Shareholder Rights Directive II provision on RPT eventually passed was "modest" and "lenient", leaving member states free to choose between the MOM and board approval of material RPTs. [2] A recent empirical study shows that only those states which previously required shareholder approval have adopted the MOM, and that the remainder have rejected it. [3]

Surprisingly missing in the current comparative discourse is the case of China, an economy characterised by a high degree of concentrated ownership and a prevalence of business groups that are broadly on par with many of its continental European counterparts. China has adopted the MOM for over two decades (since 2000), and its experience promises to offer important comparative insights. The intriguing absence of China from the ongoing comparative debate is mainly due to the paucity of available data. To bridge this critical gap, we have successfully deployed state-of-the-art data mining techniques, identifying all (over 30, 000) resolutions on material RPTs entered into by A-share companies listed on the mainboards of China's official Shanghai and Shenzhen Stock Exchanges[4] with their controllers during the period of 2015 – 2019. We have also extracted data on the MOM votes cast by disinterested shareholders on these controller RPT resolutions. The proprietary dataset ensuing from our multiple-year endeavours is the first of its kind, and it offers fresh empirical insights that inform the current

---

① Bianchi and Mili è, " Chapter 12: Article 9C: Transparency and Approval of Related Party Transactions", in Hanne S. Birkmose and Konstantinos Sergakis (eds), *The Shareholder Rights Directive II: A Commentary*(Northampton: Edward Elgar Publishing, 2021), at p. 302.

② Klaus J. Hopt, "Groups of Companies: A Comparative Study of the Economics, Law, and Regulation of Corporate Groups", in Jeffrey N. Gordon and Wolf-Georg Ringe (eds), *The Oxford Handbook of Corporate Law and Governance*(Oxford: Oxford University Press, 2018), p. 603, at p. 622.

③ Paul L. Davies, Susan Emmenegger, Guido Ferrarini, Klaus J. Hopt, Adam Opalski, Alain Pietrancosta, Andrés Recalde, Markus Roth, Michael Schouten, Rolf Skog, Martin Winner and Eddy Wymeersch, "Implementation of the SRD II Provisions on Related Party Transactions", ECGI Law Working Paper N° 543/2020(September 2020).

④ Our sample(collected between 2015 and 2019) does not capture the firms listed on the junior Beijing Stock Exchange, which was officially launched in November 2021.

comparative discourse.

Our contributions are mainly twofold. First, we present the first data-driven evidence of how the Chinese MOM regime(which seems to have been inspired by the UK model) has exerted a profound influence in both frequency and magnitude on the world's second-largest securities markets. We demonstrate, among other things, that controller RPT resolutions are more prevalent in the Chinese listed sector than in its European counterparts, and that dissension by Chinese disinterested shareholders is at a lower level than that witnessed in Europe (including the UK) . More significantly, we empirically show that, somewhat counterintuitively, some powerful constituents in the Chinese listed sector-firms that are state-owned, that are group-affiliated, that have higher degrees of concentrated ownership, and that are larger in size-are more likely to be"caught"and"bitten"by Chinese MOM rules. Our second contribution is more theory-motivated. We demonstrate that received wisdom on the MOM, most notably in comparative corporate law and law and economics discourses, albeit offering powerful analytical tools, is unable to capture the full nuances of the case of China. We exploit a path dependence approach, highlighting the roles of the initial condition, as well as the rent-seeking and efficiency considerations, that help to explain the persistence of the Chinese MOM regime. It has been argued that the opposition by some EU member states to the adoption of the MOM is misplaced. [1] If so, our analysis of the case of China brings a fresh perspective to the debate, and perhaps strengthens the case for a reconsideration in the capitals of Europe of the arguments for and against the MOM.

The remainder of the article is structured as follows. The second section sets out to contextualise the Chinese RPTs. It examines how the RPT is conceputalised under Chinese law. It further places the Chinese legislative approach to RPTs in

---

[1] This position is persuasively articulated by e. g. Tobias H. Tröger, "Germany's Reluctance to Regulate Related Party Transactions: An Industrial Organization Perspective", in Luca Enriques and Tobias H. Tröger(eds), *The Law and Finance of Related Party Transactions* (Cambridge: Cambridge University Press, 2019) , p. 426.

perspective, by briefly reviewing the mixed financial economics and accounting literature on Chinese RPTs. The third section approaches Chinese RPT laws from a comparative perspective. It evaluates China's wide spectrum of legal strategies on regulating RPTs, with a focus on the Chinese MOM rules. The fourth section provides a detailed account of our empirical findings on the identified controller RPT resolutions and the disinterested votes cast on them. It also highlights the relatively small cohort of controller RPT resolutions that were vetoed by Chinese disinterested shareholders. The fifth section challenges conventional wisdom on the MOM, especially in comparative corporate law and law and economics discourses. Instead, it advocates a path dependence view that possesses unique explanatory power to understand the persistence of the MOM in China. The last section offers some concluding remarks. It speculates on the implications of the case of China for the EU's ongoing debate on whether the MOM has a role in curbing rent extraction by controllers.

2. Related party transactions in the Chinese context

2.1 *The concept of RPT under Chinese law*

The concept of RPT has a clear statutory footing in China's primary national company legislation, the PRC Company Law. ① Article 216(4) of the Company Law attempts to define the notion of "relatedness". It is the relationship between a party and the company that can lead to a diversion of the company's interests to that party. ② By way of illustration, Article 216(4) further specifies a list of relationships wherein relatedness is assumed to exist. These are the relationships between the company and its controlling shareholder, de facto controller, directors, supervisors,

---

① The current PRC Company Law was promulgated in 2005 and came into effect in 2006. It was amended in 2013 and 2018. The PRC Company Law referred to in this research is the most recent version of the PRC Company Law, as amended in 2018. On a more general note, the PRC laws, regulations and rules referred to in the remainder of this article are their most recent versions, unless otherwise specified.

② PRC Company Law, Art 216(4).

and senior executives that control it, either directly or indirectly. ① It should be noted that the statutory definition was intended by Chinese legislators to be broad, and is certainly not limited to the related parties specified in this article. Indeed, the official annotations of the Company Law spell out a wide array of circumstances where relatedness is also deemed to exist. These include the relationship that exists between the companies that come under control of the same controller, and between the companies that are joint venture of the same third party. Further examples could be given. ②

Although useful, the general company law definition fails to make sufficiently clear who might be deemed as a party related to a listed company. Chinese securities regulatory authorities have developed a body of doctrines and rules-some of which have stemmed from their enforcement actions-to adapt the abstract statutory definition to the context of the listed sector. ③ It is beyond the scope of this study to consider these definitions in detail. Suffice it to say that the Chinese approach has broadly converged towards the International Accounting Standard, particularly its 24 Related Party Disclosures(IAS 24) . ④ Specifically, both the rules enacted by the China Securities Regulatory Commission(CSRC) ⑤ and the Listing Rules made by the Stock Exchanges⑥ define the RPT to mean a transfer of resources or obligations between a listed company(or any of its controlled entities) and its related party. This resembles the IAS 24 definition of RPT. ⑦ The Chinese

---

① PRC Company Law, Art 216(4) .

② Jian An(ed.) , *Annotations of the PRC Company Law*, revised edn(Beijing: China Law Press, 2013) , at p. 336.

③ The Chinese accounting regulatory authority(the PRC Ministry of Finance) and tax authority(the State Administration of Taxation) have also developed their own definitions of relatedness that are applicable to Chinese listed firms.

④ See, generally, "IFRS Standards-Application around the World: Jurisdictional Profile: China".

⑤ Administrative Measures on Information Disclosures by Listed Companies (2021) , Article 62 (4) . Hereinafter, Disclosure Measures.

⑥ Listing Rules of the Shanghai Stock Exchange(2022) , s. 6. 3. 2(hereinafter SHSE Listing Rules) ; Listing Rules of the Shenzhen Stock Exchange(2022) , s. 6. 3. 2(hereinafter SZSE Listing Rules) .

⑦ IAS 24. 9.

regulatory rules and the IAS 24 are also materially similar in their characterizations of the person or entity that is deemed to be a listed company's related party. Both approach the notion of related party in a manner that captures any parties that wield control over, or otherwise significantly influence, the operation of the listed company. ① Both emphasize the substance of the relationship and not merely the legal form in determining a related party. ②

However, Chinese regulatory rules differ from the IAS 24 in one important aspect. A non-controlling blockholder holding 5 percent or more the listed company's shares is categorically deemed as a related party under Chinese law, as are any parties acting in concert. ③ This provision seems to suggest that a 5 percent (or above) stake in the Chinese listed company is regarded by Chinese regulators to be capable of giving its holder significant influence by way of, for instance, representation on the board of directors. ④ This proposition is plausible, since earlier empirical research has shown that cumulative voting is commonplace in the Chinese listed sector, ⑤ and has been effectively mobilized by blockholders to elect their representatives onto the board⑥. Comparatively, however, the 5 percent threshold under Chinese RPT laws is considerably lower than that in the IAS 28 (20 percent) ⑦ and also the U. S. Generally Accepted Accounting Principles (GAAP) (10 percent) ⑧.

2.2 *RPTs in China: Tunneling or propping?*

There has been a long and heated debate on whether RPTs are value

---

① Disclosure Measures, Article 62(4); IAS 24.9.
② Disclosure Measures, Article 62(4); IAS 24.10.
③ Disclosure Measures, Article 62(4).
④ IAS 28.6(a).
⑤ Chao Xi and Yugang Chen, "Does Cumulative Voting Matter? The Case of China: An Empirical Assessment", (2014) 15 *European Business Organization Law Review* 585.
⑥ Yinghui Chen and Julan Du, "Does Regulatory Reform of Cumulative Voting Promote a More Balanced Power Distribution in the Boardroom?" (2020) 64 *Journal of Corporate Finance* 101655.
⑦ IAS 28.3.
⑧ GAAP, ASC-850-10-20.

destructive or value enhancing. [1] One view is that RPTs are, at best, "a straightforward technique for value diversion"[2] and, at worst, a blatant form of tunneling. [3] By transacting with their controlled firms, the controlling shareholders "can use their power to divert corporate wealth to themselves, rather than sharing it with the other investors. "[4] In this view, RPTs lend "the appearance of a legitimate business transaction"[5] to the controllers' tunneling. An alternative view holds that under certain conditions the controllers can "use their private funds to benefit minority shareholders", that is, to prop up their controlled firm. [6] More recent empirical literature further cautions that "not all RPTs are the same", [7] and that their shareholder wealth effect is sensitive to transaction-level characteristics. [8]

Views of Chinese RPTs have also been mixed. Some previous studies have frankly treated RPTs as a direct proxy for tunneling, so that the value of RPTs simply proxies for the degree of expropriation of non-controlling shareholders. [9] Other studies, however, have presented evidence that controllers of Chinese listed

---

[1] Elizabeth A. Gordon, Elaine Henry and Darius Palia, "Related Party Transactions and Corporate Governance", (2004) 9 *Advances in Financial Economics* 1.

[2] Enriques et al., "Related-Party Transaction", in Reinier Kraakman et al., *The Anatomy of Corporate Law: A Comparative and Functional Approach*, 3rd edn (Oxford: Oxford University Press, 2017), at p. 145.

[3] On tunneling, see e. g. Simon Johnson, Rafael La Porta, Florencio Lopez-de-Silanes and Andrei Shleifer, "Tunneling", (2000) 90 *American Economic Review* 22.

[4] Djankov et al., "The Law and Economics of Self-dealing", (2008) 88 *Journal of Financial Economics* 430, at p. 430.

[5] Luca Enriques and Tobias H. Tröger, "The Law and (Some) Finance of Related Party Transactions" in Luca Enriques and Tobias H. Tröger (eds), *The Law and Finance of Related Party Transactions* (Cambridge: Cambridge University Press, 2019), p. 1, at p. 3.

[6] Eric Friedman, Simon Johnson and Todd Mitton, "Propping and Tunneling", (2003) 31 *Journal of Comparative Economics* 732, at p. 732.

[7] Michael Ryngaert and Shawn Thomas, "Not All Related Party Transactions (RPTs) Are the Same: Ex Ante Versus Ex Post RPTs", (2012) 50 *Journal of Accounting Research* 845.

[8] See e. g. Mark Kohlbeck and Brian W. Mayhew, "Are Related Party Transactions Red Flags?" (2017) 34 *Contemporary Accounting Research* 900.

[9] See e. g. Henk Berkman, Rebel A. Cole and Lawrence J. Fu, "Political Connections and Minority-Shareholder Protection: Evidence from Securities-Market Regulation in China", (2010) 45 *Journal of Financial and Quantitative Analysis* 1391.

companies engage in propping through RPTs(particularly related sales) , in order to meet the Chinese securities regulators' earning targets. [1] It has also been argued that the impact of Chinese RPTs on shareholder value can vary substantially. Chinese public investors can both be harmed by and gain from RPTs. Whether a Chinese RPT tunnels or props up is sensitive to an array of firm-level attributes, such as the form of ownership, firm size, presence of foreign shareholders, operating performance, financial performance, the quality of information disclosure, and group structure. [2]

Chinese legislators seem to have subscribed to the view that RPTs can both enhance and destroy value. This is evidenced, in part, by the careful wording of Article 21 of the PRC Company Law, which prohibits related parties from exploiting RPTs to the detriment of the company's interests. In other words, as in other jurisdictions, [3] Chinese law does not pursue "the most draconian way"[4] of categorically prohibiting RPTs. In their official annotations of the Company Law, Chinese legislators have observed that RTPs can benefit companies by serving their rational economic needs, but have also been keenly aware of the risk that RPTs can be abused by the controller to exploit non-controlling shareholders. [5] They also noted the Chinese corporate fiascos where abusive RPTs wreaked havoc on listed firms, and they acknowledged the ensuing calls for them to take aggressive

---

[1] See e. g. Ming Jian and T. J. Wong, "Propping through Related Party Transactions", (2010) 15 *Review of Accounting Studies* 70.

[2] See e. g. Winnie Qian Peng, K. C. John Wei and Zhishu Yang, "Tunneling Or Propping: Evidence from Connected Transactions in China", (2011) 17 *Journal of Corporate Finance* 306; Nan Jia, Jing Shi and Yongxiang Wang, "Coinsurance Within Business Groups: Evidence from Related Party Transactions in an Emerging Market", (2013) 59 *Management Science* 2295.

[3] Enriques et al., "Related-Party Transaction", in Reinier Kraakman et al., *The Anatomy of Corporate Law: A Comparative and Functional Approach*, 3rd edn(Oxford: Oxford University Press, 2017), at pp. 146–147.

[4] Luca Enriques, "Related Party Transactions: Policy Options and Real-World Challenges (with a Critique of the European Commission Proposal) ", (2015) 16 *European Business Organization Law Review* 1, at p. 13.

[5] Jian An(ed.), *Annotations of the PRC Company Law*, revised edn(Beijing: China Law Press, 2013), at p. 49.

legislative steps to rein in abusive RPTs. ① In response, Chinese legislators have refrained from waging an"all-out"war against RPTs, pointing to their"intricacy"and the inconclusive evidence on their shareholder wealth effect. ② Rather, they have set their sights on one particular type of RPTs, i. e. guarantee RPTs, which feature company guarantees in favour of its controller and his associates. This type of RPT is described in greater detail in the following section.

3. Legal strategies for related party transactions under Chinese law: A comparative perspective

3. 1 *Ex Ante approval by disinterested shareholders*

A well-developed body of Chinese MOM rules has evolved since the early 2000s, requiring the ex ante approval of conflicted transactions by disinterested shareholders. Like its UK model, ③ the Chinese MOM regime is grounded as much in Chinese general company law as in the regulatory rules applicable to Chinese listed companies.

3. 1. 1   MOM rules under general company law

The general company law in the PRC requires RPTs to be approved ex ante by disinterested shareholders in relation to one specific type of RPT, viz. guarantee RPTs. Article 16(2) of the PRC Company Law stipulates that a guarantee RPT in favour of a company's shareholders or de facto controller must be approved by the shareholders' meeting. Article 16(3) prohibits interested shareholders from voting on conflicted guarantee PRTs. It also requires approval by more than half of the votes held by disinterested shareholders present at the meeting for the guarantee RPT to

---

① Jian An(ed.) , *Annotations of the PRC Company Law*, revised edn(Beijing: China Law Press, 2013) , at pp. 49-50.

② Jian An, *Annotations of the PRC Company Law*, revised edn(Beijing: China Law Press, 2013) , at p. 50.

③ See, generally, Paul Davies, "Related Party Transactions: UK Model", in Luca Enriques and Tobias H. Tröger(eds) , *The Law and Finance of Related Party Transactions* (Cambridge: Cambridge University Press, 2019) , p. 361.

pass. A guarantee RPT entered into in contravention of Articles 16(2) and 16(3) can be challenged by the company's shareholders in a civil lawsuit brought under Article 22 of the PRC Company Law. [1] Notably, these MOM provisions apply generally to both public and closely held companies, and make no reference to the size of the guarantee RPT. No matter how small they are, all guarantee RPTs must be approved by a majority of the non-conflicted votes cast at the meeting. Stringent as these MOM statutory provisions might seem, they do not ban guarantee RPTs outright, as some jurisdictions have done. [2]

As has been previously mentioned, the MOM rules under Chinese general company law focus specifically on guarantee RPTs, to the exclusion of all other types of PRTs. It should be remembered that these rules were enacted in 2005, in the aftermath of a string of Enron-like corporate fiascos that rocked the Chinese listed sector around the turn of the century. At that time, guarantee RPTs were perceived"an unambiguous and direct method of tunneling"[3] which had played a large part in those corporate scandals. Hence, Chinese legislators regard Articles 16 (2) and 16(3) as critical in"safeguarding the fairness and integrity"of the process of shareholder decision-making, as they help to curb rent extraction by controllers at the cost of the company and minority shareholders. [4]

3.1.2 MOM rules applicable to listed companies

The characteristically limited scope of MOM rules under general company law has been significantly expanded by Chinese securities regulatory bodies to apply to almost all types of RPTs in listed companies, subject notably to quantitative

---

[1] Jian An(ed.), *Annotations of the PRC Company Law*, revised edn(Beijing: China Law Press, 2013), at p. 40.

[2] Geneviève Helleringer, "Related Party Transactions in France", in Luca Enriques and Tobias H. Tröger(eds), *The Law and Finance of Related Party Transactions* (Cambridge: Cambridge University Press, 2019), p. 400.

[3] Henk Berkman, Rebel A. Cole and Lawrence J. Fu, "Expropriation through Loan Guarantees to Related Parties: Evidence from China", (2009) 33 *Journal of Banking and Finance* 141, at p. 142.

[4] Jian An(ed.), *Annotations of the PRC Company Law*, revised edn(Beijing: China Law Press, 2013), at p. 40.

materiality tests.

CSRC-enacted procedural rules exclude interested shareholders from the vote on conflicted RPTs. More specifically, the rules require interested shareholders of listed companies to recuse themselves from voting on conflicted transactions at the shareholders' meeting. [①] In any event, the shares they hold do not count toward the total votes present and entitled to be cast on the conflicted RPT. [②] The rules further envisage a circumstance where the company holds its own shares. In this event, those shares are not entitled to vote at all, [③] and certainly cannot be cast in favour of the interested shareholder on a conflicted RPT. These legally binding MOM rules have also been embedded in the CSRC-enacted Model Articles of Association, [④] a framework that has generally been followed by Chinese listed companies. The Exchanges have further developed additional MOM rules. They prohibit, for instance, interested shareholders from voting by proxy on behalf of other disinterested shareholders. [⑤] There is a seeming loophole in Chinese MOM rules that affiliates and associates of a related party are not explicitly prevented from voting on the conflicted RPT. [⑥] This issue has apparently been addressed by the Chinese definition of related party, which encompasses not only the related party but also any parties acting in concert with it. [⑦] Taken together, Chinese MOM rules effectively serve to deny interested shareholders a vote in conflicted RPTs, "vesting decision-making authority over those transactions in those who were not burdened

---

① Rules on the Shareholder Meetings of Listed Companies (2022), Article 31 (1). Hereinafter, Shareholder Meeting Rules.

② Shareholder Meeting Rules, Article 31(1).

③ Shareholder Meeting Rules, Article 31(3).

④ Guidance on the Articles of Association of Listed Companies (2019), Article 79. Hereinafter, the Model Articles of Association.

⑤ Shanghai Stock Exchange Guidelines on RPTs with Listed Companies (2011), Article 11. Hereinafter, SHSE RPT Guidelines.

⑥ This risk was highlighted in the context of the European Commission proposal, see Enriques, "Related Party Transactions: Policy Options and Real-World Challenges (with a Critique of the European Commission Proposal)", (2015) 16 *European Business Organization Law Review* 1, at p. 30.

⑦ Disclosure Measures, Article 62(4).

with a conflict. "[1]

Importantly, the Chinese requirement for ex ante approval by disinterested shareholders applies only in the case"material"RPTs. This, as we might expect, is because requiring non-material RPTs to be approved by shareholders would be "excessively cumbersome". [2] The Chinese materiality tests are specified in the Listing Rules of the Shanghai and Shenzhen Stock Exchanges. Their approach is characteristically hybrid, [3] combining two types of quantitative thresholds. The first is a relative, ratio-based threshold, viz. 5 percent of the listed company's last audited net asset value(NAV). The second is an absolute, value-based threshold, viz. RMB30 million(approximately USD4. 6 million). [4] An RPT is deemed material if its transaction amount, broadly defined, meets *both* quantitative thresholds, thereby triggering the requirement for ex ante approval by non-conflicted shareholders. An aggregation of non-material RPTs entered into in the prior twelve-months is also required, in order to measure their materiality. [5] Similar rules are embedded in the UK[6] and EU[7] MOM regimes in order to prevent any opportunistic use of the materiality test.

The combination of the two quantitative thresholds supposedly serves to provide some relief to smaller Chinese listed companies from the full force of the(5 percent) ratio-based threshold. Listed companies with NAVs less than RMB600

---

[1] *In re Cox Communications, Inc. Shareholders Litigation*, Del. Ch., 879 A. 2d 604(2005) (Strine, Vice Chancellor).

[2] Enriques et al., *The Anatomy of Corporate Law: A Comparative and Functional Approach*, 3rd edn (Oxford: Oxford University Press, 2017), at p. 156.

[3] The term is borrowed from the OECD's *Guide on Fighting Abusive Related Party Transactions in Asia* (OECD Corporate Governance Series, September 2009).

[4] SHSE Listing Rules(2022), s. 6. 3. 7; SZSE Listing Rules(2022), s. 6. 3. 7.

[5] SHSE Listing Rules(2022), s. 6. 3. 15; SZSE Listing Rules(2022), s. 6. 3. 20.

[6] See e. g. Davies, "Related Party Transactions: UK Model", in Luca Enriques and Tobias H. Tröger (eds), *The Law and Finance of Related Party Transactions*(Cambridge: Cambridge University Press, 2019), at p. 388.

[7] Bianchi and Milič, " Chapter 12: Article 9C: Transparency and Approval of Related Party Transactions", in Hanne S. Birkmose and Konstantinos Sergakis (eds), *The Shareholder Rights Directive II: A Commentary*(Northampton: Edward Elgar Publishing, 2021), at p. 293.

million(being RMB30 million ÷ 5%) are protected from the regulatory burden of seeking shareholders' approval unless a proposed RPT crosses the RMB30 million mark in value. Firm-level NAV data from the China Stock Market & Accounting Research Database(CSMAR) show that, during the sample period(2015 – 2019), 90. 04 percent in 2015, 90. 5 percent in 2016, 91. 51 percent in 2017, 92. 13 percent in 2018 and 92. 64 percent in 2019 of Chinese A-share mainboard listed firms recorded NAVs over RMB600 million. In other words, what in effect applies to an overwhelming majority(over 90 percent) of Chinese listed companies is solely the 5 percent materiality threshold (and the RMB30 million threshold has no practical relevance for them). This de facto reliance on a singular(viz. NAV) test in the assessment of materiality differs from, say, the UK approach, which makes reference to multiple tests. [①]

What distinguishes the Chinese MOM rules more decisively from their UK and EU counterparts is the way in which RPTs in the ordinary course of business are treated. The UK[②] and EU[③] MOM regimes generally exempt routine and recurring RPTs from ex ante shareholder approval. By contrast, the Chinese MOM regime subjects routine RPTs to the same materiality thresholds as do larger, one-off RPTs. Specifically, recurring RPTs in the ordinary course of business are calculated aggregately to measure their materiality. If the(aggregate) transaction amount of the routine RPTs is not specified(and is therefore not directly measurable), the RPTs

---

① Davies, "Related Party Transactions: UK Model", in Luca Enriques and Tobias H. Tröger(eds) , *The Law and Finance of Related Party Transactions*(Cambridge: Cambridge University Press, 2019), at pp. 387–388. For an EU(and particularly a German) perspective, see e. g. Andreas Engert and Tim Florstedt, "Which Related Party Transactions Should Be Subject to Ex Ante Review? Evidence from Germany", (2020) 20 *Journal of Corporate Law Studies* 263.

② Davies, "Related Party Transactions: UK Model", in Luca Enriques and Tobias H. Tröger(eds) , *The Law and Finance of Related Party Transactions*(Cambridge: Cambridge University Press, 2019), at p. 387.

③ The default rule under the Shareholder Rights Directive II [Article 9c(5)] excludes recurring RPTs from the approval requirement. None of the EU member states has opted out of the default rule. See Davies et al., "Implementation of the SRD II Provisions on Related Party Transactions", ECGI Law Working Paper N° 543/2020(September 2020).

in question must still be approved ex ante by disinterested shareholders. This provision is intended to deter opportunistic transactions. Moreover, any material change to, or renewal of, a previously approved RPT must be re-approved ex ante by con-conflicted shareholders. ① The distinctive Chinese approach can arguably be seen as a response to a perceived "loophole"② in the UK's exemption of routine RPTs, that this exemption is "not well designed to pick up smaller transfers [of value to related parties] which may be repeated with some frequency". ③

Last but not least, it is worth reiterating that a major exception to the materiality criterion exists, and it relates to guarantee RPTs. As noted above, all guarantee RPTs, regardless of their size, require to be approved ex ante by shareholders.

3.2   *Other Legal Strategies for Regulating RPTs*④

3.2.1   Disclosure

Mandatory disclosure of RPTs is an affiliation strategy that serves important informational and facilitative functions. ⑤ The Chinese mandatory PRT disclosure rules under the Listing Rules include quantitative disclosure thresholds. These thresholds vary, depending on the identity of the related party entering into transaction with the listed company, viz. whether it is a person or entity. RPTs with related persons must be disclosed if they cross a relatively low value-based

---

① SHSE Listing Rules(2022) , s. 6. 3. 17; SZSE Listing Rules(2022) , s. 6. 3. 19.

② Davies, "Related Party Transactions: UK Model", in Luca Enriques and Tobias H. Tröger(eds) , *The Law and Finance of Related Party Transactions* (Cambridge: Cambridge University Press, 2019) , p. 387.

③ Davies, "Related Party Transactions: UK Model", in Luca Enriques and Tobias H. Tröger(eds) , *The Law and Finance of Related Party Transactions* (Cambridge: Cambridge University Press, 2019) , p. 389.

④ The analytical framework in this sub-section draws upon the earlier seminal work of Enriques, "Related Party Transactions: Policy Options and Real-World Challenges (with a Critique of the European Commission Proposal) ", (2015) 16 *European Business Organization Law Review* 1.

⑤ Enriques et al., *The Anatomy of Corporate Law: A Comparative and Functional Approach*, 3rd edn (Oxford: Oxford University Press, 2017) , at p. 147.

threshold of RMB300, 000 (approximately USD46, 000) . [1] Higher quantitative thresholds apply to the RPTs with related entities. In this case, the disclosure requirement is triggered if the transaction amount, broadly defined, exceeds RMB3 million (approximately USD460, 000) *and* 0. 5 percent of the listed company's NAV. [2] As mentioned above, for the overwhelming majority (over 90 percent) of Chinese listed companies, the threshold is in effect ratio based (0. 5 percent) . The Chinese ratio stands midway between the path-dependent, "apparently low level" of the UK ratio (0. 25 percent) [3] and the proposed 1 percent ratio under the European Commission proposal[4].

The Listing Rules require that these mandatory disclosures be made "in a timely manner". [5] This is generally understood to be within two trading days after the disclosure requirement is triggered. For material RPTs, disclosure is "a step in the process leading to MOM approval" and should therefore be "well in advance of the shareholder meeting where MOM approval is scheduled. "[6] For non-material RPTs, however, the disclosure is an independent transparency requirement, and the Listing Rules are silent as to whether it should be made ex ante or ex post. Our selective survey of Chinese firm-level disclosure practices shows that some disclosures are made ex ante (before an immaterial RPT is concluded) and others ex post. [7]

---

[1] SHSE Listing Rules(2022) , s. 6. 3. 6; SZSE Listing Rules(2022) , s. 6. 3. 6.

[2] SHSE Listing Rules(2022) , s. 6. 3. 6; SZSE Listing Rules(2022) , s. 6. 3. 6.

[3] Davies et al., "Implementation of the SRD II Provisions on Related Party Transactions", ECGI Law Working Paper N° 543/2020(September 2020) , at p. 6.

[4] Bianchi and Mili č, "Chapter 12: Article 9C: Transparency and Approval of Related Party Transactions", in Hanne S. Birkmose and Konstantinos Sergakis (eds), *The Shareholder Rights Directive II: A Commentary*(Northampton: Edward Elgar Publishing, 2021) , at p. 293.

[5] SHSE Listing Rules(2022) , s. 6. 3. 6; SZSE Listing Rules(2022) , s. 6. 3. 6.

[6] Enriques, "Related Party Transactions: Policy Options and Real-World Challenges(with a Critique of the European Commission Proposal) ", (2015) 16 *European Business Organization Law Review* 1, at p. 22.

[7] The source of sample Chinese disclosures is CNInfo(http: // www. cninfo. com. cn/) . The selective survey uses standard sampling techniques.

3. 2. 2 Disinterested directors' approval and independent directors' consent

A(disinterested) board review of RPTs is a trusteeship strategy to rein in abusive RPTs. [1] For material RPTs, it is normally a procedural step towards ex ante approval by disinterested shareholders, and is therefore mandatory under Chinese law. [2] By contrast, board approval is not required for non-material RPTs. However, shareholders of listed companies can opt in their companies' articles of association to require non-material RPTs to be approved by disinterested directors and, if they so wish, to specify the quantitative thresholds which trigger this requirement. [3] Our selective survey reveals that firm-level variations exist in respect of the quantitative thresholds, and that some firms have gone as far as subjecting all RPTs, regardless of their size, to board approval. [4]

In the event that a RPT is subjected to board approval(required either by law or by the articles of association), Article 124 of the PRC Company Law specifically requires the interested directors to abstain from voting on the conflicted transaction. [5] Approval by a simple majority of the disinterested directors present at the board meeting is required for the RPT to pass. [6] This resembles the approach taken by some EU member states. [7] However, the Chinese rules do not exclude interested directors from participation in the board's decision making process altogether, as do many European member states. [8] Also of interest is a special

---

[1] Enriques et al., *The Anatomy of Corporate Law: A Comparative and Functional Approach*, 3rd edn (Oxford: Oxford University Press, 2017), at p. 153.

[2] It is possible for a shareholder possessing 3 percent or more of the company's shares to initiate a shareholder proposal for an RPT under Article 102(2) of the PRC Company Law, thereby bypassing board approval.

[3] Model Articles of Association, Article 110.

[4] The source of sample articles of association is CNInfo(http://www. cninfo. com. cn/).

[5] Nor, under Article 124, are they permitted to vote as a proxy on behalf of other non-conflicted directors.

[6] PRC Company Law, Article 124.

[7] Davies et al., "Implementation of the SRD II Provisions on Related Party Transactions", ECGI Law Working Paper N° 543/2020(September 2020), at p. 31.

[8] Davies et al., "Implementation of the SRD II Provisions on Related Party Transactions", ECGI Law Working Paper N° 543/2020(September 2020), at p. 31.

quorum rule enacted under Chinese law. If the disinterested directors present at the meeting number less than three, the RPT is removed from the purview of the board and referred to the shareholders' meeting for ex ante approval (by conflicted shareholders). [1] The rule is intended by Chinese legislators to ensure adequate presence of (and scrutiny by) disinterested directors, preventing board decision making from being "manipulated by a small fraction". [2]

Exchange-enacted rules have moved Chinese law further closer to the most "prophylactic" end of the comparative spectrum, viz. granting a veto power to independent directors. [3] These rules in effect require a material RPT to be reviewed by independent directors and obtain their consent before it is considered for approval by the disinterested directors. [4] It is not necessary for the consent of the independent directors to be unanimous: a simple majority is sufficient. [5] Hence, the practical effect of these rules is at least as stringent, for example, as the requirement under Italian law for advice from a board committee of independent directors. [6] Parallel to independent directors' consent is a separate process of ex ante review by the board's audit committee(or its specially constituted RPT control committee). [7] The committee's review is advisory to the board. Notably, the committee is required to be chaired by an independent director, and a majority of its members should be independent directors. [8] Therefore, Chinese independent

---

[1] PRC Company Law, Article 124. Under Article 124, the board quorum requirement is deemed to have been met if more than half of the disinterested directors are present.

[2] Jian An(ed.), *Annotations of the PRC Company Law*, revised edn(Beijing: China Law Press, 2013) , at p. 198.

[3] Enriques et al., *The Anatomy of Corporate Law: A Comparative and Functional Approach*, 3rd edn (Oxford: Oxford University Press, 2017) , at p. 153.

[4] SHSE RPT Guidelines, Article 25(1) ; Shenzhen Stock Exchange Guidelines on Standardizing the Governance of Listed Companies (2020) (hereinafter SZSE Governance Guidelines) , s. 3. 5. 2 (1) . These Guidelines are semi-mandatory.

[5] SZSE Governance Guidelines, s. 3. 5. 2.

[6] Enriques et al., *The Anatomy of Corporate Law: A Comparative and Functional Approach*, 3rd edn (Oxford: Oxford University Press, 2017) , at p. 154; OECD, *Related Party Transactions and Minority Shareholder Rights*(2012) , at pp. 115-116.

[7] SHSE RPT Guidelines, Article 25(2) .

[8] SHSE RPT Guidelines, Article 29.

directors play dual roles in vetting material RPTs before they are reviewed by disinterested directors.

3.2.3　Third party professional opinions

Non-conflicted shareholders are "affirmatively interested"[1] in preventing asset diversion through RPTs. However, they may well lack the necessary (business and financial) expertise to make a thorough assessment of an (often) complex RPT. As in some other jurisdictions, [2] Chinese law requires an audit or appraisal report by a financial advisor to be made available to disinterested shareholders. [3] Disinterested/independent directors, who are fiduciaries under Chinese law and are held to account for their approval of (or consent to, as the case may be) RPTs, may also lack the necessary expertise. Exchange-rules therefore provide that independent directors and the audit committee should be provided with access to independent legal and financial advice in conducting their ex ante review. [4]

3.2.4　Ex post, standard-based review

The use of standards-strategy, particularly the court's ex post review of fairness of RPTs, [5] only became a prominent feature of the Chinese RPT law recently, in 2019. Prima facie, the development was attributable largely to an act of judicial creativity on the part of the Supreme People's Court (SPC), China's highest-level court. In a set of legally binding "judicial interpretations" enacted in mid-2019, the SPC established the principle that an RPT entered into in compliance with the procedural safeguards described above did not insulate it from a judicial challenge after the fact. More specifically, the SPC stipulated that a company is entitled to

---

[1]　Enriques et al., *The Anatomy of Corporate Law: A Comparative and Functional Approach*, 3rd edn (Oxford: Oxford University Press, 2017), at p. 156.

[2]　Enriques, "Related Party Transactions: Policy Options and Real-World Challenges (with a Critique of the European Commission Proposal)", (2015) 16 *European Business Organization Law Review* 1, at p. 22.

[3]　SHSE Listing Rules (2022), s. 6.3.7; SZSE Listing Rules (2022), s. 6.3.7.

[4]　SHSE RPT Guidelines, Article 25(1); SZSE Governance Guidelines, s. 3.5.2(1).

[5]　Enriques et al., *The Anatomy of Corporate Law: A Comparative and Functional Approach*, 3rd edn (Oxford: Oxford University Press, 2017), at p. 161.

bring a lawsuit against the related party allegedly acting in breach of the Article 20 prohibition against abuses of corporate control when concluding a RPT with the company. In this event, the related party is denied the procedural defence that all applicable procedural requirements under law and the articles of association (particularly the requirements for disclosure and disinterested shareholders' approval) were met when the RPT was entered into. [①] Derivative actions can be brought by the shareholders who have met the standing requirement. [②] It is beyond the scope of this study to consider the Chinese court cases in which this new rule applied. Suffice it to say that the rule itself does not offer much clarity on what the fairness standard entails(for instance, whether it resembles the Delaware's "entire fairness"standard) and how the burden proof should be allocated(particularly if the procedural requirements have been met).

4. Disinterested shareholders' approval of controller RPT resolutions: An empirical assessment

4.1 *The Dataset*

As mentioned above, both the guarantee RPTs(regardless of their size) and the RPTs meeting the quantitative materiality thresholds are subject to ex ante approval by disinterested shareholders of Chinese listed companies. Under Chinese law, non-conflicted shareholders of listed companies are entitled to cast their vote, either in person, by proxy or remotely, on RPT resolutions. [③] The RPT resolutions[④] and the

---

① SPC Regulations on Several Issues Concerning the Application of the PRC Company Law(V), Article 1 (1). The Regulations were promulgated on April 28, 2019 and effective on April 29, 2019. Hereinafter, Company Law Interpretations V.

② Company Law Interpretations V, Articles 1 (1) and 2. For the Chinese derivative actions, see e. g. Donald C. Clarke and Nicholas C. Howson, " Pathway to Minority Shareholder Protection: Derivative Actions in the People's Republic of China", in Dan W. Puchniak, Harald Baum and Michael Ewing-Chow(eds), *The Derivative Action in Asia: A Comparative and Functional Approach* (Cambridge, UK: Cambridge University Press, 2012), p. 243.

③ Shareholder Meeting Rules, Articles 20(2) and 20(3).

④ Shareholder Meeting Rules, Article 16.

votes cast by disinterested shareholders on them[1] must be publicly disclosed in the manner prescribed by Chinese securities regulators. Therefore, the data on the RPT resolutions and on the disinterested votes cast on them at the shareholders' meetings are publicly available and accessible. However, this kind of data is not systematically available in any of the existing commercial databases.

In order to remedy this critical empirical gap, we constructed a dataset of all controller RPT resolutions and the disinterested votes cast on them in all Chinese A-share mainboard-listed companies during the five-year period between 2015 and 2019. The source of the disclosures was CNInfo, an officially designated listed company information portal. The disclosures are typically in PDF format, and are mostly machine-readable. We deployed data mining techniques specially developed for this study to extract data from the sample company disclosures. Standard data processing techniques have been applied to ensure data validity and reliability.

Before presenting our empirical findings, we should make three observations. First, our dataset is resolution-based rather than transaction-based. In other words, it contains firm-resolution data, and not firm-transaction data. This is due primarily to the Chinese aggregation rules noted above, which require two or more(typically, non-material or recurring) RPTs to be aggregated and lumped into a single resolution on which disinterested shareholders vote. In this event, disinterested votes are cast on each RPT resolution, and not on each of the aggregated transactions underpinning the resolution. Second, our dataset does not contain the transaction value associated with each RPT resolution. This kind of information is not always readily accessible in company disclosures. An attempt on our part to systematically collect it turned out to be prohibitively time-consuming. [2] Third, our sample period commenced in 2015, as this was the first year in which the votes cast by minority shareholders were disclosed separately (rather than

---

[1]   Shareholder Meeting Rules, Article 39.

[2]   The RPT data in the CSMAR are helpful, but do not adequately answer our research question. Some of the information provided also appears to be inaccurate.

aggregately) by Chinese listed companies across the market. ① The sample period ended in 2019, as the outbreak of the covid-19 pandemic in early 2020 has been empirically shown to influence the ways in which Chinese shareholders voted. ②

4.2 *Controller RPT Resolutions*

We have identified 31, 649 controller RPT resolutions that were voted on by Chinese disinterested shareholders during the five-year sample period. These resolutions comprise our sample. It is important to note that there exists in parallel a separate cohort of over 3, 000 RPT resolutions where the related parties transacting with the listed companies were non-controlling blockholders. These non-controller RPT resolutions occurred because the Chinese definition of related party encompasses non-controlling blockholders holding 5 percent or more of the company's shares, as mentioned above. We have excluded these resolutions from our sample, for two main reasons. Firstly, they do not fit squarely into the notion of MOM, as the "majority" controllers are supposedly not interested in these non-controller RPTs and, therefore, not excluded from the vote. Secondly, they pose a different type of agency problem than do the controller RPTs. In non-controller RPTs, the non-controller agency problem (viz. asset diversion by the non-controller blockholder) is likely to be curbed by a vigilant controller exercising a monitoring function. ③ In the rest of the article, controller RPT resolutions are used interchangeably with MOM resolutions.

On a general level, our sample affirms the prevalence of MOM resolutions in the Chinese listed sector, as indicated in our earlier studies. ④ Aggregately, the

---

① Chao Xi, "Shareholder Voting and Engagement in China", in Harpreet Kaur, Chao Xi, Christoph Van der Elst and Anne Lafarre(eds), *The Cambridge Handbook of Shareholder Engagement and Voting* (Cambridge: Cambridge University Press, 2022), p. 21, at pp. 33-34.

② Chao Xi, "Shareholder Voting and COVID-19: The China Experience", (2021) 9 *Chinese Journal of Comparative Law* 125.

③ This is not to suggest that blockholders cannot extract private benefits of control. For a survey of the governance problems posed by blockholders, see e. g. Alex Edmans, "Blockholders and Corporate Governance", (2014) 6 *Annual Review of Financial Economics* 23.

④ OECD, the OECD's *Guide on Fighting Abusive Related Party Transactions in Asia* (OECD Corporate Governance Series, September 2009).

sample controller RPT resolutions accounted for as much as 14.3 percent of the whole "universe" of over 220,000 resolutions that we have identified in all Chinese A-share mainboard listed companies during the sample period. In other words, there was roughly one controller RPT resolution in every seven Chinese mainboard listed company resolutions. At the shareholders' meeting level, controller RPT resolutions were included in the agendas, and subsequently voted on, of 31.1 percent of the Chinese general meetings held during the same period.

Our sample also demonstrates that a comfortable majority of Chinese A-share mainboard listed companies (MOM firms) reported controller RPT resolutions. Specifically, 60.7 percent of companies in the Chinese mainboard listed sector were MOM firms in 2015, 61.7 percent in 2016, 57.1 percent in 2017, 59.8 percent in 2018 and 57.0 percent in 2019. Their shares are significantly higher than, for instance, the 28.5 percent seen in the cohort of companies comprising the Stoxx Europe Small 200 Index, [1] and also than the "reasonable number" (33 percent) found in the German context[2]. This finding also broadly echoes that of an earlier OECD study, which reported that 53 percent of Chinese listed companies witnessed "significant" RPTs (using a different benchmark of 1 percent of revenue) and placed China among the economies with the highest ratios of major RPTs[3].

Importantly, our sample sheds fresh light on how governance characteristics are associated with the occurrence of material RPTs. Earlier comparative studies have suggested that the occurrence of RPTs is associated with governance attributes,

---

[1] Christoph Van der Elst, "The Duties of Significant Shareholders in Transactions with the Company", in Hanne S. Birkmose(ed), *Shareholders' Duties* (The Netherlands: Kluwer Law International BV, 2017), p. 199, at p. 210. 28.5 percent here is best seen as a broad reference, as the calculation was based on the disclosures of RPTs.

[2] Engert and Florstedt, "Which Related Party Transactions Should Be Subject to Ex Ante Review? Evidence from Germany", (2020) 20 *Journal of Corporate Law Studies* 263, at p. 286.

[3] OECD, *Related Party Transactions and Minority Shareholder Rights*(2012) , at p. 31.

particularly(concentrated) ownership and control, ① state ownership, ② and group structure③. Table 1 shows how these attributes are featured in the MOM firms, relative to non-MOM firms(viz. Chinese listed firms that did not report any MOM resolution in a given year during the sample period) . Specifically, a much larger share of the sample MOM firms are state-owned and are group-affiliated than are non-MOM firms. In addition, ownership concentration in the sample MOM firms is considerably greater than in non-MOM firms. It should be noted that we measure ownership concentration by the ratio of the share ownership of the controller and that of the second largest shareholder, typically a non-controlling blockholder. ④ That is to say, we measure the relative degree of control that the controller has over the listed company. Our observations are vindicated by our further regression analysis, which shows that the propensity of a material RPT occurring in Chinese listed companies is positively correlated with state ownership, group affiliation and ownership concentration, and that their correlations are statistically very significant (at the 1 percent level) . ⑤ Surprisingly, the controller's absolute share ownership shows no statistically significant correlation with the occurrence of controller RPTs. In other words, what appears to matter is the degree of control concentration (in the hands of the controller) relative to block-holders. This provides some

---

① See e. g. Alexander Dyck and Luigi Zingales, " Private Benefits of Control: An International Comparison", (2004) 59 *Journal of Finance* 537. Cf. e. g. Zohar Goshen and Assaf Hamdani, "Corporate Control and Idiosyncratic Vision", (2016) 125 *Yale Law Journal* 560.

② See e. g. Curtis J. Milhaupt and Mariana Pargendler, "Related Party Transactions in State-Owned Enterprises", in Luca Enriques and Tobias H. Tröger(eds) , *The Law and Finance of Related Party Transactions*(Cambridge: Cambridge University Press, 2019) , p. 245.

③ See e. g. Jens Dammann, "Related Party Transactions and Intragroup Transactions", in Luca Enriques and Tobias H. Tröger (eds) , *The Law and Finance of Related Party Transactions* (Cambridge: Cambridge University Press, 2019) , p. 218.

④ Our own calculation(on the basis of WIND data) shows that on average Chinese A-share mainboard listed firms had 1. 8(median value: 1) non-controlling blockholders during the sample period.

⑤ Our regression analysis controls for other key firm attributes, such as a firm's financial performance, institutional investor ownership, and board independence. Our research question is such that it can adequately be addressed by the presence of statistically strong correlation, and it is not necessary to probe more deeply into the question of causality.

suggestive evidence that the presence of a blockholder possessing a relatively significant stake can serve as an important check on the controller entering into material RPTs. [1] To sum up our findings, Chinese controllers are more likely to propose material RPTs where their share ownership is more concentrated(relative to that of the second largest shareholder), and where their controlled firms are state-owned, and are part of business groups.

Table 1 Composition of MOM Firms vs Non-MOM Firms by Reference to Governance Characteristics

Firm Type	MOM	Non-MOM	MOM	Non-MOM	MOM	Non-MOM	MOM	Non-MOM
	State-Owned(%)		Group-Affiliated(%)		Ownership Concentration (Median)		CSI 300(%)	
2015	61. 3	50. 6	65. 1	45. 9	5. 4	3. 7	40. 6	34. 1
2016	62. 1	43. 7	65. 0	42. 6	4. 8	3. 4	39. 4	33. 3
2017	58. 8	36. 1	63. 4	39. 0	4. 6	3. 1	37. 9	26. 5
2018	55. 5	35. 2	61. 6	39. 5	4. 3	3. 2	36. 5	25. 9
2019	57. 3	29. 9	61. 7	37. 2	3. 8	3. 1	36. 4	23. 5

Table 1 also indicates a positive correlation between firm size and the occurrence of material RPTs that require ex ante shareholder approval. For ease of presentation, we use China's CSI 300, the Chinese equivalent to S&P 500, as a proxy for firm size. Chinese firms that in any given year were composite firms of the CSI 300 are deemed as larger firms, and vice versa. Table 1 seems to suggest that the larger a Chinese listed company is, the more likely it is to report material RPTs. The correlation is indeed statistically highly significant(at the 1 percent

---

[1] For a recent survey of the blockholders' governance role, see e. g. Alex Edmans and Clifford G. Holderness, "Blockholders: A Survey of Theory and Evidence", in Benjamin E. Hermalin and Michael S. Weisbach(eds), *The Handbook of the Economics of Corporate Governance*(Amsterdam, Netherlands: North-Holland, 2017), p. 541.

level), as our regression analysis shows. ① Importantly, Table 1 further indicates that over one third of the MOM firms were SCI 300 composite firms during the sample period. This sets China apart from, for instance, the UK, where "large listed companies are rarely caught by the MOM approval requirement". ②

What might also be of particular interest to lawyers and policy makers in the EU and the UK is the unique type of Chinese controller RPT resolutions, viz. those in the ordinary course of business. As noted above, while the UK and the EU generally exempt these recurring RPTs from ex ante shareholder approval, Chinese MOM rules do not. Table 2, Panel B, below shows the yearly distribution of the sample MOM resolutions between routine and non-routine RPTs. Routine RPTs amounted to 18. 2 percent(or 4, 868) of all controller RPT resolutions, and their yearly numbers increased rapidly by 58. 5 percent(from 740 in 2015 to 1, 173 in 2019) over the five-year sample period. By contrast, larger, one-off RPTs, which accounted for the lion's share(81. 8 percent) in the sample MOM resolutions, fell by just under 40 percent(from 6, 523 in 2015 to 3, 930 in 2019), also bringing down with them the yearly totals of MOM resolutions(from 7, 263 in 2015 to 5, 103 in 2019).

4. 3 *Disinterested Shareholders' Votes*

As indicated above, our dataset also contains full data on the disinterested votes present and cast on the sample MOM resolutions. Under Chinese law, (non-conflicted) votes are cast separately on every individual (MOM) resolution laid before the shareholders' meeting. ③(Disinterested) shareholders generally have the

---

① Our regression analysis controls for the same key firm attributes as indicated above. In addition to the dummy CSI 300, we have also run a separate regression, using a firm's annual sales as a proxy for firm size. The results are similarly significant.

② Davies, "Related Party Transactions: UK Model", in Luca Enriques and Tobias H. Tröger(eds), *The Law and Finance of Related Party Transactions*(Cambridge: Cambridge University Press, 2019), at p. 399.

③ Shareholder Meeting Rules, Article 33.

right to vote their shares either "for" or "against" an (MOM) resolution, and are also entitled to abstain from casting a vote. [1] Importantly, Chinese company law treats abstentions as forming part of the "denominator", viz. the votes present and cast. This differs from UK practice, for example, where a "vote withheld" is not a vote in law and will not be counted in the calculation of the proportion of the votes for and against the resolution. [2] A Chinese ordinary (MOM) resolution requires the affirmative support of a simple majority of the votes present and cast, and a two thirds supermajority is required to pass a special (MOM) resolution. [3] Abstentions are therefore as consequential as the votes against in determining whether an (MOM) resolution has attained the simple or two-thirds majority required to pass.

Disinterested shareholders' participation in the decision making on the sample MOM resolutions has shown a general trend up across the board over the sample period, as Table 2 shows. Such participation is calculated as the percentage of the company's shares held by the non-conflicted shareholders that voted on individual sample MOM resolutions. It increased on average from 9. 8 percent in 2015 to 11. 3 percent in 2019. Unsurprisingly, this rate was considerably lower than the levels of shareholders' participation in non-MOM resolutions, which hovered around 50 percent during the sample period (Table 2, Panel A), [4] since the controllers and their associates are excluded from the vote on conflicted MOM resolutions. It is worth noting that the presence of disinterested shareholders seemed to be greater in relation to non-recurring RPTs (11. 1 percent averagely) than to recurring RPTs (8. 8 percent on average), as Table 2, Panel B, demonstrates. This seems to suggest that in the eyes of disinterested shareholders larger, one-off RPTs can pose greater risks of value diversion, and therefore prompt greater participation and monitoring

---

[1] Shareholder Meeting Rules, Article 36.

[2] Financial Report Council, The UK Corporate Governance Code (2016), s. E. 2. 1.

[3] PRC Company Law, Article 43.

[4] Earlier research has shown this level of shareholder participation to be among the lowest in selected major economies. See Chao Xi, "Shareholder Voting and Engagement in China", in Harpreet Kaur, Chao Xi, Christoph Van der Elst and Anne Lafarre (eds), *The Cambridge Handbook of Shareholder Engagement and Voting* (Cambridge: Cambridge University Press, 2022), at p. 43.

than do recurring RPTs.

Table 2   Participation Rates at the Resolution Level

Panel A: Participation Rates of MOM vs Non-MOM Resolutions

Resolution Type	MOM Resolutions			Non-MOM Resolutions		
	N	Mean(%)	Median(%)	N	Mean(%)	Median(%)
All	31,649	10.8	8.3	151,511	49.8	50.0
2015	7,263	9.8	7.5	26,519	46.6	46.6
2016	8,755	10.9	8.3	27,616	47.6	47.9
2017	5,083	11.0	8.4	30,384	50.0	50.2
2018	5,445	11.2	8.8	34,737	51.7	51.8
2019	5,103	11.2	8.2	32,255	51.9	52.2

Panel B: Participation Rates of Routine vs Non-Routine MOM Resolutions

Resolution Type	Routine MOM Resolutions			Non-Routine MOM Resolutions		
	N	Mean(%)	Median(%)	N	Mean(%)	Median(%)
All	4,868	8.8	5.0	26,781	11.1	8.8
2015	740	6.3	3.0	6,523	10.2	8.0
2016	863	7.6	4.5	7,892	11.2	8.7
2017	994	9.5	5.6	4,089	11.4	9.2
Resolution Type	Routine MOM Resolutions			Non-Routine MOM Resolutions		
	N	Mean(%)	Median(%)	N	Mean(%)	Median(%)
2018	1,098	9.5	5.2	4,347	11.7	9.4
2019	1,173	10.0	6.5	3,930	11.6	9.1

Note: Participation rate data are missing in respect of a small fraction(0.1%) of non-MOM resolutions.

By excluding the controllers from the vote, the MOM seems to magnify disinterested shareholders' (dissenting) voices. Table 3 reports respectively the shareholder approval rates for the sample MOM and non-MOM resolutions. The rates are defined as the ratios(in percentage terms) of the total votes cast for and all the votes present and cast(inclusive of votes for, votes against, and abstention, as noted above) on individual sample MOM resolutions. The approval rates for Chinese non-MOM resolutions are, on average, around 99.0 percent (median 99.99 percent). They are higher than the rates recorded in the UK (average, 97.6 percent; median, 99.4 percent) and in some continental European markets such as Germany(average 97.4 percent, median 99.5 percent). [1] Table 3 also reports the average approval rates of the Chinese MOM resolutions, which stand at 95.2 percent(median 99.6 percent). This translates into an average disapproval rate of 4.8 percent by disinterested shareholders, lower than that recorded in Europe(the UK included). [2] Overall, the comparison in Table 3 suggests that shareholder dissension is more visible in respect of MOM resolutions than of non-MOM resolutions in China.

Table 3　Approval Rates of MOM vs Non-MOM Resolutions

Resolution Type	MOM Resolutions			Non-MOM Resolutions		
	N	Mean(%)	Median(%)	N	Mean(%)	Median(%)
All	31,649	95.20	99.64	51,667	99.03	99.99
2015	7,263	95.97	99.74	26,529	99.16	99.99
2016	8,755	94.33	99.62	27,644	98.68	99.99
2017	5,083	95.48	99.65	30,432	99.12	99.99
2018	5,445	95.02	99.68	34,797	99.01	99.99
2019	5,103	95.54	99.48	32,265	99.16	99.99

Note: We have rounded the mean and median values in Table 3 to two decimal places in order to differentiate more clearly between the varying approval rates, especially the median approval rates.

---

[1]　Luc Renneboog and Peter Szilagyi, "Shareholder Engagement at European General Meetings", in Massimo Belcredi and Guido Ferrarini(eds), *Boards and Shareholders in European Listed Companies: Facts, Context and Post-crisis Reforms* (Cambridge: Cambridge University Press, 2013), p. 315, at p. 332.

[2]　Anne Lafarre, *The AGM in Europe: Theory and Practice of Shareholder Behaviour* (London: Emerald Publishing, 2017), at p. 161(indicating that meeting-level mean outsider opposition stood at 11.2 percent).

To provide a more detailed analysis of the resolution-level approval rates, Table 4 further groups them into five brackets, viz. 100 percent (i. e. unanimous approval) , 99. 9–100 percent, 99. 0–99. 9 percent, 50–90 percent, and lower than 50 percent. It shows that the approval rates for the sample MOM resolutions are sharply lower than those for the non-MOM resolutions. While as many as 73. 4 percent of the non-MOM resolutions were approved by over 99. 9 percent of the votes cast on them, only 37. 7 percent of the sample MOM resolutions reached that mark. Further, using approval rates lower than 50 percent as a convenient proxy for successful shareholder revolt, [①] MOM resolutions(1. 7 percent) were over four times more likely than non-MOM resolutions (0. 4 percent) to be vetoed by dissenting shareholders. Interestingly, while non-routine MOM resolutions attracted a higher participation rate of disinterested shareholders, as noted above, they also attained generally lower approval rates than did recurring MOM resolutions (as Table 4 shows) . In other words, Chinese disinterested shareholders seem generally less inclined to support larger, one-off MOM resolutions that pose greater risks of rent extraction by controllers.

Table 4   Approval Rates of Various Types and Sub-types of Resolutions by Tranches

Resolution Type	MOM Resolutions		Non-MOM Resolutions		Routine MOM Resolutions		Non-Routine MOM Resolutions	
	N	%	N	%	N	%	N	%
All	31, 637	100	151, 637	100	4, 865	100	26, 772	100
100%	4, 578	14. 5	31, 118	20. 5	810	16. 6	3, 768	14. 1
99. 9–100%	7, 341	23. 2	80, 227	52. 9	1, 402	28. 8	5, 939	22. 2
99. 0–99. 9%	7, 606	24. 0	27, 088	17. 9	1, 158	23. 8	6, 448	24. 1
50. 0–99. 0%	11, 571	36. 6	12, 651	8. 3	1, 396	28. 7	10, 175	38. 0
< 50. 0%	541	1. 7	553	0. 4	99	2. 0	442	1. 7

The governance role of institutional investors in general and their role in

---

① As noted above, while it takes 50 percent of the votes present and cast to reject an ordinary resolution under Chinese law, 33. 3 percent of the votes suffices for an extraordinary resolution.

policing MOM resolutions in particular are another hotly debated area which is elucidated by our sample. Earlier empirical studies examining how institutional investors in Israel, for instance, voted on MOM resolutions gave a gloomy verdict: institutions rarely vote against RPT resolutions. [1] Our empirical analysis offers some support to this proposition. We define institutional investor ownership as the aggregate shareholdings in percentage terms possessed by all types of institutional investors in the sample MOM firms. Our regression analysis finds that institutional investor ownership is positively and significantly correlated(statistically significant at the 1 percent level) with the shareholder approval rates of sample MOM resolutions. In other words, the larger the stakes the institutions aggregately hold in an MOM firm, the higher approval rates the firm's MOM resolutions attract. This of course is not by itself conclusive evidence of institutions shirking their stewardship roles. We would also need to control for other factors(such as the merits of RPT resolutions), which go beyond the scope of this study. However, the strong positive correlation serves to reject the conjecture that institutions in the sample MOM firms were dissenting in a(statistically) significant way.

To add nuance, we also tested the correlation between the degrees of disinterested shareholders' participation and the firm-level institutional investor ownership. The correlation is shown to be positive and statistically very significant (at the 1 percent level) . This seems to point to an active (and voluntary) engagement by institutional investors with the controller RPTs proposed by their portfolio firms, because they are generally not required under Chinese law to be present and vote their shares. [2] Taken together with our analysis above, this

---

[1]   Assaf Hamdani and Yishay Yafeh, "Institutional Investors as Minority Shareholders", (2013) 17 *Review of Finance* 691; Efrat Dressler, "Voice and Power: Do Institutional Shareholders Make Use of Their Voting Power?"(2020) 65 *Journal of Corporate Finance* 101716.

[2]   It was only very recently, in 2018, when institutional investors were "encouraged" by the Chinese Corporate Governance Code to vote the shares they hold in their portfolio firms. See Chao Xi, "Shareholder Voting and Engagement in China", in Harpreet Kaur, Chao Xi, Christoph Van der Elst and Anne Lafarre (eds), *The Cambridge Handbook of Shareholder Engagement and Voting* (Cambridge: Cambridge University Press, 2022) , at p. 32.

suggests that institutions participated in the vote on controller RPT resolutions to support the controllers. Though tempting, this should not be seen as definitive evidence of conflicts and agency costs[1], or worse, of collusion between institutional investors and the controllers of their portfolio firms. It could also be that institutions have played their governance role behind the scenes by screening and selecting value-enhancing RPT proposals, and that they subsequently voted in support of their selected RPT resolutions. This proposition is supported by evidence from China[2] and Israel[3]. To the extent that institutions as a whole are not a primary source of shareholder dissension in respect of the sample MOM resolutions, this raises important questions which should be addressed in future studies. For instance, who are the activist shareholders who leverage on the MOM to magnify their voice, [4] and why do they prefer voting over alternative engagement strategies and tactics?

4.4 *Veto of Controller RPT Resolutions*

Among our full sample of 31, 649 MOM resolutions, the most striking cohort are arguably the controller RPT resolutions vetoed by disinterested shareholders (vetoed MOM resolutions). As noted above, an ordinary MOM resolution can be vetoed by a simple majority of the non-conflicted votes cast, and a special MOM resolution by one third of them. We managed to identify altogether 747 controller RPT resolutions that failed to pass during the sample period. They represent 2.4

---

[1]　See e. g. Lucian A. Bebchuk, Alma Cohen and Scott Hirst, "The Agency Problems of Institutional Investors", (2017) 31 *Journal of Economic Perspectives* 89.

[2]　Zhihong Chen, Bin Ke and Zhifeng Yang, "Minority Shareholders' Control Rights and the Quality of Corporate Decisions in Weak Investor Protection Countries: A Natural Experiment from China", (2013) 88 *The Accounting Review* 1211.

[3]　Assaf Hamdani and Yishay Yafeh, "Institutional Investors as Minority Shareholders", (2013) 17 *Review of Finance* 691; Efrat Dressler, "Voice and Power: Do Institutional Shareholders Make Use of Their Voting Power?", (2020) 65 *Journal of Corporate Finance* 101716.

[4]　The identity of the disinterested shareholders who cast votes on MOM resolutions is not publicly accessible and is difficult to establish.

percent of the full sample.

It is of interest to view the small cohort of vetoed MOM resolutions through the lens of the full sample of controller RPT resolutions, of which they form a part. Broadly comparable to those in the full sample, participation rates of disinterested shareholders in the cohort of vetoed MOM resolutions stand on average at 11.7 percent (median 7.7 percent). These rates also show a positive and significant correlation (significant at the 1 percent level) with institutional investor ownership, resembling the pattern observed in the full sample. On a separate note, recurring RPTs appear to be under-represented in the cohort of vetoed MOM resolutions (12.3 percent) compared to their share in the full sample (18.2 percent), suggesting that routine MOM resolutions faced a lower risk of being vetoed than did larger, one-off MOM resolutions.

Of particular interest is the extent to which a veto of the sample MOM resolutions is correlated with the firm-level governance characteristics deemed to be relevant to RPTs (e.g. state ownership, group affiliation, ownership concentration, and firm size). We divide the sample MOM firms into two groups: the MOM firms that were "caught" by a veto (veto firms), and the MOM firms that were free from a veto (non-veto firms) in a given year. Table 5 shows the composition of each groups by reference to the selected governance characteristics on a yearly basis. Consistently throughout the sample period, higher percentages of the veto firms were state owned and were part of business groups. The veto firms were also characterized by considerably higher degrees of ownership concentration (in the hands of the controllers). In other words, state-owned firms, group-affiliated firms, and highly concentrated firms are more likely to see their controller RPT resolutions vetoed by disinterested shareholders. The finding is statistically significant at the 1 percent level. Interestingly, firm size is not correlated to veto in a statistically significant manner.

Table 5   Composition of Veto Firms vs Non-Veto Firms by Reference to Governance Characteristics

Firm Type	Veto	Non-Veto	Veto	Non-Veto	Veto	Non-Veto	Veto	Non-Veto
	State-Owned (%)		Group-Affiliated (%)		Ownership Concentration (Median)		CSI 300(%)	
2015	81.4	60.4	72.1	64.7	9.7	5.4	41.9	40.5
2016	67.7	61.7	75.8	64.3	7.4	4.7	40.3	39.3
2017	74.4	58.2	82.1	62.7	8.3	4.6	28.2	38.3
2018	62.8	55.2	72.1	61.2	9.9	4.2	34.9	36.5
2019	69.0	57.0	72.4	61.4	5.6	3.8	37.9	36.4

We further explored the potential governance effect of a veto under the Chinese MOM regime. A direct measure of its effectiveness is whether a veto can lead to eventual improvements in the terms of controller RPTs, to the benefit of the listed company and non-controlling shareholders. This is because, unlike in the US, where shareholder proposals are typically advisory, shareholder resolutions are binding under Chinese law. Hence, in order to take legal effect, a vetoed controller RPT resolution must be re-proposed and duly approved by disinterested shareholders. We identified a number of occasions where the controllers made improvements on RPT transaction terms in an attempt to win over support from disinterested shareholders. These improvements include reductions in the degree of equity dilution for non-controlling shareholders, and reductions in the guaranteed amount provided by the listed company. Vetoes can also draw critical press coverage and cause reputational harm to the vetoed firms. [1] We found that over one quarter of the veto events in our sample were covered in the media, very often by the official financial newspapers that are politically influential, [2] and that some of

---

[1]   Djankov et al., "The Law and Economics of Self-dealing", (2008) 88 *Journal of Financial Economics* 430, at p. 436. For a China perspective, see e.g. Benjamin L. Liebman and Curtis J. Milhaupt, "Reputational Sanctions in China's Securities Market" (2008) 108 *Columbia Law Review* 929.

[2]   These include the China Securities News, Shanghai Securities News, Securities Times and Securities Daily.

them became targets of journalistic investigation. Regulatory attention might also be drawn by instances of veto. Our analysis shows that the vetoed firms faced greater numbers of enforcement actions taken by Chinese securities regulatory authorities in the year immediately after the veto events(though the increase was not statistically significant). [1] Overall, our findings lend some support to the conjecture that MOM can help to curb rent extraction by controllers in certain circumstances.

5. China's love affair with the MOM: A defiance of received wisdom?

Our doctrinal and empirical analysis above offers a glimpse into the previously under-documented and under-studied MOM regime that exists in China. We show that the MOM is now well entrenched in the Chinese company law rulebook, and is traceable in statutory provisions, regulatory rules and listing requirements. Its penetration into the corporate affairs of Chinese A-share mainboard listed companies is deep and extensive, exerting direct impact on a good majority(around 60 percent) of them and yielding over 30, 000controller RPT resolutions over a period of five years. Occasionally, it also seems to be able to bite. The existence of the full-fledged and robust Chinese MOM regime appears to be a spectacular defiance of received wisdom.

Seminal comparative corporate law works have shown that a jurisdiction's overall stance on the regulation of RPTs, especially as regards controller RPTs, is largely shaped by its(concentrated or dispersed) ownership structure. Also shaping a jurisdiction's choice of RPT regulatory strategies is its interest group dynamics. [2] So, as the wisdom goes, continental European laws tend not to impose stringent constraints on RPTs with the dominant shareholder, [3] arguably because the large

---

[1]　For the methods used to measure Chinese enforcement actions, see Ning Cao, Paul B. Mcguinness and Chao Xi, "Does Securities Enforcement Improve Disclosure Quality? An Examination of Chinese Listed Companies' Restatement Activities", (2021) 67 *Journal of Corporate Finance* 101877.

[2]　Enriques et al., *The Anatomy of Corporate Law: A Comparative and Functional Approach*, 3rd edn (Oxford: Oxford University Press, 2017), at pp. 166–169.

[3]　Enriques et al., *The Anatomy of Corporate Law: A Comparative and Functional Approach*, 3rd edn (Oxford: Oxford University Press, 2017), at p. 166.

shareholders make "effective use of their political clout to oppose stronger curbs on their opportunism". [1] As a vivid illustration of how profound and far-reaching these dynamics can be, German laws have generally rejected the notion of shareholder decision rights, and strong German opposition to it has played a large part in "spelling the death" of the European Commission's ambitions to introduce a European regime on MOM. [2]

China appears to present a prominent counter example of the continental European experience. China is well known for the concentrated share ownership in its listed sector. [3] Recent empirical studies have put ownership concentration in China broadly on par with its European counterparts. An OECD report (2019) surveying ownership concentration in global securities markets placed China next to Germany on a global scale both at market and company levels. [4] Another recent (2020) empirical assessment of corporate control around the world shows that China (72. 2 percent) leads Germany (68. 7 percent) and France (68. 0 percent) in respect of the share of controlled firms in the listed sectors. [5] The prevalence of business groups is also a defining feature of the politically mighty national champions of China Inc. [6] and also more generally. [7]

To the extent that interest group dynamics matters, the MOM would presumably have found itself running counter to an array of adversarial interest

---

[1] Enriques et al., *The Anatomy of Corporate Law: A Comparative and Functional Approach*, 3rd edn (Oxford: Oxford University Press, 2017), at p. 168.

[2] Alperen Afşin Gözlügöl, "The Political Economy of the Related Party Transactions Regulation in the Shareholders' Rights Directive II", (2020) 39 *Yearbook of European Law* 497.

[3] T. J. Wong, "Corporate Governance Research on Listed Firms in China: Institutions, Governance and Accountability", (2014) 9 *Foundations and Trends in Accounting* 259.

[4] De La Cruz, A., A. Medina and Y. Tang, *Owners of the World's Listed Companies* (OECD Capital Market Series, October 2019), at pp. 18–19.

[5] Gur Aminadav and Elias Papaioannou, "Corporate Control around the World", (2020) 75 *Journal of Finance* 1191, at pp. 1205–1206. Share ownership appears to be less concentrated in the hands of top shareholders in China, though.

[6] Li-Wen Lin and Curtis J. Milhaupt, "We Are the (National) Champions: Understanding the Mechanisms of State Capitalism in China", (2013) 65 *Stanford Law Review* 697.

[7] See e. g. Jia He, Xinyang Mao, Oliver M. Rui and Xiaolei Zha, "Business Groups in China", (2013) 22 *Journal of Corporate Finance* 166.

groups in China's corporate sector. Our earlier analysis has shown that material RPTs are more likely to occur in Chinese listed firms that are state owned, that are group-affiliated, that exhibit a more highly concentrated ownership, and that are larger in size. Also shown by our analysis above is that state ownership, group affiliation, and ownership concentration are positively correlated with the probability of MOM resolutions being vetoed(firm size does not seem to statistically matter). In other words, some powerful constituents of Chinese listed sector-state-owned firms, group-affiliated firms, highly concentered firms and, to a lesser extent, larger firms- are more likely to be"caught"and"bitten"by the MOM rules purportedly enacted to constrain their controllers' ability to extract the private benefits of control.

Another aspect of received wisdom that China's MOM regime seems to defy is the law and economics ofcorporate self-dealing. This discourse posits that, being a property rule, the MOM comes with negotiation costs. Such costs comprise administrative costs(i. e. the costs of dispatching notices and providing disinterested shareholders with information on the RPT resolution), costs of voting(viz. the costs of voting shareholders becoming informed and taking a position), and costs of strategic voting(viz. some voters adopting a hold-out strategy in order to raise the price of their consent). [1]It is further conjectured that the negotiation costs incurred are determined by the expected frequency and quality of the RPTs actually occurring in an economy. Negotiation costs will substantially increase if there is a high frequency of RPTs, since shareholders' meetings need to be called more frequently than they otherwise would have been. The relative amount of negotiation costs will also be high if efficient RPTs far outnumber inefficient ones. [2]

Applying these insights, our empirical findings above would seem to point to a high level of negotiation costs arising from the operation of Chinese MOM rules. The most important factor to consider is the high frequency of material RPTs in the

---

[1] Goshen, "The Efficiency of Controlling Corporate Self-Dealing: Theory Meets Reality", (2003) 91 *California Law Review* 393, at pp. 415-417.

[2] Goshen, "The Efficiency of Controlling Corporate Self-Dealing: Theory Meets Reality", (2003) 91 *California Law Review* 393, at pp. 417-418.

Chinese listed sector. Our samples capture more than 30,000 MOM resolutions over the five-year sample period. This number is far higher in China than in India, for instance, where only 348 RPT resolutions were put to a vote during a two-year(2014–2015) period after its MOM adoption in 2013. ① With proxy advisors largely absent in Chinese securities markets, Chinese voting shareholders would have to individually invest time, resources and expertise into studying this high volume of MOM resolutions, in order for them to cast intelligent votes. This is in addition to the administrative costs that around 60 percent of Chinese mainboard listed companies incur in order to comply with the prescribed disclosure standards pertaining to MOM resolutions.

A closely related factor is the quality of Chinese material RPTs. As noted above, previous studies have disagreed on whether Chinese RPTs are efficient or not. For the sake of argument, if we were to assume that Chinese disinterested votes are cast overall in an uncoerced, informed and intelligent fashion, then the sample MOM resolutions attaining approval rates of, for instance, 99 percent or above are more likely than not to be efficient. Using this as a rule of thumb, 61.7 percent of the sample controller RPT resolutions(Table 4) would likely be efficient, suggesting that efficient MOM resolutions considerably outnumber inefficient MOM resolutions (by about 1.6 times) in the Chinese listed sector. If we were to take one step further by assuming that only the vetoed MOM resolutions(2.4 percent of the full sample of MOM resolutions) were inefficient and that the rest(97.6 percent) were efficient, then efficient MOM resolutions would outnumber inefficient ones more than forty-fold. Taken together with the frequency factor, the negotiation costs of Chinese MOM rules would seem likely to be very high. The MOM would not appear to be a nice"fit"with the Chinese securities markets.

To recap, conventional wisdom suggests that the odds were stacked heavily against the MOM in China. This raises the question of what evolutionary forces have inaugurated and sustained it, enabling it to flourish in China's otherwise infertile

---

① Li, "Do Majority-of-Minority Shareholder Voting Rights Reduce Expropriation? Evidence from Related Party Transactions", (2021) 59 *Journal of Accounting Research* 1385, at p. 1396.

institutional soil. Among the top contenders is path dependence, [①] especially a transplant of the UK-style MOM that set the initial condition in China. Our comparative analysis above offers some suggestive evidence supporting this proposition. The Chinese MOM regime appears to have been conceptually inspired by the UK model. Structurally, the regulatory(listing) rules are a central feature of both countries' MOM regimes, with general company law playing only a relatively minor role. [②] Substantively, they are both based on mandatory ex ante approval by disinterested shareholders, [③] and on quantitative materiality thresholds triggering the approval requirements. The applicability of their MOM rules is fairly broad, unlike(say) the MOM regime under Delaware law, which is limited largely to controlling shareholder mergers. [④]

The borrowing of the MOM from the UK becomes more evident when taking into account the time sequence of jurisdictional MOM adoptions. Chinese MOM rules only emerged in the early 2000s. The exclusion of conflicted shareholders from the vote first occurred in a set of CSRC official "opinions" promulgated in 2000, [⑤] and the provision has since been calibrated into the CSRC-enacted

---

[①] For the impact of path dependence on corporate governance rules, see e. g. Lucian Arye Bebchuk and Mark J. Roe, "A Theory of Path Dependence in Corporate Ownership and Governance", (1999) 52 *Stanford Law Review* 127.

[②] This structural feature is itself idiosyncratically path-dependent in the UK, as its adoption of RPT regulation first happened in the listing rules. See Davies et al., "Implementation of the SRD II Provisions on Related Party Transactions", ECGI Law Working Paper N° 543/2020 (September 2020), at p. 6.

[③] This differs in character from the French approach, which requires *ex post* ratification of all non-routine RPTs. See Enriques et al., *The Anatomy of Corporate Law: A Comparative and Functional Approach*, 3rd edn(Oxford: Oxford University Press, 2017), at pp. 157–158.

[④] Jonathan Rosenberg and Alexandra Lewis-Reisen, "Controlling-Shareholder Related-Party Transactions under Delaware Law-A Primer and Practical Guide", Harvard Law School Forum on Corporate Governance(August 30, 2017).

[⑤] Opinions on Standardizing the Shareholders' Meetings of Listed Companies, Article 34. The Opinions were promulgated the CSRC and effective on May 18, 2000. For an empirical evaluation of the Opinions, see Berkman et al., "Political Connections and Minority-Shareholder Protection: Evidence from Securities-Market Regulation in China", (2010) 45 *Journal of Financial and Quantitative Analysis* 1391.

Shareholder Meeting Rules. The quantitative materiality thresholds made their first appearance in the Listing Rules of the Shanghai and Shenzhen Stock Exchanges also in 2000, [1] and have since taken root. They trailed in time the UK's MOM rules, which reached their present shape after a major revision of the UK Listing Rules in 1993. [2] It is unlikely that the Chinese MOM rules were modelled on the MOM regimes in other jurisdictions. After all, the emergence of the Chinese MOM rules predated by several years the OECD's recommendations (2012) and the European Commission's proposals(2014) for the use of the MOM to rein in abusive RPTs. China's MOM adoption was also a decade or so earlier than were similarly natured MOM rules adopted in, for instance, Italy(2010), Israel(2011), and India (2013). Although there is no direct evidence of the British influence, it is plausible that it was channeled through Hong Kong, which was under Britain's colonial rule until 1997. In this respect, it is worth noting that the influence of the UK company and securities laws (via Hong Kong) has also been discerned in other Chinese rules, notably the mandatory bid rule. [3]

China's initial choice of the MOM had strong "persistence power". [4] As our earlier depiction demonstrates, Chinese MOM rules have persisted for over two decades, and there is no sign of a decline. This could be grounded in efficiency and/or rent-seeking. [5] Our empirical findings seem to lend some support to both propositions. We start with the rent-seeking conjecture. While the MOM may curb Chinese controllers' extraction of private rents, it may also provide them with a

① SHSE Listing Rules (amended in 2000), s. 7. 3. 11; SZSE Listing Rules (amended in 2000), s. 7. 3. 12.

② Davies, "Related Party Transactions: UK Model", in Luca Enriques and Tobias H. Tröger(eds), *The Law and Finance of Related Party Transactions* (Cambridge: Cambridge University Press, 2019), at p. 385.

③ See Chao Xi, "The Political Economy of Takeover Regulation: What Does the Mandatory Bid Rule in China Tell Us?", (2015) 58 *Journal of Business Law* 142.

④ Bebchuk and Roe, "A Theory of Path Dependence in Corporate Ownership and Governance", (1999) 52 *Stanford Law Review* 127, at p. 130.

⑤ Bebchuk and Roe, "A Theory of Path Dependence in Corporate Ownership and Governance", (1999) 52 *Stanford Law Review* 127.

much-desired"safe habour" that shields them from potential Article 20 claims and regulatory intervention. Specifically, until the SPC's enactment of the ex post fairness review in mid-2019, Chinese controllers had long comfortably relied upon their compliance with procedural requirements, particularly ex ante MOM approval, to fend off Article 20 claims. [1] In a similar vein, Chinese securities regulators pre-eminently turn their attention to whether listed companies comply with "disclosure and decision-making procedures" [2] when entering into RPTs. [3] To be sure, there is a risk of non-controlling shareholders leveraging on the MOM and vetoing controller RPT resolutions. However, that risk is relatively low (2. 4 percent, as our analysis above has shown) and the MOM's benefits of protecting Chinese controllers against successful Article 20 claims and regulatory actions probably makes up for it. In this light, the MOM may, on balance, bring more benefits than costs to the key Chinese constituents affected by the MOM, viz. state-owned firms, group-affiliated firms, larger firms, and firms with highly concentrated control. They may well be ready to acquiesce without too much grumbling in the persistence of the MOM rules.

Turning to the efficiency postulate, efficiency gains are likely to be achieved by Chinese institutional investors leveraging on the MOM in their engagement with portfolio MOM firms. As noted above, to the extent that Chinese institutional investors play a behind-the-scenes governance role by screening and selecting controller RPT resolutions, the MOM can potentially empower institutions in their bargains with the controllers with a view to making controller RPTs more efficient. In this regard, the MOM can be held out by institutional investors as a threat. The threat can be credible (albeit somewhat weak given the 2. 4 percent probability), as a veto can damage a company's reputation and attract unwanted

---

[1] The SPC's Second Civil Division, "Protecting Shareholders' Interests in Accordance with Law, Serving and Safeguarding Business Environment-Press Conference on Company Law Interpretations V" (April 28, 2019), available at https://www. court. gov. cn/zixun-xiangqing-155282. html.

[2] These refer to the procedural rules depicted above, including the MOM rules.

[3] See e. g. SHSE RPT Guidelines, Article 5.

regulatory attention. To the extent that this dynamics has actually played out, [1] overall RPT efficiency and (non-controlling) shareholder welfare are likely to be enhanced. Alternatively, there can also be a rent-seeking perspective in play. Institutions may also take a holding-out strategy opportunistically, and trade their approval of inefficient MOM resolutions for private benefits, such as lucrative advisory businesses. [2] In either event, efficiency-seeking or opportunistic institutional investors may well be prepared to acquiesce in the persistence of the MOM in China. It has been suggested that the rigour of the UK's RPT regime reflects the political influence of strong institutional investors. [3] In the same vein, given that Chinese institutions are broadly gaining a greater voice and influence, [4] it is a reasonable suggestion that the same political economy dynamics in the UK may have also played out in China.

On a final note, this study did not set out to render a conclusive verdict on whether the Chinese MOM regime is overall effective or not. However, it adds some important nuances to the existing discourse. For instance, our finding that only 2. 4 percent of the sample MOM resolutions were vetoed can lend support to both sides of the debate on whether the MOM is an effective governance tool curbing rent extraction by controllers. It can be evidence of the MOM being effective, in that the MOM actually shot down hundreds of(potentially egregiously) inefficientcontroller RPT resolutions and that it may have potentially thwarted, behind the scenes, a far larger amount of abusive ones from ever being tabled. It can also be seen as evidence of an ineffective MOM regime, in that only one in every 42 Chinese

---

[1] For Chinese anecdotes of institutional shareholder activism successfully targeting controller RPT resolutions, see Chao Xi, "Shareholder Voting and Engagement in China", in Harpreet Kaur, Chao Xi, Christoph Van der Elst and Anne Lafarre (eds), *The Cambridge Handbook of Shareholder Engagement and Voting*(Cambridge: Cambridge University Press, 2022).

[2] The potential conflict is the subject of a voluminous literature. For recent contributions to the debate, see e. g. John D. Morley, "Too Big to Be Activist", (2019) 92 *Southern California Law Review* 1407.

[3] Enriques et al., *The Anatomy of Corporate Law: A Comparative and Functional Approach*, 3rd edn (Oxford: Oxford University Press, 2017), at p. 168.

[4] See e. g. Lin Lin and Dan W. Puchniak, "Institutional Investors in China: Corporate Governance and Policy Channeling in the Market within the State", (2022) 35 *Columbia Journal of Asian Law* 74.

controller RPT resolutions was vetoed. It is doubtful whether the debate will ever be resolved. Recent financial economics and accounting studies have made use of a difference-in-difference strategy (comparing pre-and post-adoption firm performance) in evaluating the effectiveness of MOM adoptions in Israel(2010) [1] and India (2013) [2]. Unfortunately, this methodology can hardly be applied in China's case. China was an early MOM adopter(in 2000), and the firm-level data relating to the early years of pre-and post-MOM adoption is both difficult to access and of questionable quality.

6. Concluding remarks: Should Europe reconsider the MOM?

Our study presents the first empirical evidence of the MOM in China, a long missing piece in the ongoing comparative debate on the regulation of RPTs, especially whether to empower the minority by granting them veto rights over transactions tainted by conflicts. For well over two decades, the MOM seems to have been a prominent weapon in China's arsenal of legal and regulatory strategies purportedly enacted to curb expropriation by controllers. The MOM is now deeply embedded in the corporate life of the Chinese listed sector(the second largest in the world), and has robustly impacted on a majority of the Chinese mainboard listed companies. Somewhat counterintuitively, the MOM has lived peacefully under the same roof with some key Chinese corporate constituents that are shown by our research to have been impacted more strongly by it: listed companies that are state owned, that are affiliated to business groups, that have higher degrees of ownership concentration and, to a lesser degree, that are larger in size.

The case of China may have important implications for the current European debate on the MOM. From a comparative law perspective, it is in effect a two-decade experiment of the UK-model MOM transplanting and "fitting" into a legal

---

[1] Fried et al., "The Effect of Minority Veto Rights on Controller Pay Tunneling", (2020) 138 *Journal of Financial Economics* 777.

[2] Li, " Do Majority-of-Minority Shareholder Voting Rights Reduce Expropriation? Evidence from Related Party Transactions", (2021) 59 *Journal of Accounting Research* 1385.

system with deep roots in the German civil law tradition. [1] As depicted above, the broader institutional settings of the Chinese MOM are not dissimilar with those in its continental European counterparts(particularly Germany), in respect of their concentrated ownership and control, prevalence of business groups, corporate law arrangements, and shareholder voting behaviour. This might help to ease some concerns over the potential misfit between the UK model and the continental European settings, especially their divergence in "the shareholder constituency, shareholder behavior in the general meetings, and the rules governing shareholder rights and voting". [2]

It has been suggested that these and similar concerns, on which some EU member states(particularly Germany) have based their "consistent and recurring rejection"[3] of the UK-style MOM, are but "superficial rhetoric."[4] The "traditionalist"stance of opposing legal reforms towards an MOM adoption is, as it is further argued, potentially harmful to "capital market development, growth opportunities and ultimately social welfare". [5] To the extent that the argument is plausible and that efficiency gains can be attained by MOM adoptions(a conjecture finding solid support in recent empirical literature), our China case study offers additional food for thought. There is no strong evidence that the high frequency

---

[1] Chinese law, particularly in the 1920s and 1930s, was strongly influenced by German civil law. See also the categorisation of legal origins in Djankov et al., "The Law and Economics of Self-dealing", (2008) 88 *Journal of Financial Economics* 430.

[2] Hopt, "Groups of Companies: A Comparative Study of the Economics, Law, and Regulation of Corporate Groups", in Jeffrey N. Gordon and Wolf-Georg Ringe(eds), *The Oxford Handbook of Corporate Law and Governance*(Oxford: Oxford University Press, 2018), at p. 621.

[3] Tröger, "Germany's Reluctance to Regulate Related Party Transactions: An Industrial Organization Perspective", in Luca Enriques and Tobias H. Tröger(eds), *The Law and Finance of Related Party Transactions*(Cambridge: Cambridge University Press, 2019), at p. 427.

[4] Tröger, "Germany's Reluctance to Regulate Related Party Transactions: An Industrial Organization Perspective", in Luca Enriques and Tobias H. Tröger(eds), *The Law and Finance of Related Party Transactions*(Cambridge: Cambridge University Press, 2019), at p. 428.

[5] Tröger, "Germany's Reluctance to Regulate Related Party Transactions: An Industrial Organization Perspective", in Luca Enriques and Tobias H. Tröger(eds), *The Law and Finance of Related Party Transactions*(Cambridge: Cambridge University Press, 2019), at p. 451.

(more than 30, 000 controller RPT resolutions over a five-year period) of MOM approvals witnessed in the Chinese listed sector has been particularly"burdensome" or"onerous". [1] There is preliminary evidence that the MOM can occasionally"bite" and that, when the alarm is sounded, it comes with some governance improvements. In other words, the case of China suggests that the EU member states might find it worth their while to take another look at the advantages and disadvantages of the MOM system. It may be an appropriate direction for future RPT law reforms in Europe.

---

[1]   Bianchi and Milič, "Chapter 12: Article 9C: Transparency and Approval of Related Party Transactions", in Hanne S. Birkmose and Konstantinos Sergakis (eds), *The Shareholder Rights Directive II: A Commentary*(Northampton: Edward Elgar Publishing, 2021).

单文华

1987~1991年就读于中山大学法律系经济法学专业。英国剑桥大学（圣三一学院）法学博士，厦门大学法学博士，现任西安交通大学校长助理、领军学者，西安交通大学法学院院长、二级教授、博士生导师，西安交通大学丝绸之路国际法与比较法研究所所长，西安交通大学"一带一路"自贸研究院法律治理中心主任，国家级涉外法治研究培育基地主任，陕西省"三秦学者"创战略性顶尖团队带头人，国务院特殊津贴专家。兼任国际投资争端解决中心调解员（中国政府指派），国际期刊 The Chinese Journal of Comparative Law 荣誉主编，国际比较法科学院名誉院士，美国法律研究院院士，最高人民法院国际商事专家委员会专家委员，教育部法学类专业教学指导委员会委员，教育部涉外法治人才培养专家咨询组专家，中国国际经济法学会副会长，中国法学会案例法学研究会副会长，中国法学会法学教育研究会副会长，中国国际投资仲裁常设论坛执行主席，陕西省法学会副会长兼学术委员会主任，中共陕西省委、陕西省人民政府法律顾问等职务。

主要从事国际经济法研究。主持教育部重大攻关课题、国家社科基金重点课题等重大重点课题数十项；在牛津大学出版社、剑桥大学出版社等出版著作 20 余部；在 European Journal of International Law、American Journal of Comparative Law 和《中国社会科学》《中国法学》《法学研究》等中外期刊发表论文数十篇；成果获教育部高等学校科学研究优秀成果一等奖等多种奖励。

躬耕丝路　为世界之光[*]

——单文华教授专访

2100 多年前，张骞从长安出发，两度出使，"凿空"西域。从此，"使者相望于道，商旅不绝于途"，一条横贯欧亚大陆的丝绸之路蔚然成型。

10 年前，习近平总书记西行哈萨克斯坦、南下印度尼西亚，先后提出共建"丝绸之路经济带"和"21 世纪海上丝绸之路"的重大倡议（"一带一路"倡议）。

千年流转，从驼铃声声到班列万里，西安城一直流光溢彩。它曾是古丝绸之路的起点，而如今，深度融入共建"一带一路"的大格局中，这座千年古城焕发着崭新生机。2023 年 5 月，西安迎来了又一场盛会，中国—中亚峰会在这里隆重举办。在这次峰会上，习近平总书记强调要携手建设守望相助、共同发展、普遍安全、世代友好的中国—中亚命运共同体，并邀请中亚国家参与"文化丝路"计划，支持中亚国家高校加入"丝绸之路大学联盟"。

被公开点赞的"丝绸之路大学联盟"创立于 2015 年初，是由西安交通大学倡议发起的非政府、开放性、国际化高等教育合作平台。同年年底，其子盟"新丝路法学院联盟"（后改名为"丝绸之路法学院联盟"）也正式创立，被誉为"以丝路文化为线串起一颗颗色彩斑斓的法学明珠而结成的项链"。

对此，西安交通大学校长助理、法学院院长单文华与有荣焉。自从 2005 年回国，他已经扎根西安 18 年。作为国际法与比较法领域的知名学者，他始终致力于新时代中国国际法理论与实践创新，在推进我国国际法

---

[*] 本文原载中国网，http://guoqing.china.com.cn/2023-10/08/content_116730614.shtml。副标题为收入本书时所加。

治进程、服务"一带一路"大局上作出了突出贡献。

"西安身处古丝绸之路起点与'一带一路'重要节点，我们可以做一些事情，也应该做一些事情"，单文华诚挚地说，"每一个学者都应该心怀'国之大者'，这不仅是响应总书记号召，也是民心所向、使命所归"。

"完美的法治永远在路上"

1987 年，湖南伢子单文华从株洲老家出发，踏上了前往广州的火车。作为株洲市当年的"文科状元"，单文华心怀文学梦，但最终被中山大学经济法专业录取。火车"哐当哐当"的节奏里，他没有什么惆怅，相反，从小听惯了爷爷讲狄仁杰断案等公案故事，他由衷地认为法律规范具有非同寻常的意义。

"广州是改革开放的前沿城市，能够更直观地体现当时社会经济的发展形势，正在从计划经济到市场经济过渡。在这个阶段，国家需要发展完善新时期的经济法。"单文华说。透过广州这扇"世界之窗"，他相信经济法领域大有可为。但刚入学时，他对经济法并没有真正的概念。"幸好我们有非常优秀的老师。"他补充道。

"最早给我们讲授法学基础理论的是吴世宦教授。"1979 年，钱学森在《经济管理》杂志上发表了《组织管理社会主义建设的技术——社会工程》，这标志着钱学森系统工程思想的一次飞跃和升华，系统工程论开始从具体的工程管理应用转向社会管理应用。响应"系统工程"号召，吴世宦在我国率先开展了法治系统工程探索，被钱学森称为"法治系统工程的开拓者"。近水楼台先得月，单文华很早就读到了由吴世宦教授撰写的《法治系统工程学》，坚定了"法治是一个系统工程"的理念。"在法理学研究上，吴老师的思维很活跃，乐于且善于接受新生事物。他身上那种为了学术勇于创新、敢于坚守的精神，对我产生了很深的影响。"单文华说。

对单文华来说，当年的他如同一张白纸，在中山大学遇到的老师们以学识为笔，以四载时光为墨，为他踏上法学研究之路渲染出厚实的一笔。准备本科学位论文阶段，单文华的指导老师是曾为他们传授涉外经济法基础的黎学玲教授。黎学玲是我国涉外经济法学和特别经济区法学的主要创建者之一，在 1997 年主编出版了"九五"规划教材《特别经济区法》。"我有幸参与了这本教材的编写工作。"令单文华感动的是，讨论书名时，他提出采用覆盖范围更广的"特别经济区"而非"经济特区"，"老师很快就决定采纳我的建议"。

谈到自己的学术研究"入门"之路，单文华神采飞扬。一路之上遇到的恩师，特别是硕士生导师张增强教授与博士生导师陈安教授，更是坚定了他在这条路上深耕的决心。1991 年本科毕业后，他先后进入暨南大学和厦门大学深造。1996 年 7 月，单文华在厦门大学获得博士学位，并留校任教。一年后，他被破格提升为法学院副研究员，成为厦门大学历史上最年轻的副高职称获得者之一。1999 年 9 月，放下正在上升期的事业，他选择再次出发，到英国剑桥大学攻读国际法学博士。那几年，单文华的时间非常赶。毕业前，他就受聘到英国牛津布鲁克斯大学担任讲师，主讲国际法。"在中国和英国做教学，跨度还是挺大的，不仅是语言要求提高了，还得从头去学英国的教学方法和英国普通法。"单文华感受到了前所未有的压力，一边改论文，一边上教学培训课，一边做讲师，有时候他一天能喝十多杯咖啡。"但收获也大。其实教是最好的学，毕竟要授课就得先把要教的东西融会贯通。那段时间，我学了一些新课，包括国际金融法、国际发展法等，还进行了英国商法等普通法教学，'现学现卖'，知识面得到了很大拓展。"

"如果不是这么忙，我的博士论文应该能再快一点完成。"单文华说。那时候，他重点研究中国与欧盟之间投资关系的法律框架，全面系统地考察了欧盟对华投资的三大法律领域，即国际投资法（尤其是双边投资条约）、欧盟法以及中国法，对当时中欧投资关系的法律框架的有效性作了实证分析，并对建构新的中欧投资关系法律框架提出了建议。"国际投资须臾离不开法律的保驾护航。过去中欧之间的法律框架主要是中国和欧盟成员国之间的双边投资协定，这导致我们在不同国家的待遇参差不齐，不利于中欧之间交往的深化。我就提出应该建立一个统一的条约框架，涵盖中国和欧盟所有国家之间的投资关系，这样的话，欧盟来华的企业与中国在欧盟的企业就会有一个统一、稳定和可预见的投资环境和法律保护。"单文华的大胆想法得到了导师的认可，但此前，欧盟本身并没有单独缔结投资条约的权限，要为其赋权并不容易。在导师的建议下，单文华开始到欧盟各地去开展实证研究，以期令论文的"每一个字都经得起别人的究问和推敲"。为此，他深入欧盟总部、中国驻欧盟使团等相关部门走访，并调研了数百家欧盟对华投资企业。"我们想知道这些企业是否需要保护，需要条约保护还是国内法保护，需要哪些具体规则的保护——征收、汇兑、待遇还是争端解决，等等。"

越深入了解，单文华就越发现"法治系统工程"理念的重要性，特别是其中的国际法与国内法更是相辅相成、密不可分的。他的工作不仅为欧盟投资者提供了投资指南，也为中国处理与欧盟投资者的关系提出了对策建议。以此为基础，他完成了专著《欧盟对华投资的法律框架：解构与建构》，并在 2005 年、2007 年分别由牛津哈特出版社（英文版）和北京大学出版社（中文版）出版，有效地填补了中欧投资关系的法律研究的空白。

"国际法的概念通常是广义的，它是调整跨越国界关系的法律，因此也涉及国内法的内容。"单文华说。以我国为例，21 世纪初，我国实行的还是改革开放初期就制定的"外资三法"，分别面向中外合作、中外合资、外商独资企业，其中不少内容是重叠的，有的还存在不协调甚至矛盾之处。在研究中欧投资法的过程中，单文华提出"中国应该构建一个统一的、涵盖所有外资企业的外资管理法"。这一观点无疑是超前的。十几年来，我国也确实在这一方向上发力，并最终在 2019 年通过了《中华人民共和国外商投资法》。这部统一的外资管理法被认为将在全球层面促进贸易投资的优化发展。

用单文华的话说，"完美的法治永远在路上，在一代又一代人不懈的求索过程中"，这也促使他形成了"大胆假设、小心求证"的科研态度。这股精神让他在异国他乡赢得了青睐。短短几年，他就成为牛津布鲁克斯大学法学院第一位外籍教授。就在事业之树枝繁叶茂之际，2005 年，单文华接受西安交通大学的聘任，出任该校人文学院院长。2008 年，西安交通大学法学院正式成立，单文华被任命为首任院长。新的探索又开始了。

"有一分热，发一分光"

来西安之前，单文华对西安交通大学最大的印象就是"西迁"。从黄浦江畔到渭水之滨，交通大学西迁是当代中国高等教育史上的一件大事，也是新中国区域发展总体战略部署下的重大历史事件。2005 年底，"西迁精神"被概括为"胸怀大局，无私奉献，弘扬传统，艰苦创业"。2020 年 4月，习近平总书记在参观交大西迁博物馆时强调："交大西迁精神的核心是爱国主义，精髓是听党指挥跟党走，与党和国家、与民族和人民同呼吸、共命运。"2021 年 9 月，"西迁精神"被中宣部首批纳入中国共产党人精神谱系。

作为一个生在南方、长在南方的学者，单文华到西安交通大学，无疑也是一种"西迁"和"创业"。2005 年，人文学院是西安交通大学最大的学院之一，而法学只是其中的一个小系。学校期望建设一所"高起点、国际化、研究型"的国际一流法学院。"学校的期待和要求还是非常高的，我当时也确实有点初生牛犊不怕虎的劲头，说来还真就来了。"考察过后，单文华感受到肩上的担子沉甸甸的。"最难的就是搭建人才队伍"，为此，单文华在原有法学系基础上双管齐下，从国内外引进人才，搭建起最初的队伍架构。从 2008 年法学院正式创建至今，15 年过去，西安交通大学法学院已经从最初的 20 余人，发展成一支以国家与省部级人才计划入选者等学科带头人为骨干的 60 余人的师资队伍。队伍以中青年为主体，专任教师中有长期国外留学经历者占近 80%，他们大多毕业于英国剑桥大学、伦敦大学、美国纽约大学等国外一流大学。此外，法学院还有数名来自哥伦比亚、哈萨克斯坦等国的外籍教师。

"真正的人才，不需扬鞭自奋蹄。"单文华说道。在他眼中，凝聚起这支具有国际化底色的队伍，靠的是"交大法律人"的"正卓文化"——为人讲正气，行事走正道，执业求正义，为学尚卓越。"医学治疗生理疾病，法学'治疗'社会问题"，这是一群心中澎湃着理想主义使命的"法律人"，他们严于律己，同时也希望将法治信仰传承下去、播撒开来。

"公平所系，正义相托。在这庄严时刻，我郑重宣誓：我志愿投身法治事业，忠实履行一个法律人应尽的全部义务，恪守宪法，热爱祖国，忠于人民，弘扬法治精神，维护正当权益，勤勉诚信，清正廉洁。我决心竭尽全力，捍卫法律职业的圣洁与荣誉，养天地正气，行人间正道，求正义，尚卓越，为法治中国的繁荣发展和人类正义的美好未来奋斗终生！"2016

年，新入学的法科新生在学院老师的带领下，首次宣誓入学，一字一句，掷地有声地回应了"我们要培养怎样的法学人才"。

对单文华来说，这不仅是中国最早最规范的法科生誓词之一，也代表着中国法律人的一种奋斗初心与精神传承。回国以来，单文华始终活跃在研究前沿阵地上。2012年起，他和团队承担了一系列商务部委托研究课题，参与到投资条约手册与范本研究工作中，以中国利益、中国特色、中国改革为依归提出中国方案，形成了《中美投资协定谈判重要议题评估报告》《中国国际投资条约谈判手册》等核心成果以及众多衍生成果。其中，《中美投资协定谈判重要议题评估报告》荣获2020年教育部高等学校科学研究优秀成果奖（人文社会科学）一等奖，这也是全国人文社科领域高级别的政府奖项。

"中美投资协定谈判这件事，其实我们早在改革开放之初就想做了，但那时两国差距比较大，一直没谈成。"单文华说。自2008年正式启动，中美投资协定谈判断断续续向前推进。到2012年新一轮谈判重启时，单文华应我国主谈部门商务部邀请，作为首席专家，直接参与到中美双边投资协定系列项目中，带领团队研究制定投资条约谈判手册与中方文本。"我们以前做投资协定谈判时没有手册，全靠谈判团队的超强大脑。但相关法律中包括太多法条和案例细节，有时候真的可能是'一字之差，黄金万两'。所以，必须更加专业化、规范化地对待。"

为此，单文华带领团队系统钻研起了国内国际的条约和案例，逐条逐句地深入研究，再结合我国的国情起草符合需求的建议稿。至今，单文华都记得他们拿着建议稿与代表团和相关专家进行讨论的情形。"他们会追问每一个条款的精确含义，包括会产生怎样的法律后果，在争端解决上会如何去诠释适用，等等。真的是一板一眼、一丝不苟。"单文华非常理解这种状态，"这是两个大国对规则与话语权的博弈，我们要确保中国的利益与话语权得到维护与发展"。

经过多个回合的沟通交流研讨，团队研制的范本也在不断加强和完善。等到一整周的文本研讨会结束的时候，团队成员心中绷紧的弦一松，三个核心专家一下子病倒了两个。但辛苦没有白费，这一系列成果为中美和其他双边投资协定谈判提供了全面、实用的信息与参考。商务部也表示了高度肯定，认为其"对我部开展对外投资谈判和自贸区谈判提供了有力的支持，具有重要参考价值"。事实上，2020年，中国和欧盟达成历史性的《中欧全面投资协定》（CAI），与东盟以及日韩澳新达成《区域全面经济伙伴关系协定》（RCEP），其投资条款的谈判均借鉴采用了单文华相关研究成果。

这些年来，单文华主持了国际与国家重大重点课题数十项。他提交的"能源宪章"法律与政策建议被国家能源局及国际能源宪章组织采纳；受中国国际经济贸易仲裁委员会的委托，他带领团队研制了中国第一部也是世界第三部专门的国际投资仲裁规则，并颁行使用；在主笔撰写世界经济论坛E15倡议政策咨询报告时，他是专家组中唯一的东亚学者；2020年，他还应邀参与了二十国集团（简称"T20"）智库峰会第一工作组"投资者—国家争端解决改革与贸易投资合作"专题报告的编写工作，等等，这是单文华工作成果的缩影。在他的领导下，西安交通大学法学院同心协力，以国家需要为己任，不仅为服务国家重大战略贡献学术力量，还在联合国、欧洲议会、世界贸易组织、能源宪章秘书处、东方经济论坛等一系列国际重要场合传递出"中国声音"，为全球治理贡献"中国智慧"。

到2023年，西安交通大学法学院已经形成在国际国内具有相当知名度的研究方阵，学院建设取得了长足发展，先后两次被国际权威学术认证机构QS授予"五星级法学院"国际认证。回首来时路，单文华和西安交通大学法学院脚踏实地，留下了众多标志性的足迹：2012年，法学学科获批两个国家级高水平卓越法律人才教育培养基地——"应用型、复合型法律职业人才教育培养基地"和"涉外法律人才教育培养基地"；2013年，法学院院长单文华携手牛津大学出版社与国际比较法科学院创办全英文《中国比较法学刊》（现已入选新兴资源引文索引期刊）；2015年，法学院首倡并联合五大洲20家一流大学法学院发起成立了"新丝路法学院联盟"；2016年，法学院率先开设面向海上丝路的"中澳丝路班"（中国本科+澳洲法学博士学位）和面向陆上丝绸之路的"中国与国际商法"全英文硕士学位班，并开始招生，被认为是法学院在国际化办学之路上的重要里程碑；2019年，法学专业入选国家一流专业；2020年，法学院进入QS"全球法学排名"前

300 位，中国前 14 位；2022 年，"一带一路"与国际法治研究院首批入选中央多部委联合批准的国家级涉外法治研究培育基地；2023 年，获批全国首家国际法学一级学科博士点，我国第一套专门的涉外法治人才培养体系已然成型；等等。

如今走进西安交通大学法学院，"正气、正道、正义、卓越"的院训醒目高悬，两侧的院联则是"铁肩担道义，辣手著文章"。"法律人有自己追求的'道'。"单文华说。在他心中，作为法律人，就要"有一分热，发一分光"。在追求公平正义的大道上，无论山高水长，他和团队都会携手同行，像校歌中唱的那样，"与日俱长"，"为世界之光"。

政治法律搭台，畅通"一带一路"

"'丝绸之路'其实是极具价值的文化符号，更可贵的是，在当代环境下，它仍然保持着强大的生机和活力。"2005 年刚到西安时，单文华就瞄准了"丝绸之路"。在海外多年，他发现当时的中外学者在研究国际贸易法时，潜意识中都倾向于以西方为中心。"我们讲国际贸易法，可以追溯到腓尼基人的《罗德海法》，它的形成影响了整个大航海时代，甚至发展出通行欧洲与世界的国际贸易规则。但这不应该是国际贸易规则的全部，一个典型的案例就是古丝绸之路。"

在单文华看来，从张骞出使西域开始，古丝绸之路在亚欧大陆上繁盛了千年。在这条东西方交汇的贸易之路上，存在怎样的典章制度呢？对于从事国际法和比较法研究的单文华来说，这是中华优秀传统文化的一部分，探索其中的规范，不仅有助于弘扬民族文化，而且"当我们重开丝绸之路时，过去的规则更具有重要的现实意义"。翻阅古丝绸之路史料的过程中，单文华越来越坚定了自己的想法，他认为，在法学领域，西安交通大学法学院并非"五院四系"行列，如果要跨越式发展，立足丝绸之路开展国际法与比较法研究，可以形成自己鲜明的特色。

"在国际贸易规则构建过程中，我们参考西方的东西是可以的，但更应该做的是与中国优秀传统文化、与中国实际相结合。这样才能为丝绸之路赋予新的价值和内涵。"单文华很快将想法付诸行动。他回国招收的第一批博士生中，就有人开始在他的指导下，研究丝绸之路的贸易规范。2006年，"丝绸之路国际法与比较法研究所"正式成立，他带领团队率先迈进这一乏人问津的领域。

随着"一带一路"倡议的提出，单文华备受鼓舞。在商务部、陕西省人民政府与西安交通大学的大力支持与帮助下，2015年1月，他牵头创建了"丝绸之路经济带研究协同创新中心"（2018年更名为"丝绸之路经济带法律政策协同创新中心"）。协同创新中心以"世界视野、中国重心、丝路特色"为主旨，致力于打造中国特色高端智库、交叉学科研究平台和卓越人才培养模式，在西北大地上竖起了一面鲜亮的旗帜。

"学术研究以研究所为主，社会服务以协同创新中心为主。"单文华介绍说，15年来，西安交通大学法学院整合优质资源，搭起了"一院一所一中心"的国际/涉外法治研究框架。其中的"一院"，指的是2022年创立的国家级涉外法治研究培育基地——"一带一路"与国际法治研究院。

对单文华来说，每一个部署都是在服务国家战略的路线上迈出的坚实一步，每一步都力争占据相关领域的制高点，并赢得先机。以研究院的创立为例，单文华注意到，党的十八大以来，我国开始全面推进依法治国的战略部署。党的二十大报告中则首次单独将法治建设作为专章论述、专门部署，明确强调了要统筹推进国内法治和涉外法治。研究院的创立就是以习近平法治思想为指导，以破解"一带一路"背景下涉外法治与国际法治研究的重点难题为己任，服务"一带一路"高质量发展大局，服务中国推动国际治理体系变革大局。

而为何总是能够"抢先一步"？除了前瞻性研究，单文华认为他们做的最重要的就是建设一支高水平、国际化的人才队伍。在"一带一路"法治研究方面，他提到了一个重要的贡献者，丝绸之路经济带法律政策协同创新中心现任中亚法研究室主任乌舒洛娃·索菲亚。这位曾担任哈萨克斯坦国立大学法学院副院长的学者，早在十几年前就为了完成博士学位论文"丝绸之路上的海关问题"，第一次从哈萨克斯坦来到西安，后来又接受西安交通大学法学院的橄榄枝，留在了这里。"她一直在领衔研究中亚法。可以说，我们在中亚法研究上已经有了一定的基础。因此，当我们响应习近平总书记构建中国—中亚命运共同体的号召时，就有了捕捉先机、占领高地的可能。"单文华说。

2023年7月，西安交通大学与哈萨克斯坦国立大学签署了关于建立"中国—中亚法治联合研究中心"协议。哈萨克驻华大使馆和哈萨克国际通讯社等纷纷关注了西安交通大学代表团的访问行动，他们认为这是落实中国—中亚峰会精神的重要举措。不仅如此，西安交通大学代表团还接连调研了哈萨克斯坦、乌兹别克斯坦两个国家的9所知名大学与科研机构，并在深度交流之后，签署了7份合作协议，在扩大学校影响力、拓宽国际教育合作等方面取得了丰硕成果。"无论从语言还是文化上，索菲亚教授对这两个国家都很了解。可以说，她在俄语世界都能够畅行无阻。这对我们与中亚与俄语世界地区开展合作创造了极为有利的条件。"

近年来，"一带一路"已经成为单文华事业生涯中最重要的关键词之一。用他的话说："'一带一路'是一个国际性倡议，既然是我国倡导提出的，那我们就应该做好相关的研究工作，让世界更好地理解和认识'一带一路'，从而推动其发展。"而这也正是他的研究动力所在。

早在2014年，单文华就率先获得了教育部哲学社会科学研究重大课题攻关项目的支持，开展了"推进丝绸之路经济带建设研究"，围绕区域治理、产业结构、投资贸易便利化和一体化、能源合作、文化五个方面展开深入研究。

2017年，单文华团队率先向最高人民法院和陕西省委省人民政府提出，要在西安打造一个国家级的"一带一路"法律服务与法治创新示范区。"当时我们在建议中提出这个法务区的别称就叫'中央法律服务区'，简称'中央法务区'（Central Legal-services District，CLD）。中央法务区的概念此前从来没人提过，尽管事实上它是存在的，例如在伦敦、纽约等地都有法律服务比较集中的区域。所不同的是，它们多是自下而上自发形成的。近年来，新加坡尝试自上而下建立了国际商事法庭和国际仲裁中心、国际调解中心，并建造了一个'麦克斯韦尔中心'，尝试将法律服务资源集中一处，但同样并未能提出'中央法务区'的概念。我们认为，中国不仅完全可以建设这样的法律服务集聚区，而且可以做得更好。一方面，我们的法律服务业这些年已经得到了长足的发展；另一方面，我们自上而下的动员能力更强、探索魄力更足。而率先提这个概念的意义在于，它不仅能够更准确地描述这一事物，而且更加简洁有力，从而会更具号召力与感染力。特别是，当我们提出的'一带一路'倡议走深走实，迈上高质量发展道路的时候，'中央法务区'这个概念可以帮助更好地集中优质资源，在国际争端解决和国际法律服务等领域发挥重要作用。"单文华解释道。2020 年 9 月，集最高人民法院第六巡回法庭、第二国际商事法庭及其"一站式"争端解决平台于一体的示范区主体建筑在港务区建成封顶；同年 12 月，"三中心一基地"（中国—上海合作组织法律服务委员会西安中心、"一带一路"律师联盟西安中心、西安"一带一路"国际商事争端解决中心和国家生物安全证据基地）揭牌入驻，标志着西安中央法务区正式落地。单文华团队的相关工作也被授予教育部高等学校科学研究优秀成果奖（人文社会科学）咨询服务报告类二等奖。与此同时，上海、福建、四川先后建设了各自的"中央法务区"。2021 年 11 月，在第四届中国国际进口博览会上，由国际商事争端预防与解决组织、中国贸促会共同主办，国际商事争端预防与解决组织秘书处、天府中央法务区（四川）、海丝中央法务区（福建）、上海市闵行区人民政府、中国贸促会法律事务部共同承办的"全球中央法务区建设与营商环境优化法律论坛"在国家会展中心（上海）成功举办。会议达成广泛共识，发布了《全球中央法务区建设与营商环境优化共同宣言》。"中央法务区"概念正在走深走实。

"关于'一带一路'建设，我的思路是政治法律搭台、经济文化唱戏、交通通信奠基。如果山水相隔、制度阻断，各国互不了解，'一带一路'这个倡议将很难实现。"从 35 岁到 53 岁，单文华扎根西安 18 年，见证着中国成功融入世界体系，并积累起在其中发挥重要影响的实力。"中国长期是一个'学生'，但'学生'总有毕业的时候。我们的角色正在从'学生'变成'同事'，有时甚至是'老师'。"未来已来，西安交通大学法学院正在走向下一个 15 年，而单文华和他的团队也将在新时代中国特色社会主义法治与人类命运共同体建设的实践中继续奋勇向前。

稿　约

　　《中山大学法律评论》为中山大学法学院创办于 1999 年的学术集刊，秉承学术乃天下公器，谨遵孙逸仙先生之激励，倡导学术自觉，追求学术品质，提倡关怀世界、著立经典，立志为学问，力求为法学学术及法治进步贡献点滴。设有主题研讨、论文、评论、阅读经典等栏目，积极引领学术方向、方法和风气。本集刊实行匿名投稿制，对来稿不限体裁和篇幅，不考虑作者身份和背景，一切从学术出发。

　　本集刊为 CSSCI（2023—2024）来源集刊，竭诚欢迎持续赐稿，来稿请隐去作者信息，确保不出现姓名、单位、学历、职称、职务、地址、基金项目等表明作者身份与背景的信息，以文稿标题为电子邮件主题发送至 sysulawreview@126.com。编辑部组织匿名评审后，将按照投稿的电子邮箱回复作者审稿意见，并在决定用稿时方请作者补充个人信息。

　　本集刊发表的著述观点均属作者本人，不代表本集刊立场，作者应保证对其来稿享有著作权且尚未发表，译者应保证译本获得授权许可且未侵犯原作者或出版者权利。除非来稿时特别声明保留外，均视为作者同意本集刊拥有以非专有方式向第三人授予已刊作品电子出版权、信息网络传播权和数字化汇编复制权及接受各种文摘刊物转载已刊作品的权利。凡向本集刊投稿者均视为已经同意本声明且不持异议。

附:《中山大学法律评论》 注释体例

一、一般规定

　　1. 全文采用脚注，注释序号以阿拉伯数字上标；标题及作者简介信息注以星号上标。

　　2. 引用文献的必备要素及一般格式为"责任者与责任方式:《文献标题》（版本与卷册），出版者，出版时间，起止页码"。国外作者标明国籍。

3. 所引文献若为著，不必说明责任方式，否则，应注明"编""主编""编著""整理""编译""译""校注""校订"等责任方式。

4. 非引用原文者，注释前应以"参见"引领；非引自原始资料者，应先注明原始作品相关信息，再以"转引自"引领注明转引文献详细信息；凡有"参见""转引自""摘自"等引领词者，作者与书名之间不用"："隔开。

5. 引证信札、访谈、演讲、电影、电视、广播、录音、馆藏资料、未刊稿等文献资料，应尽可能明确详尽，注明其形成、存在或出品的时间、地点、机构等能显示其独立存在的特征。

6. 外文文献遵循该语种通常注释习惯。

二、注释范例

1. 著　作

王利明：《法治：良法与善治》，北京大学出版社，2015，第66页。

2. 论　文

左卫民：《地方法院庭审实质化改革实证研究》，《中国社会科学》2018年第6期，第116页。

3. 集　刊

季卫东：《审判的推理与裁量权》，载《中山大学法律评论》（第8卷第1辑），法律出版社，2010，第125页。

4. 文　集

陈光中：《中国刑事诉讼法的特点》，载《陈光中法学文集》，中国法制出版社，2000，第123页。

5. 教　材

高铭暄、马克昌主编《刑法学》（第8版），北京大学出版社、高等教育出版社，2017，第93页。

6. 译　作

〔美〕贝勒斯：《法律的原则——一个规范的分析》，张文显等译，中国大百科全书出版社，2002，第13页。

7. 报　纸

徐显明：《增强法治文明》，《人民日报》2017 年 12 月 27 日，第 7 版。

8. 古　籍

姚际恒：《古今伪书考》卷 3，光绪三年苏州文学山房活字本，第 9 页 a。

9. 学位论文

石静霞：《跨国破产的法律问题研究》，武汉大学博士学位论文，1998，第 26 页。

10. 会议论文

龚浩鸣：《乡村振兴战略背景下人民法庭参与社会治理的路径完善——基于法社会学、法律史学双重视角》，全国法院第 30 届学术讨论会，北京，2019 年 6 月 20 日。

11. 学术报告

薛捍勤：《依法治国与全球治理》，中山大学"方圆大视野"法科 110 周年纪念高端论坛，广州，2015 年 11 月 10 日。

12. 研究报告

刘青峰：《司法判决效力研究》，中国社会科学院博士后研究报告，2005，第 16 页。

13. 网络文献

《最高人民法院院长周强作最高法工作报告》，中国法院网，https：//www. chinacourt. org/article/detail/2018/03/id/3225365. shtml，最后访问日期：2018 年 12 月 9 日。

14. 外文文献

D. James Greiner, Cassandra Wolos Pattanayak and Jonathan Hennessy, "The Limits of Unbundled Legal Assistance：A Randomized Study in a Massachusetts District Court and Prospects for the Future", *Harvard Law Review*, Vol. 126, 2013, p. 901.

Larissa van den Herik and Nico Schrijver（eds.）, *Counter-Terrorism Strategies in a Fragmented International Legal Order：Meeting the Challenges*, Cambridge：Cambridge University Press, 2013, pp. 123−125.

图书在版编目（CIP）数据

中山大学法律评论. 第 21 卷. 第 2 辑：总第 41 辑：
"中山大学百年校庆"特刊／中山大学法学院主编.
北京：社会科学文献出版社，2024.10. -- ISBN 978-7-
5228-4283-7

Ⅰ. D90-53

中国国家版本馆 CIP 数据核字第 2024XL6727 号

中山大学法律评论（第 21 卷第 2 辑·总第 41 辑）："中山大学百年校庆"特刊

主　　编／中山大学法学院

出 版 人／冀祥德
责任编辑／芮素平
责任印制／王京美

出　　版／社会科学文献出版社·法治分社　（010）59367161
　　　　　地址：北京市北三环中路甲 29 号院华龙大厦　邮编：100029
　　　　　网址：www. ssap. com. cn
发　　行／社会科学文献出版社　（010）59367028
印　　装／三河市东方印刷有限公司

规　　格／开　本：787mm×1092mm　1/16
　　　　　印　张：19.5　字　数：305千字
版　　次／2024 年 10 月第 1 版　2024 年 10 月第 1 次印刷
书　　号／ISBN 978-7-5228-4283-7
定　　价／128.00 元